U0840942

民航运输系列规划教材

民航概论

吕 雄 主编
施筱礼 主审

科学出版社
北 京

内 容 简 介

本书主要介绍民用航空发展史、民用航空器、民用航空系统的组成、民用航空地理和航空气象、空中交通管理、民用航空运输知识、有关的国际组织及相关航空法律法规以及我国民航的现状及发展趋势等从事民航运输岗位必备的基础知识。

本书可作为职业院校空中乘务、民航运输、民航安全技术管理等专业的基础课教材，也可供相关专业培训使用。

图书在版编目（CIP）数据

民航概论 / 吕雄主编. —北京：科学出版社，2017.8
（民航运输系列规划教材）
ISBN 978-7-03-054184-0

Ⅰ. ①民… Ⅱ. ①吕… Ⅲ. ①民用航空－概论 Ⅳ. ① V19 ② F560.6

中国版本图书馆CIP数据核字（2017）第201922号

责任编辑：唐寅兴 都 岚 / 责任校对：王万红
责任印制：吕春珉 / 封面设计：东方人华平面设计部

科学出版社 出版
北京东黄城根北街16号
邮政编码：100717
http://www.sciencep.com

三河市骏杰印刷有限公司印刷
科学出版社发行 各地新华书店经销

*

2017年8月第 一 版 开本：787×1092 1/16
2018年11月第三次印刷 印张：17
字数：388 000

定价：71.80 元

（如有印装质量问题，我社负责调换〈骏杰〉）
销售部电话 010-62136230 编辑部电话 010-62135120-2019（VF22）

民航运输系列规划教材编写指导委员会

主　任：陈　强（上海市航空服务学校）

委　员（按姓氏笔画排序）：

包文宏（上海市航空服务学校）

吕　雄（上海市航空服务学校）

孙梅芳（上海市航空服务学校）

杨晓青（上海民航职业技术学院）

陈　钢（中国东方航空股份有限公司客户服务中心）

施筱礼（中国东方航空股份有限公司上海保障部）

顾胜勤（上海民航职业技术学院）

徐月芳（南京航空航天大学民航学院）

蔡　泳（中国东方航空股份有限公司业务执行部）

前言

PREFACE

近年来，随着社会经济的进步，民航业得到了空前的发展。可以预见，在未来十几年，整个民航业对于具备国际水平的高素质民航服务人员的需求量是十分可观的。而要培养高素质民航服务人员，离不开高质量的教育，离不开高水平的教师，更离不开理念先进、内容丰富、形式新颖的教材。

以前我们借用航空公司员工的培训教材或者行业协会培训教材进行教学，这在教学上产生了许多问题：一是教材内容呈现单一，只有概念、规定等条条框框，缺乏直观性，不利于理解和记忆；二是教材的理论性偏强，不能激发学生的学习兴趣；三是企业的培训教材往往围绕本企业的实际情况进行介绍，不能全面展现整个中国民航业的状况。

为了让有志于民航事业的职业院校航空服务专业的学生能够更好地熟悉民用航空业的基本情况、了解民用航空业的常用知识，树立民用航空业的总体观念，在本书的编写过程中，编者摆脱了以往教材的编写思路，参照由上海市教委组织开发的国际水平航空服务专业教学标准中的相关要求，力求使其成为精品教材。本书内容涵盖了民航运输岗位的基础知识，体现了“贴近社会生活、贴近民航运输工作实际、贴近学生学习”的特点。

在教材的编写过程中，我们也遇到了如下困难：一是民用航空业涉及的领域广泛，很难把多方面的信息完全整合处理成适合职业院校学生的教材；二是民用航空业是一个技术更新相当快的行业，有些新的内容还来不及编写进去，有些写进去的数据可能已经过时。

本书由上海市航空服务学校高级讲师、中国航空运输协会国内客运教员吕雄担任主编，由原东航上海保障部副总经理施筱礼负责审核。具体编写分工如下：第 1 章和第 3 章由包文宏编写，其余章由吕雄编写，孙梅芳在本书内容选取和表述、教材编写体例等方面提供了宝贵的建议，施筱礼对本书内容进行了审核并参与了教材的统稿。

在本书的编写过程中，得到了中国东方航空股份有限公司业务执行部蔡泳和上海民航职业技术学院相关教师的大力帮助，在此表示衷心的感谢。同时，本书在编写过程中参考了大量国内外资料，在此向有关作者一并表示感谢。

限于编者水平，书中错误或者不当之处在所难免，恳请同行批评、斧正。

编　者

2017 年 5 月

目 录

CONTENTS

第1章 民用航空发展史

课前导读

民用航空是航空运输业中一个独立的、充满活力的行业，不断需要大量的高素质人才参与和补充进来。本章通过引用翔实的历史资料和中国民用航空局（简称“中国民航局”）生产统计数据，全面回顾了世界民用航空业和中国民用航空业发展历程中的重要事件，为民航运输类专业的在校学生和民航企业员工提供了解民航历史和发展现状的途径。

学习目标

知识目标

描述世界民用航空发展史和中国民用航空发展史的主要历史事件。

技能目标

能够介绍新中国民用航空业发展不同阶段的特点和主要成就。

1.1 世界民用航空发展史

鸟儿飞过，天空没有留下痕迹，但却在人类的心中种下了梦想。人类可以像猿猴那样在树上攀援，也可以像鱼儿那样在水里畅游，却不能像飞鸟那样在空中翱翔。也许正因为自己不能飞行，我们的祖先在神话故事中创造了能够腾云驾雾的神仙，或者骑着扫把的女巫，以寄托对天空的渴望。

图 1-1-1 现代“鸟人大赛”中的飞人

然而，人类不是仅满足于精神上的飞翔，试飞行动一直就没有停止过（图 1-1-1）。人类的飞行梦想从远古就开始了。古人认为，人之所以不能飞是因为缺少翅膀，因此只要造出一对合适的翅膀就能像鸟儿一样飞翔了。据《汉书·王莽传》记载，早在中国西汉就曾有人用鸟的羽毛制成翅膀，绑在身上从高台上跳下并滑翔了几百米。历史上这样的“飞人”还有很多，他们本想像鸟儿那样拍打着翅膀直冲云霄，结果大都非伤即亡。1742 年，62 岁的马·德·巴凯维尔用 4 个翼形物绑在四肢上，试图从巴黎一家旅馆的屋顶上滑翔飘飞到塞纳河的彼岸，可惜只飞了一半便坠入河中并撞在一艘船上，折断了腿骨。当时人们依然天真地认为单纯地模仿鸟类就有可能实现飞行。不过，也有少数的“飞人”比较成功。据说在公元 13 世纪，旅行家马可·波罗在游历中国的时候，也曾亲眼看到有人乘着风筝在空中飘舞的景象。

历史的指针静静而缓慢地滑到 1782 年 11 月 25 日，法国的蒙戈尔菲耶（Montgolfier）（也有译为“蒙哥尔费”）兄弟利用点燃麦秆后产生的热气，使一只以柳条为骨架、外部蒙有纸皮的气球升空，这被公认为世界上第一只飞行成功的“现代”热气球。该气球直径为 12 米，高 17 米（图 1-1-2）。正是从热气球升空实现飞天梦起，经过了二百多年的不断摸索和实践，伴随着航空事业的不断发展、壮大，现在人类几乎已经成为天空的主人。

图 1-1-2 蒙戈尔菲耶兄弟研制的热气球

1.1.1 航空业的出现和民用航空的开始

1. 载人热气球的出现

18 世纪，法国造纸商蒙戈尔菲耶兄弟在欧洲发明了热气球。他们受碎纸屑在火炉中不断升起的启发，用纸袋把热气聚集起来做实验，使纸袋能够随着气流不断上升。

1783 年 9 月 19 日，蒙戈尔菲耶兄弟奉命为法国国王路易十六夫妇表演飞行。上午 9 时许，一只容积 1200 立方米的热气球当着 3 万观众的面，载着绵羊、公鸡和鸭子各一只，升至518米的高度，在8分钟内飞出3200米远，并降到一片树林中。这是人类升空飞行前最先用动物所做的飞行器搭乘飞行。路易十六大喜，赐名热气球为“蒙戈尔菲耶”气球（图1-1-3）。

图1-1-3 被赐名为“蒙戈尔菲耶”的热气球

1783年11月21日，法国的罗泽尔与达兰德斯侯爵于当天下午1时54分，乘坐靠燃烧麦秸与羊毛产生热气的蒙哥尔费兄弟制造的热气球，在巴黎16区布劳纽森林边的波旁王朝皇家行宫庭院中试飞。伴随着滚滚浓烟和热气，热气球徐徐升空，经过20分钟的水平飘飞，这只直径为14.95米、高为22.75米、容积为2200立方米且外表华丽非凡的载人热气球，降落在该市13区的意大利广场上。这是人类历史上第一次气球载人的自由飞行。从此，人类真正开始进入浩瀚的天空。

2. 飞艇时代的兴衰

1784年9月，法国人罗伯特兄弟制造出一艘容积为940立方米，需靠7个人划动的、直径为2米的绸布空气桨的流线形原始氢气飞艇。据记载，靠人力划桨能产生476千瓦的功率，该原始飞艇曾经歪歪扭扭地沿着一个不规则的闭合航线，在空中好不容易地移动了几千米。这是对飞艇所做的最早的探索性试飞。

1852年9月24日，法国人亨利·吉法尔制成第一个“机械动力气球”（图1-1-4）。该气球外形不再是球形，而是长为43.6米、直径为12米的枣核形气囊，该气囊容积为2497立方米，总升力大于2000千克。更重要的是，它第一次装有三角形尾舵和用以驱动直径为2.13米的三叶螺旋桨旋转的2.2千瓦的蒸汽机一台。气球从巴黎马戏场起飞后，用3小时左右飞行了28千米，然后在特拉普斯着陆，做了人类第一次有动力载人的“可操纵飞行”。于是，真正的飞艇问世了。

图1-1-4 第一艘有机械动力的载人飞艇

1900年7月2日，德国的齐伯林伯爵经过6年的努力，在包金斯基附近的工厂里制成他的第一艘充氢硬式飞艇，并在腓特烈港附近试飞成功（可载1名乘员和5名乘客），飞行时间20分钟。该飞艇型号为LZ-1，直径为11.73米，长为127米，用防水布组成17个气囊，容积为11300立方米，升力为13000千克。它是齐伯林在1918年前研制出的113艘飞艇中的第一艘。

到了1909年，第一艘用于商业客运的齐伯林飞艇LZ-6研制成功，齐伯林飞艇的辉煌史也就此展开。世界航空公司的开山鼻祖——德意志飞艇运输公司开始频繁购入齐伯林飞艇。从1910年开始用飞艇载客收费，到1913年11月第一次世界大战爆发前夕，该公司在德国各城市间运输旅客34000人次，无一伤亡，确定了航空公司经营的基本概念。齐伯林飞艇在20世纪30年代达到鼎盛时期，巨型飞艇LZ-127齐伯林伯爵号与LZ-129“兴登堡”号（图1-1-5）都是在那时制造的。第一次世界大战后，齐伯林飞艇继续用于客运。直到1937年5月，硕大的充氢气的飞艇“兴登堡”号在飞越大西洋到达美国新泽西州准备着陆时，不幸失事，艇上97人中，36人遇难，从此终止了飞艇运输旅客的进程（图1-1-6）。曾经辉煌的飞艇时代黯然谢幕了，不仅是因为氢气的易燃，氦气飞艇同样暴露了轻于空气的“虚胖子”对风的高度敏感和对恶劣天气的脆弱应变能力。航空先驱者们清楚地意识到：这些轻于空气的航空器无论是在安全性、操纵性，还是在发展前途上都存在着很大的局限性。它们的飞行速度低，不易操纵和控制，而且对载人来说也不安全。因此，人们的注意力逐渐转向了重于空气的航空器的研究上。航空事业的真正开始是在出现了飞机这种重于空气的航空器以后。

图1-1-5 “兴登堡”号飞艇在纽约上空

图1-1-6 “兴登堡”号飞艇失事

拓展阅读

滑翔机之父——李林达尔

1891年，一位德国的“空中飞人”凭借滑翔机的翅膀，在空中首次飞行了15米；他曾先后试验飞行了二三千次，最远飞行了350米；1896年，他在飞行中遇到突如其来的风，不幸与滑翔机一起坠落，并于当天逝世。这位为飞行而生，为飞行而死的传奇人物就是航空先驱——奥托·李林达尔（图1-1-7）。李林达尔为德国工程师和滑翔飞行家，世界航空先驱者之一。他最早设计和制造出了实用的滑翔机，人称“滑翔机之父”。

图1-1-7 奥托·李林达尔和他的悬挂式滑翔机飞行试验

（资料来源：根据有关资料整理）

3. 人类航空历史新纪元的来临

1903年12月17日上午10时35分，德裔美国人，莱特兄弟制造的第一架飞机“飞行者”1号在美国北卡罗来纳州试飞成功，开启了人类航空历史的新纪元。因为这是人类第一次成功地运用有动力装置的、可以操纵的、重于空气的航空器实现了持续的完全飞行。

知识链接

莱特兄弟与“飞行者”1号

莱特兄弟发明的“飞行者”1号飞机在1903年夏制造完成。这是一架双翼机，是蒙布与张线结构；又是一架鸭式飞机，因为升降舵在飞机前面（图1-1-8）。它装一台12马力（1马力=735.499瓦，下同）的发动机，带动两个螺旋桨。飞机没有起落架，只有依靠滑橇滑行起飞；没有飞行员座椅，飞行员只能趴在飞机上操纵飞机；没有副翼，依靠操纵机翼扭曲使飞机偏转。12月14日，他们决定正式首飞，兄弟俩掷硬币决定由哥哥威尔伯·莱特先飞，可惜他运气欠佳，在飞机起飞时，把机头拉高了，造成飞机失速，旋即栽下来，这次试飞失败了。

图1-1-8 莱特兄弟和他们的“飞行者”1号飞机升空的瞬间

1903年12月17日，他们进行了第二次试飞。这次轮到奥维尔·莱特先飞了。

当时天气寒冷，试飞的场面也颇冷清。试飞场地是北卡罗来纳州基蒂·霍克以南6千米处基尔德夫尔沙丘附近的海滩上。在场观看试飞的只有5个人，其中包括约翰·T. 丹尼尔斯和小男孩汤姆·怀特。尽管前一天莱特兄弟曾贴出告示：“明天上午在沙丘上空进行世界上第一次载人飞机试飞，欢迎参观。”但几乎无人相信他们会取得成功，因此来者寥寥。

据目击者回忆，10时30分，奥维尔到飞机上进行驾驶，因为“飞行者”1号没有起落架，它是用带轮子的小车在滑轨上滑跑以起飞的，威尔伯扶着机翼以使飞机在滑跑时平衡，飞机向前滑行，威尔伯还跟着跑了一段，飞机迎风起飞了，在空中飞行还不平稳，有点颠簸，最后滑下来着陆了。经测算：飞机留空时间为12秒，飞行距离为36.68米，飞行成功了。当天的试飞共进行了4次，最好成绩是哥哥威尔伯创造的：留空时间59秒，飞行距离260米。

人类首次升空时间只有12秒，这是何其短暂的飞行瞬间。对于乘飞机旅行已成寻常事的今天，人们几乎难以理解这12秒的意义。1997年4月，波音777-200飞机环球飞行时单程不经停飞行时间为21小时23分钟，是莱特兄弟飞行时间的6000多倍，飞行距离则是5万多倍，但是莱特兄弟飞行瞬间的意义却非同寻常，因为它宣告了飞机的诞生和航空时代的到来。

（资料来源：根据相关资料整理）

1909年7月25日，法国人布莱里奥驾驶着他当时研制的最新机型“布莱里奥11号”，从法国加莱出发，在进行了一次半小时的短距离飞行后正式踏上飞越英吉利海峡的征程。此次历史性的飞行跨越35千米，历时37分钟。布莱里奥成功地飞过了英吉利海峡，开创了历史上第一次国际航行。

4. 民用航空的初创

1919年是世界民用航空真正开始的一年。因为在1919年巴黎和会上各国签署了巴黎航空管理公约，第一次世界大战后各国把飞机由军事转到民用上，随后欧洲建立了国际航行委员会，建起了联系各国的航空网。1919～1939年，这20年间是民用航空初创并发展的年代，民用航空迅速从欧洲发展到北美洲，然后普及到亚洲、非洲、拉丁美洲，迅速扩展到全球各地。

1919年2月，在英国和比利时之间开通了邮运航班。同年8月25日，在伦敦和巴黎之间开通了采用D.H.4A飞机的客运和货运航班，民用航空的历史正式揭开了。也是在这一年，德国人容克斯推出了不同于之前老式木制客机（图1-1-9），即世界上第一架全金属的F-13飞机（图1-1-10）。

图1-1-9 老式木制客机

图1-1-10 容克F-13飞机

1927年5月20日，美国人林德伯格驾驶单引擎飞机圣路易斯精神号，机型为莱安NYP-1（图1-1-11），从纽约市罗斯福机场起飞，目的地是巴黎，准备飞越大西洋，进行不着陆单人飞行。在接下来的33.5小时中，林德伯格面临许多挑战，包括以10000英尺（1英尺=0.3048米，下同）的高度掠过两个积雨云，也在10英尺的高度飞越海面。他曾在雾中迷航好几个小时。林德伯格仅靠天文航海技术及航位推算法来引导飞行方向，于5月21日10时22分顺利抵达巴黎布尔歇机场。横越大西洋的飞行成功，把航空由洲内飞行扩展到了洲际飞行。

这个年代最具代表性的民航客机是美国道格拉斯公司的DC-3客机（图1-1-12）。1935年12月首次试航的DC-3客机在当时以其可靠性和舒适性迅速获得成功，深受乘客和航空公司的欢迎，成为最主要的民航运输机。该机在DC-2客机的基础上，机身加大，增加了运载能力，时速接近160英里（1英里=1609.344米，下同），可载21名乘客，打破了多种客机飞行速度和载货纪录，为航空史写下新的一页。

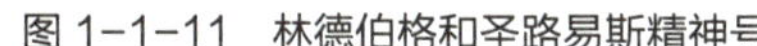
图1-1-11 林德伯格和圣路易斯精神号

图1-1-12 DC-3客机

1939年第二次世界大战开始，中断了民航发展的正常进程。飞机在战争中大量的使用，特别是战争后期的喷气式飞机的出现，为日后民航的大发展奠定了基础。

1.1.2 民用航空的大发展时期

第二次世界大战结束带来了民用航空运输的兴旺发达。从1945年第二次世界大战结束，到1958年，民用航空经历了恢复和大发展的时期。这一时期民用航空发展的特点是：国际航空迅速发展；机场和航路网等基础设施大量兴建；直升机进入民航服务；喷气式民用飞机的研制进入实用阶段。

1. 国际航空迅速发展

1944年由美国发起，52个国家正式参加的芝加哥会议，签署了关于国际航空运输的《芝加哥公约》。该公约成为现在世界国际航空法的基础。根据公约的规定在1947年成立了国际民用航空组织（ICAO）（以下简称“国际民航组织”）。从此在世界范围内有了统一的民用航空管理和协调机构，各个国家随即建立起相应的民航主管当局，代表政府参加这一国际组织，民用航空从此变成了有统一规章制度的世界范围的行业。

在此基础上，国际航空业务迅速发展起来。

2. 机场和航路网等基础设施大量兴建

民用航空由过去的点线结构向面上发展，逐步形成了一个全球范围的航空网。

3. 直升机进入民航服务

直升机成为民航的又一种主要航空器，开辟了民航的新领域。

知识链接

第一架实用直升机首飞

世界上公认的载人直升机 FW61（图 1-1-13）是德国直升机设计师 H. 福克于 1936 年发明的。1936 年 6 月 26 日进行了成功的试飞。1937 年，FW61 创造了 120 千米 / 小时、升限 3416 米、留空时间为 1 小时 20 分钟的 3 项世界纪录。令人惊叹的是，德国著名女飞行员汉纳·赖奇曾驾驶 FW61 直升机在柏林的德国大厅里试飞，表演了悬停、360° 转弯、前飞、后飞和侧飞等动作。世界公认的第一架实用直升机是由西科尔斯基完成的。1939 年 9 月 14 日，这位被称为现代直升机之父的著名直升机、飞机设计师驾驶自己设计的 VS300 直升机（图 1-1-14）进行了首飞。为了首飞他呕心沥血设计出来的得意之作，他身着笔挺的西装，头戴毡帽，稳坐在驾驶舱里启动了发动机，直升机缓缓升起，离地面只有二三米，悬停也不过 10 秒，但是 VS300 成功了！

图 1-1-13 FW61 直升机

图 1-1-14 VS300 直升机

西科尔斯基在设计中解决了直升机的一项重大难题——飞行中打转儿的问题。

直升机打转儿是由旋翼产生的，旋翼旋转时除能产生升力以克服直升机的重力使直升机升起外，还能产生向前的水平分力使直升机前行；同时还产生了旋转的反作用力矩使直升机打转儿，为解决打转儿的问题西科尔斯基巧妙地设置了在垂直面旋转的尾桨，平衡了旋翼产生的反作用力矩。VS300 装有一台 4 气缸气冷式发动机，功率为 75 马力。旋翼有 3 片桨叶，直径为 8.5 米，机身为钢管焊接结构。经反复试飞，证明该机具有良好的操纵性能。1940年，美国陆军决定大量订购VS300直升机的改进型VS316，直升机进入军队服役。1940年5月6日，51岁的西科尔斯基驾驶VS300直升机创造了续航时间1小时32分26秒的世界纪录。

直升机的原理很古老。我国古代小孩玩的竹蜻蜓就是直升机的雏形。竹蜻蜓是用竹和木头削成细长扭曲形的薄片，在中间装上立轴，用双手一搓便会飞快旋翼而上升。但竹蜻蜓究竟始于何时，却无文献可考。据说汉代就有了轮式风扇。中外学者推算，竹蜻蜓最晚也不会晚于明代，因为18世纪，竹蜻蜓就由中国传到了欧洲，法国还举办过竹蜻蜓的飞行表演。竹蜻蜓对航空科学的发展产生过影响。英国航空先驱凯利曾对竹蜻蜓有过深入研究，他自制的竹蜻蜓能飞30米高，他还画出了有4个旋翼的直升机草图。

世界上第一个画出直升机草图的是意大利艺术大师达·芬奇。这位旷世奇才不但在艺术上取得了辉煌的成就，在航空科学上也有所建树，他还是世界第一架扑翼机的设计者。达·芬奇于1483年画出了直升机草图，直升机的升力由旋转着的螺旋桨产生。

从竹蜻蜓到现代直升机这一发展历程表明，古老的儿童玩具孕育、诞生了现代形式多样的直升机。

（资料来源：根据周日新. 航空史中的十个瞬间. 百家讲坛节选）

4. 喷气式民航飞机的研制进入实用阶段

1946年，全球空运旅客达1800万人次，其中2/3是美国国内航空公司运送的。但当时使用的多是活塞式飞机，不仅速度慢，而且因为飞行高度低，飞机受气流影响大，遇到天气不好时大多数乘客呕吐不止，十分难受。第二次世界大战时期遍布世界各地的大型机场为战后民航的迅速发展创造了条件，特别是喷气式发动机的出现和应用为民航飞机喷气化奠定了基础。喷气式民航飞机投入使用是民航技术的一次飞越，不仅使民航飞机的速度提高了1倍，而且使飞行高度提高到11千米左右的平流层，增加了安全性和舒适性。

最初使用喷气式民航飞机的是英国的“子爵”号客机（图1-1-15），装4台涡轮螺旋桨发动机，1950年7月29日在伦敦—巴黎航线上开始飞行。第一种装配纯喷气式发动机的民航飞机是英国的四发（动机）“彗星”号客机（图1-1-16），于1949年开始设

图1-1-15 “子爵”号客机

图1-1-16 “彗星”号客机

计，1952 年 5 月 2 日开始在伦敦—南非航线上使用。

拓展阅读

喷气式客机首航伦敦至罗马

36 座的喷气式客机第一次在云层上面飞行，使旅客可以更加心旷神怡地鸟瞰白云下的美丽大地。世界上第一种民用喷气式客机“彗星”号的首创者是英国著名飞机设计师、飞行员和企业家德·哈维兰。以他的名字命名的公司于 1949 年研制成功中程喷气式客机“彗星”号。1952 年 5 月 2 日，“彗星”号客机正式投入航线首航，“彗星”从伦敦起飞，2 小时后抵达罗马，在欧洲引起巨大轰动，人们纷纷预订机票。甚至连欧洲皇室成员也想尝尝乘坐喷气式客机的滋味。这条航线是从伦敦到南非的约翰内斯堡，中间经停罗马、贝鲁特、喀土穆、恩德培和利文斯敦，全程 10821 千米，总飞行时间（包括中间经停的时间）为 23 小时 34 分钟，极大地提高了客运的效率。在此之间，民航客机清一色是安装活塞式发动机的螺旋桨式飞机，飞行所能达到的最大速度已达极限，即每小时 700 千米左右，而“彗星”号客机的巡航速度是每小时 788 千米，这就明显缩短了飞行时间。如从伦敦到新加坡的航线，以前的螺旋桨式客机要飞 36 小时，而“彗星”号只需要 25 小时。“彗星”号还有一个优势，即采用了密封座舱，在云上飞行，不仅可以鸟瞰美丽的景色，其平稳舒适也是前所未有。

“彗星”号揭开了人类民航喷气客运的新时代。继“彗星”号之后，苏联、法国和美国也前后推出了自己的喷气式客机。苏联图波列夫设计局于 1955 年 6 月首次试飞了图 -104 客机。该机是在图 -16 轰炸机的基础上改进而成的，1956 年 9 月投入航线使用，成为苏联 20 世纪 50 年代主力民航客机。真正使喷气式客机得到广泛应用的是美国的波音 707 客机，它的技术优势在于每个细节都很成功，从而形成了综合技术优势。

“彗星”号客机投入航线使用颇不顺利，从第二年开始便有空难发生。几年间，最严重的是 3 架“彗星”号客机相继在空中解体。最后查明，除第一次可能是遭遇季风而导致紊流发生事故外，后两次在地中海上空发生空难的原因是飞机密封座舱结构发生疲劳所致。这是世界航空史上首次发生的因金属疲劳而导致飞机失事的事件。

飞机的金属疲劳是指飞机结构在交变载荷的作用下，裂纹的形成与扩展过程，裂纹扩展的后期就会产生断裂。在飞机发展的早期，金属疲劳问题并不十分突出。至 20 世纪 30 年代，飞机设计师开始对金属疲劳问题提出简单的要求，直至“彗星”号飞机发生空中解体导致机毁人亡重大事件，飞机的金属疲劳问题才被人们重视起来。

就“彗星”号飞机来说，机身疲劳是飞机在多次起降过程中，其增压座舱壳体经反复增压与减压引起的。针对这个问题，德·哈维兰公司对“彗星”号飞机进行了改进设计，加固了机身，采用了椭圆形舷窗，使飞机的金属疲劳问题得到了很好的解决。

从此，在飞机设计上将飞机结构的疲劳强度正式列入了强度规范而加以要求。

（资料来源：根据周日新．航空史中的十个瞬间．百家讲坛节选）

1954年7月，波音公司的367-80飞机首飞。不久，在此试验机的基础上为美国空军研制出C-135军用运输机。该机型采用了大后掠机翼，在短舱里装4台普惠公司的JT3双转子涡轮喷气发动机。经美国空军同意，在C-135军用运输机的基础上波音公司研制发展出民用型客机波音707，于1957年12月20日首次试飞，1958年10月正式投入航线使用。波音707客机是历史上有重大影响的一种飞机，为美国在民用航空市场称霸世界打下了重要基础。

第二次世界大战后，苏联航空工业得到了发展。起初是专利生产DC-3飞机，后来就研制了自己的产品。1955年，苏联国家民航采用了世界上第二种喷气航线飞机——从图-16轰炸机发展而来的图-104客机。苏联图波列夫设计局的另一种以轰炸机为基础发展的设计是硕大的图-114客机（图1-1-17），出现于1957年。它是从图-95“熊”式轰炸机改型出来的四发涡轮螺桨飞机，可载220人，是20世纪60年代末宽体飞机出现之前世界上最大、最重的客机，但仅生产了32架。

图1-1-17 图-114客机

1957年，美国洛克希德公司装备活塞式发动机的“星座”系列最后一种机型登上舞台。尽管它的续航时间长达18小时，可以从美国西海岸不着陆直飞欧洲，但无可奈何地不得不让位于新问世的喷气式飞机，它只生产了44架。在美国，最后一个由“星座”机型执飞的固定航班是1968年11月26日“西部航空”从阿拉斯加朱诺市到费尔班克斯的航班。它的消亡标志着装备活塞式发动机的航线飞机时代的终结。美国格拉斯公司在波音之后也开始设计喷气式飞机。1958年4月，它的四发DC-8客机（图1-1-18）首飞，一年后向美国联合航空公司及达美航空公司交付了第一批飞机。

图1-1-18 DC-8客机

知识链接

波音707客机

波音707客机（图1-1-19）是美国波音公司在20世纪50年代发展的波音系列飞机中首架装配4台喷气式发动机的民航客机。这也是世界第一款在商业上取得成功的喷气式民航客机。凭着波音707的成功，波音公司执掌民航机生产牛耳接近半个世纪，之后发展出各型号7×7喷气式客机。波音707是能够横越大西洋的大型客机。今天所有民航机都有的后掠翼、下挂引擎都最先在波音707上出现。波音707营运成本比当时的活塞引擎飞机低数倍，这是它之所以成功的最主要原因。

图1-1-19 波音707客机

波音707原型机编号367-80，1954年7月15日首次试飞。不久，在此试验机的基础上为美国空军研制出C-135军用运输机，并大量生产。经美国空军同意，1957年在C-135军用运输机的基础上发展成民用客机波音707，同年12月首次试飞，1958年开始交付使用，并有许多改型，最后一架民用型波音707于1982年3月交付使用。波音一共交付了1010架波音707，在20世纪60～70年代是波音707的全盛时期。

我国从1973年开始引进波音707客机，共运营过15架。最初由中国民航总局购买10架，1993年开始陆续退出运营。此外，上海航空公司从1985年5月起先后引进5架二手波音707客机，仅运营3年多，1988年开始陆续退租。1998年，中国民航编号为B-2410的最后一架波音707飞机退出运营。

中国香港地区民航方面：国泰航空公司从1971年7月起先后运营了12架二手波音707-320B/C飞机，至1982年年底全部退出运营。中国台湾地区民航方面：中华航空公司从1969年11月起先后运营了6架波音707-320B/C飞机，至1985年年底全部退出运营。

（资料来源：根据 https://baike.com/item/ 波音 707/1875113? fr=aladdin 节选整理）

1.1.3 民用航空的全球化、大众化时期

1958年开始的民用航空喷气时代是民航发展的一个新的阶段，它标志着民航进入了全球大众化运输的新时代。从20世纪70年代之后，民航机型继续朝着大型化和高速度的方向发展。1970年，波音747宽体客机的投入航线是民航机型大型化的一个重要标志。时至今日，民航已经发展成为一个巨大的国际性行业，对世界经济或一个国家的经济发展有着举足轻重的影响，各国的政府和企业都对民航进行了大量的投资，把它作为一个巨大潜力的行业来开拓发展。

1. 民航进入全球大众化运输时代

由于喷气式飞机的出现，使得远程、大众化和廉价航空运输成为可能。首先，在巨大的需求和利润的驱使下，航空公司积极地开拓市场，参加国际竞争。在发达国家出现了大量航空公司，并最后形成了数十个大型的航空公司。发展中国家也把参与国际航空市场作为国家尊严和地位的象征，全力支持国家航空公司的发展，使民航事业一片繁荣。其次，对于机场系统，由于喷气式飞机的尺寸、重量、噪声带来的问题，旧的机场已不适应使用，于是改造旧机场，适应喷气式飞机，兴建新机场，满足不断增大的客流、货流，成为一个不间断的过程。时至今日，这个潮流仍在继续。再次，对航行管理系统的各部分，从航行管制到航路建设、航行情报，都要跟上喷气时代的速度和容量，因而整个系统都进行着改造和更新。

总之，1958 年开始的民用航空喷气时代是民航发展的一个新的阶段，它标志着民航进入了全球大众化运输时代。

2. 民航机型向大型化、高速化方向发展

（1）民航运输大型化的标志

1970 年 1 月 22 日，泛美航空公司首次使用宽体客机波音 747，载客 324 人，从纽约首航伦敦，飞行时间只用了 6 小时 10 分钟。波音 747 客机是波音公司生产的四发远程宽体运输机，是一种研制与销售都很成功的宽体客机。波音公司在 20 世纪 60 年代投标美国空军的大型远程运输机项目。结果美军选择了洛克希德公司的 C-5 银河运输机，波音公司将参与投标的运输机方案进行改进，在获得泛美航空公司 25 架订单后，于 1966 年 7 月 25 日正式发起波音 747 项目。1969 年 2 月 9 日原型机首飞，1970 年 1 月首架波音 747 交付给泛美航空公司并正式投入航线运营，开创了宽体客机航线服务的新纪元。它的双层客舱及独特外形成为最易辨认的亚音速民航客机，也是世界上第一款宽体民用飞机。

1970 年波音 747 飞机投入运营以来，一直垄断着大型运输机的市场，这种情况一直到 2006 年空中客车 380 机型的出现才有所改变。截至 2013 年 3 月，波音 747 共生产了 1464 架。

自 1980 年 4 月中国民航总局决定从美国订购波音 747-SP 飞机（图 1-1-20）加入航班飞行以来，截至 2013 年 9 月，中国内地的航空公司共运营着 30 架波音 747 系列飞机。其中，中国国际航空公司 20 架，型号包含 B747-400M 为 3 架，B747-400（图 1-1-21）为 4 架，B747-400F 货机 7 架；中国货运航空、翡翠航空、扬子江快运、中国南方航空共拥有 13 架

图 1-1-20　国航 B747-SP 飞机

B747-400F 货机。此外，友和道通航空拥有 3 架 B747-200F 全货机（图 1-1-22）。

图 1-1-21　B747-400 全客机

图 1-1-22　B747-200F 全货机

2014 年 10 月 1 日下午，中国国际航空股份有限公司（以下简称“国航”）引进的中国首架新一代波音 747-8 客机顺利降落在北京首都国际机场，拉开了这款传奇机型的历史在中国运营的新篇章。这架飞机是波音 747 机型的最新一代产品，更加高效、安静、环保，已经成为国航国际远程航线的主力宽体机型之一。

知识链接

波音 747 系列客机

20 世纪 60 年代初，美国空军提出战略运输机计划，要求制造一架能够运载 750 名士兵或者两辆坦克飞越大西洋的巨型运输机。波音公司在竞标中输给洛克希德公司，美军选择了洛克希德公司方案（C-5“银河”）。

当时波音公司的客户——泛美航空公司希望波音公司能提供一种比波音 707 大 2 倍的客机。于是波音公司把原来的运输机设计加以修改。最初的设计方案为全机双层机舱，但是不久即改为宽体机身的设计。60 年代末期的一般想法是民航即将进入超音速时代。因为考虑到波音 747 将来可改作货机用途，所以波音 747 在设计时将驾驶室置于上层，方便当作货机用时可使用“揭鼻式”前端货门。但超音速民航最后因为燃料、飞机价格、噪声等问题而最终只成昙花一现。波音 747 的销售量亦远超预期，为波音公司带来可观收入。原本只作为机组、头等休息处的上层机舱则被加长，成为商务舱。

由于波音 747 实在太大，令人怀疑它到底能否飞起来。波音公司的厂房并没有足够空间生产波音 747。波音公司考察了若干地点，最后于 1966 年在华盛顿州西雅图北部购买了土地，用作建造全新的厂房，是当时全球最大的工厂。普·惠公司(Pratt & Whitney) 亦为 747 开发了全新的发动机，当时波音 747 配备 4 台 JT9D-3 涡轮风扇发动机。波音 747 由接受订单至交付使用只有 4 年时间，该项目成为波音公司的一次商业豪赌，波音公司为了投资 747，几乎陷入破产边缘。当时主要竞争对手的产品为三发动机的道格拉斯 DC-10 和洛克希德 L-1011 三星客机。不少航空公司初期对波音 747 抱观望态度，担心如此大的飞机能否适应各地的机场，以及四引擎飞机的耗油量是否会大为高于三发动机方案的飞机。结果证明，波音 747 是十分成功的设计。当 1969 年 2 月，波音 747 一号机飞上天空，波音公司在 747 上的开发与生产成本超过 10 亿美元，超过公司本身净值。

然而，已有 26 家航空公司下单订购了 150 架波音 747，每架飞机价值 2500 万美元（如今一架全新的 747-400 的价格是 1.5 亿美元）。

作为对竞争对手空中客车开发 A380 大型客机的回应，2005 年 11 月 14 日，波音公司正式启动了新型波音 747-8 项目，型号定为 747-8 是因为它和 787 所使用的多项技术联系紧密，这些技术都将融入这款新飞机。2011 年 10 月卢森堡货运航空公司（Cargolux）接收首架 B747-8F，投入商业运营，首架 B747-8 客机于 2012 年 5 月交付汉莎航空公司。

（资料来源：根据 https://baike.baidu.com/item/ 波音 747/917067? fr=aladdin 节选整理）

（2）民航运输高速化的尝试

1968 年，外形与性能极为相似的图 -144 客机（图 1-1-23）与“协和”号客机一前一后，相距 3 个月首飞成功。20 世纪 60 年代末期，有两个日子曾被载入世界航空史的史册：即 1968 年 12 月 31 日和 1969 年 3 月 2 日，超音速客机图 -144 和“协和”号分别进行了首飞并取得成功。

从 20 世纪 60 年代初开始，喷气式民航客机经过 10 年的发展已日渐成熟，人们开始关注超音速客机，如果将民航客机的速度提高到 2 倍音速以上，将会大大缩短人们旅行所需要的飞行时间。1962 年 11 月 29 日，英法两国政府签署协议，决定合作研制“协和”号超音速客机（图 1-1-24）。“协和”号的设计方案是：飞机巡航速度为音速的 2～2.2 倍，机身为细长形，机头是活动的且可以下垂，下单翼机翼是具有复杂弯度和扭转的三角翼，前缘为 S 形，动力装置为 4 台加力式涡轮喷气发动机。

图 1-1-23 图 -144 客机

图 1-1-24 “协和”号超音速客机

“协和”号使欧洲到美国的飞行时间缩短了一半：从巴黎到纽约，波音 747 要飞 7 小时 30 分钟，而“协和”号只需 3 小时 49 分钟。难怪王公贵族、商务巨贾、大牌明星、政要大员对它情有独钟。但是“协和”号所付出的代价也是沉重的。它的研制费高达 32 亿美元，耗油率高因而票价昂贵，其票价要比大型客机的头等舱高出 15%。更为甚者，超音速飞行噪声很大，再加上超音速飞行时所产生的音爆，对地面居民正常生活有很大影响。因此，美国只允许它在纽约一个机场降落。而图 -144 客机在技术和经济方面存在问题，在研制过程中还发生两起重大事故，极大地影响并限制了它的应用与发展。图-144超音速客机只在极少的航线进行了少量的民航航班运营，缔造了一些航空纪录，到1984年后就彻底停止了商业飞行。

2000年7月25日，一架法国航空公司（以下简称“法航”）“协和”号飞机从巴黎戴高乐机场起飞2分钟后，坠毁于机场附近，造成机上及地面113人丧生的惨剧。经事故调查委员会调查，酿成这一空难的“罪魁祸首”并不是飞机自身的故障，而是飞机跑道上一块来历不明的金属片。这块金属片划破了“协和”号飞机轮胎，轮胎在起飞时爆裂，其碎片击破油箱导致其失火，最终造成飞机失事。到2003年，尚有12架协和式飞机进行商业飞行。2003年10月24日，协和式飞机执行了最后一次飞行，全部退役。英、法合制的超音速客机“协和”号的投入使用是民航为提高速度在经济上和环境问题上不太成功的一次尝试。

（3）民航运输新机型的问世

1）空中客车A380。一直以来，大型远程民用运输机市场被波音公司的波音747系列所垄断，空中客车公司虽然在其他机型上都有与波音公司竞争的机型，但只有在这个市场上一直是个空白，虽然曾推出空中客车A340，但仍然不能撼动波音747的绝对优势地位。空中客车公司开发的500～800座级大型民航运输机，意在抢夺由波音747把持的大型客机市场，空中客车公司提出了对未来民用航空发展的推断：未来世界民航运输机发展将继续向大型化发展，并以此提出了“枢纽、辐射”的理念，即旅客通过支线航班汇聚到枢纽机场，再由大型运输机运送到另一枢纽机场，最后再乘坐支线客机到达目的地。空中客车公司认为，改善21世纪空中交通拥挤的最好办法是增加运力；空中客车公司推出超大型运输机计划项目曾引起不少人担忧，空中客车公司则认为大型客机市场前景十分乐观，同时为了完善空中客车的客机系列，占据更有利的地位与波音公司竞争，值得承担巨大的商业风险。

A380原型机于2004年首次亮相，2005年1月18日首架A380在空中客车图卢兹的厂房举行出厂典礼。空中客车A380是目前世界上最大的客机。它在2005年4月27日进行了首航，2007年10月25日进行了第一次商业飞行。空中客车A380全机身双层客舱与4台发动机成为最易辨认的独特外形。空中客车A380在单机旅客运力上有无可匹敌的优势。

空中客车A380采用了更多的复合材料，改进了气动性能，使用新一代的发动机、先进的机翼、起落架，减轻了飞机的重量，减少了油耗和排放，座公里油耗及二氧化碳排放更低，降低了营运成本。A380机舱内的环境更接近自然。客机起飞时的噪声比当前噪声控制标准（ICAO）规定的标准要低得多。A380是首架每乘客（座）每百公里油耗不到3升的远程飞机，这一比例相当于一辆经济型家用汽车的油耗。

图1-1-25 空中客车A380

2011年10月17日，在北京首都国际机场，中国首架南航A380客机（图1-1-25）正式投入运营，南航目前共运营着5架A380客机。

2）波音 787。波音 787 系列属于 200～300 座级客机，航程随具体型号不同可覆盖 6500～16000 千米。波音公司强调波音 787 的特点是大量采用复合材料，低燃料消耗、较低的污染排放、高效益及舒适的客舱环境，可实现更多的点对点不经停直飞航线，以及较低噪声、较高可靠度、较低的维修成本。波音 787 梦想飞机是航空史上首架超长程中型客机，打破以往一般大型客机与长程客机挂钩的定律。

波音 787 在技术和设计上的突破，使中型尺寸的波音 787 具有在同座级的飞机中无与伦比的航程能力与英里成本经济性。倘若乘客偏爱不经停直飞服务及更高航班频率，那么波音 787 就是开辟这种新航线的完美机型，尤其是那些不适合大型飞机的客源少的远程航线。波音 787 除了让中型飞机尺寸与大型飞机航程实现结合，还以 0.85 倍音速飞行，这也使其点对点远程不经停直飞能力得以更好地体现，从而能在 450 多个新城市对之间执行点到点直飞任务。这让运营商能更灵活地把机型与市场相匹配。2011 年 9 月 27 日零时 20 分，首架波音 787 客机在美国西雅图埃弗雷特波音工厂向日本全日空航空公司交付使用。

目前，波音 787 中国内地的订单为 41 架。其中，国航订购了 15 架、中国南方航空股份有限公司（以下简称“南航”）订购了 10 架、海南航空股份有限公司（以下简称“海航”）订购了 10 架、厦门航空有限公司（以下简称“厦航”）订购了 6 架。2013 年 6 月 2 日，喷绘着“梦想之翼”涂装的南航首架 787 梦想飞机抵达广州，投入京广航线的营运。中国南方航空股份有限公司（以下简称“南航”）成为中国首家、全球第 9 家接收 787 梦想飞机的航空公司。2013 年 6 月 7 日 12 时 35 分，满载着 228 名旅客的南航波音 787 客机从广州白云国际机场起飞，飞向目的地北京首都国际机场，这标志着中国首架波音 787 客机正式投入商业运行。2013 年 7 月 3 日，中国第二家接收波音 787 梦想客机的海航开始以此机型执飞北京—海口、北京—上海航线（图 1-1-26）。

图 1-1-26 海航 B787 客机

3）C919 大型飞机。大型飞机重大专项是党中央、国务院建设创新型国家，提高我国自主创新能力和增强国家核心竞争力的重大战略决策，是《国家中长期科学与技术发展规划纲要（2006—2020 年）》确定的 16 个重大专项之一。

2006 年 1 月，C919 大型飞机项目被列为国家中长期科技规划的 16 个重大专项之一。2007 年 8 月，经中央政治局常委会批准，同意成立大型客机项目筹备组。2008 年 3 月，国务院通过了组建方案，批准组建中国商用飞机有限责任公司（以下简称“中国商飞”）。2008 年 5 月，中国商飞在上海揭牌成立，总部设在上海，公司注册资本 190 亿元。同年 11 月，C919 项目正式启动。2015 年 11 月 2 日，经过 7 年的设计研发，首架 C919 大型飞机从中国商飞总装下线。2017 年 5 月 5 日下午 2 时，中国自主研制的干线大飞机 C919 在上海浦东国际机场第四跑道腾空而起、冲上云霄，经过 1 小时 19 分钟的飞行，C919 安全落地，首飞成功。

拓展阅读

新中国大飞机制造历程

我国大飞机研发历程可以追溯到20世纪70年代，一波三折，可谓三上三下。

一上一下是20世纪70年代，国家领导人决定研制运-10（图1-1-27）。在此之前的运-7（图1-1-28）、运-8（图1-1-29）都是中小型飞机，其中运-8是苏联生产的一种飞机的改型，也是目前我们常用的运输机。运-10最初设计的是100座，航程8300千米的大型飞机，代号叫708工程。708工程于1970年8月启动，1980年9月首架运-10试飞成功，由于当时综合国力等种种因素于1985年2月停飞。

图1-1-27　运-10飞机

图1-1-28　运-7飞机

图1-1-29　运-8飞机

二上二下是1986年，提出研制运-16，计划是首先装配麦道公司的麦道80（图1-1-30）和麦道90（图1-1-31），然后到2010年实现自行设计180座的飞机。当时走的路线称为“桑塔纳路线”。20世纪80年代，我国开始搞汽车工业，引进的是德国的桑塔纳汽车，然后中国汽车从桑塔纳开始发展。也就是说，能不能采用桑塔纳路线的办法搞飞机。结果，由于波音公司在1996年年底宣布收购麦道公司，导致合同无法继续执行，于1997年告终。

图1-1-30　麦道80飞机

图1-1-31　麦道90飞机

三上三下是1994年，我们跟欧洲空中客车公司联合研制AE100，又称“空中快车”项目，但是到1998年AE100项目停了。

既然大飞机的研制都没有成功，我们就先研制支线飞机。2000年2月，我国开始进行起点很高的支线飞机ARJ21（图1-1-32）的研制。它是70～90座级的中短航程新支线涡扇飞机，是中国首架拥有自主知识产权的涡扇支线飞机，适应以中国西部高温高原机场起降和复杂航路越障为目标的营运要求。ARJ21飞机拥有支线客机中最宽敞的客舱，为乘客提供更多的行李空间和舒适的乘坐环境。ARJ21飞机从开始设计就对全寿命成本进行严格控制，最大限度降低维护成本，提高飞机的使用经济性。ARJ21飞机与150座级干线飞机具有相近的飞行性能和相媲美的舒适性，同时在驾驶舱人机界面、维护人机界面和相应操作程序方面尽量保持共通性，从而可降低航空公司飞行员换装培训成本，提高飞机调配使用的灵活性。ARJ21飞机还将向系列化方向发展，拥有ARJ21基本型、加长型、货机和公务机4种机型。2008年11月28日，ARJ21-700在上海首飞成功。11月29日，注册号为B-3321的ARJ21-700新支线飞机从上海飞往成都，正式交付给成都航空公司（图1-1-33）。2016年6月28日，成都航空公司航班号为EU6679的ARJ21-700飞机搭载70名乘客从成都飞往上海，标志着我国自主研制的首架喷气式支线客机ARJ21正式投入航线运营，中国的天空首次迎来自己研发的喷气式客机。这标志着我国民用飞机向市场成功迈出了重要的第一步，也是我国民用飞机发展的重要里程碑。

图1-1-32　ARJ21飞机

图1-1-33　首架ARJ21飞机投入航线运营

我国大飞机的目标是要集成世界最先进技术，研制出具有市场竞争力的大飞机，形成强大的航空工业。C919发展目标是为民用航空市场提供安全、舒适、节能、环保、具有竞争力的中短程单通道商用运输机。在市场定位上，以中国国内为切入点，同时兼顾国外市场，提供多等级、多种航程的产品。

C919飞机（图1-1-34）为国产中短程干线客机，基本型布局为168座，标准航程为4075千米，增大航程为5555千米，经济寿命达9万飞行小时，与空客A320、波音737属同级别飞机。C是China的首字母，也是中国商用飞机有限责任公司英文缩写COMAC的首字母，同时还寓意要跻身国际大型客机市场，要与Airbus（空中客车公司）和 Boeing（波音）一道在国际大型客机制造业中形成 ABC 并立的格局。第一个“9”的寓意是天长地久，“19”表示中国首型大型客机最大载客量为 190 座。之后未来的型号也命名为 C929，其中“29”表示这一机型的最大载客量为 290 座。

C919 国产干线客机之后，C929 宽体客机（图 1-1-35）的研制项目也相继揭开神秘面纱。2016 年 11 月 2 日，中国商飞和俄罗斯联合航空制造集团共同举行新闻发布会，首次透露 C929 宽体客机的具体细节和项目进展。中俄双方公司介绍，C929 预计在 10 年后交付，总装将在上海完成。

图 1-1-34　C919 飞机

图 1-1-35　C929 宽体客机模型

据介绍，C929 宽体客机采用双通道客舱布局，基本型航程为 12000 千米、座级为 280 座；通过采用先进启动设计、大量应用复合材料、装配新一代大涵道比涡轮发动机等提高飞机综合性能指标，宽体客机将比同类型机型拥有更低的直接运营成本。在基本型的基础上，宽体客机将按照国际主流适航标准开展研制。根据研制经验，从项目启动到实现首飞，预计需要 7 年时间，到实现产品交付预计需要 10 年左右时间。

业内专家认为，C929 将处于波音 787、波音 777 和空客 A350 的竞争梯队，这一行列适用范围更广、经济性更强，但同时市场竞争也相对激烈。

让中国的大飞机飞上蓝天，是国家的意志，也是人民的意志。中国商飞成立后，举全国之力，聚全国之智，大型客机研制工作全面展开，立志让中国的大型客机早日投入运营。

（资料来源：民航资源网）

回首过去，从 20 世纪初发明飞机至今已满百年，民航客机从最初只能载客 4～10 人发展到今天 500～800 人；速度从最初每小时几十千米到最快 2000 多千米。1519 年，麦哲伦驾驶帆船绕地球一周花了 3 年时间；1929 年齐伯林乘飞艇环球飞行用时 21 天 7 小时；1976 年一架波音 747-SP 客机从纽约出发，只用了 1 天 22 小时 26 分钟就完成了一次环球飞行；1992 年 10 月，为纪念哥伦布发现新大陆 500 周年，一批欧洲有钱人乘“协和”号客机进行环球飞行，全程则只用了 32 小时 49 分钟，中间落地加油 6 次，实际飞行时间只有 23 小时 27 分钟，可以称得上是“天涯若比邻”。

展望未来，民航业作为一个整体系统在结构上和运营上要继续适应全球一体化的要求，不断地改进和发展，继续降低价格，保证旅客的舒适安全，开展更多的服务内容，减少各种限制，减少噪声，保护环境不受污染，民航业将迎来一个更加繁荣的发展阶段。

1.2 中国民用航空发展史

1909 年 9 月 21 日傍晚，“冯如 1 号”在美国奥克兰正式试飞（图 1-2-1）。旅美华侨冯如驾机迎着强风起飞，升至 4.5 米高，环绕一个小山丘飞行，飞行了约 800 米，显示了他的飞机具有良好的性能，从而为中国动力载人飞行史谱写了光辉的第一页。

图 1-2-1 冯如和他的第一架飞机

1910 年，清政府在北京南苑毅军操场建立中国最早的飞机场和飞机修理厂，留学日本归来的刘佐成、李宝焌试制成了一架飞机，由此开始了中国的航空事业。在 1911 年爆发辛亥革命之后，南方革命政府、北京清政府和其他地方势力都积极发展航空，在北京、广东、东北组建空军，把航空用于军事目的。

1918 年北洋政府设立航空事务处，这是中国第一个主管民航事务的正式管理机构。

1.2.1 新中国成立前的中国民航（1920～1949 年）

1920 年 4 月 24 日，京沪线的京津段进行了试航。首航试飞时，英国飞行员驾驶一架由亨得利佩治式轰炸机改制的 14 座客机，名为“京汉”号，从北京首飞天津获得成功。5 月 7 日，京津航线正式开航（图 1-2-2），上午 10 时，飞机飞离北京南苑机场，载着几名英国侨民和乘客，顺带邮件，由英国空军驾驶员卡蒲蒂·马堪尼上尉担任机师。50 分钟后，飞机抵达天津兵营操场。下午从天津飞回北京，也顺带驻津英军、侨民及民众的邮件。我国第一条航线，北京—天津航线开通，后延伸至济南，在经营几年后停业。

图 1-2-2 京津航线开航

1928 年国民政府开始筹办民用航空，1929 年成立了沪蓉航空管理处，当年开通了上海—南京航线（图 1-2-3），随后与美商合资组建中国航空公司（1930 年），与德国汉莎航空公司组建了欧亚航空公司（1931 年），西南五省的地方势力和商界合作组建了西南航空公司（1933 年）。直到抗日战争爆发前的七、八年间，中国的民航取得了较大的发展，开通了上海—北京、上海—广州、上海—成都、上海—兰州—乌鲁木齐、北京—广州、兰州—包头、西安—昆明、乌鲁木齐—塔城、广州—海口、广州—南宁 10 条航线，初步建成了国内（除东北）主要城市间的航空线。

1936 年，西南航空公司正式开航广州—梧州—南宁—龙州—越南河内航线（图 1-2-4），航程 862 千米，这是我国第一条国际航线。到 1936 年年底全国共有航线里程超过两万公里。

图 1-2-3　上海—南京的飞机在龙华机场

图 1-2-4　用于广州—越南河内航线的启明号

1939 年成立的中苏航空公司开辟了重庆到莫斯科的航线，为苏联支援中国抗日提供的人员、物资开辟了通道。中国航空公司和欧亚航空公司（1943 年改组为中央航空公司）在抗战时期，执行了从印度飞经喜马拉雅山到昆明进而至重庆的航线。

到 1949 年 10 月，以中国航空公司和中央航空公司为代表的中国民航业有从业人员 6000 多人，国内外航线 52 条，连接着 40 多个城市，航线总长度近 8 万千米。另外，美国人陈纳德在 1946 年利用他在战时与中国政府合作的关系和战后剩余的军事运输机，成立陈纳德空运队，开展了民航业务，后改称为交通部的民航空运队在全国进行民航经营，但这个运输队有一部分力量主要用来支援国民党政府进行内战。

1.2.2　新中国成立后的中国民航（1949 年至今）

1949 年 11 月 2 日，中国民用航空局成立，揭开了我国民航事业发展的新篇章。从这一天开始，新中国民航事业迎着共和国的朝阳起飞，从无到有，由小到大，由弱到强，经历了不平凡的发展历程。特别是十一届三中全会以来，我国民航事业无论在航空运输、通用航空、机群更新、机场建设、航线布局、航行保障、飞行安全、人才培训等方面都持续快速发展，取得了举世瞩目的成就。

新中国成立后中国民航业发展至今主要历经 3 个发展阶段（图 1-2-5）：政企合一

阶段、政企分开阶段和高速发展阶段。

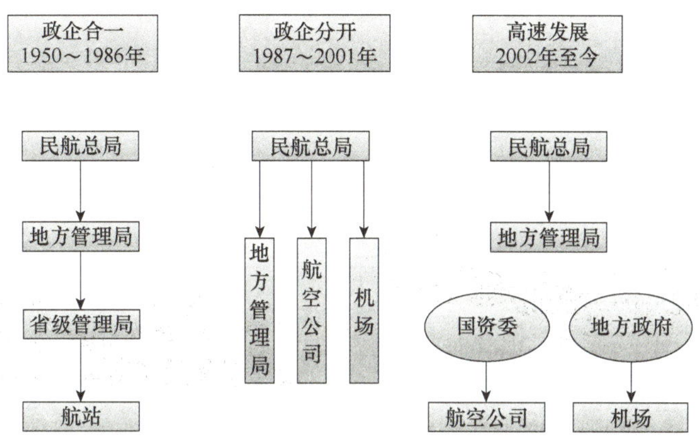

图 1-2-5 新中国成立后中国民航业的 3 个发展阶段

1. 政企合一阶段

1950～1986 年，是我国民航业从诞生到成长的初级阶段，民航业实行政企合一的半军事化管理体制。

（1）起步阶段

1949 年 11 月 9 日，当时总部迁到香港的中国航空公司和中央航空公司的总经理刘敬宜和陈卓林宣布两个航空公司 4000 余名员工起义，服从中央人民政府领导，并率领 12 架飞机飞回祖国大陆，这就是奠定新中国民航事业基础的著名的“两航起义”。

1950 年 8 月 1 日，天津—北京—汉口—重庆和天津—北京—汉口—广州航线正式开航，这是新中国民航业最先开辟的国内航线。“八一开航”和以后的“首飞拉萨”都由“两航起义”归来的 CV-240“北京号”客机完成（图 1-2-6）。机身漆有毛泽东主席亲笔题写的“北京”两个大红字。

图 1-2-6 “北京号”客机抵达汉口机场

从 1949 年 11 月中央军委民航局成立，到 1954 年民航局归国务院领导，更名为中国民航总局，我国仿照苏联的经济体制建立起自己的民航体系，实行半军事化管理体制。并参照苏联民航模式，实行民航总局、地方管理局、省级管理局、航站四级管理体制。

1950 年，新中国民航业初创时，仅有 30 多架小型飞机、12 条短程航线，年旅客运输量仅 1 万人，运输总周转量仅 157 万吨公里。20 世纪 50 年代，我国向苏联陆续购买了伊尔 -14 飞机（图 1-2-7），承担专机和国内客运、货运任务。1959 年，中国民航总局又向苏联购买了伊尔 -18 飞机（图 1-2-8），标志着我国民航业从使用活塞式螺旋桨飞机开始过渡到使用涡轮螺旋桨飞机。与此同时，一批有志于发展祖国航空工业的人们，也在为了改变我国基本上依靠购买外国飞机来建设空军和民航事业的状况而不断努力拼搏。1957 年 12 月，我国自主研发并制造的运 -5，又名“丰收”-2 首飞成功。1963 年，我国民航总局从英国订购的“子爵”号飞机到货，并加入航班飞行，改变了以往主要使用苏制飞机的状况。

图 1-2-7　从苏联引进的伊尔 -14 飞机

图 1-2-8　从苏联引进的伊尔 -18 飞机

到 1965 年，我国国内航线增加到 46 条，国内航线布局重点也从东南沿海及腹地转向西南和西北的边远地区。通用航空的发展在这个时期稳步上升。1965 年年末，中国民航业拥有各类飞机 355 架。1965 年我国的航线里程和总周转量比 1949 年的水平虽有很大的增长，但在整个旅客周转量上还达不到我国历史上的最高水平，这和我国国民经济的发展极不相称。这充分说明了在这一阶段我国民用航空业还不足以真正成为国民经济中的一个重要组成部分。

（2）曲折前进阶段

1966～1976 年的 10 年是“文化大革命”的动乱时期，在这一时期的前五年，我国民航业受到严重的干扰和损害。1971 年 9 月后，中国民航业在周总理的关怀下，将工作重点放在开辟远程国际航线上。到 1976 年年底，中国民航业的国际航线已发展到 8 条，通航里程达到 41000 千米，占通航里程总数的 41%，国内航线增加到 123 条。

1971 年，中国民航总局从苏联购买了 5 架伊尔 -62 飞机（图 1-2-9）。1973 年又从美国购买了 10 架波音 707。此外，还从英国购买了三叉戟客机（图 1-2-10）和从苏联购买了安 -24 客机。这样，中国民航业各型运输飞机总数达到 117 架，能够较好地贯彻“内外结合、远近兼顾”的经营方针。

图 1-2-9　从苏联订购的伊尔 -62 飞机

图 1-2-10　从英国引进了三叉戟飞机

（3）成长阶段

1978 年开始的解放思想和改革开放，至 1980 年已经深入到经济社会的各个领域。

此时仍然隶属空军的民航业，基本上仍是实行半军事化的政企合一的管理体制。我国民航业的总体规模很小，航空服务是针对领导干部（仅限于县处级以上干部）公务和国际交流的交通方式。1980 年，我国民航业只有 140 架运输飞机，且多为 20 世纪 50 年代或 40 年代生产制造的苏制伊尔 -14 或里 -2 飞机，载客量仅 20～40 人，载客量 100 人以上的大中型飞机仅 17 架；机场只有 79 个。1980 年，我国民航业全年旅客运输量为 343 万人；全年总周转量只有 4.29 亿吨公里，居新加坡、印度、菲律宾、印度尼西亚等国家之后，世界排名为第 35 位。

如何适应以经济建设为中心的要求就摆在了国家和行业的面前。1980 年，邓小平同志做出“民航一定要走企业化道路”的指示，为民航业此后的发展指明了方向。我国的民用航空业开始走上商品化和社会化服务的阶段，居民凭借身份证可以购买机票。但整个民航体制依然是一种由民航总局直接管理的集权化的管理体制。

自 1980 年 3 月 15 日起，中国民航总局划归国务院领导。1980～1986 年，民航业按照走企业化道路的要求，进行了以经济核算制度和人事劳动制度为核心的一系列管理制度上的改革。改革极大地促进了民航业生产力的发展，到 1986 年年底，民航业的运输总周转量、旅客运输量、货邮运输量分别是 1978 年的 5.2 倍、4.3 倍、3.5 倍。

1980 年，中国民航总局购买了波音 747-SP 宽体客机，标志飞机使用已部分达到了国际先进水平。1983 年后，通过贷款、国际租赁和自筹资金相结合的方式，购买了一批波音公司和麦道公司的多种型号的先进水平的飞机，使中国民航业使用的运输飞机达到国际先进水平。

2. 政企分开阶段

根据中央 1984 年《关于改革经济体制的决定》，从 1987 年开始，我国民航业实施了以政企分开，管理局、航空公司、机场分设为主要内容的体制改革。如中国民航上海管理局一分为三：民航华东管理局（代表民航总局行使对华东地区民航业务的行政权）、中国东方航空公司和上海虹桥国际机场。在这一阶段，我国民航业超常规发展，跻身航空大国行列。

（1）构造行业行政管理体制框架

1987～1992 年，分别在北京、上海、广州、成都、西安、沈阳设立民航华北、华东、中南、西南、西北、东北 6 个地区管理局，主管所辖地区的民用航空事务。在各省（区、市）建立省（区、市）局，各省（区、市）局根据授权承担部分政府职能，同时绝大部分省（区、市）局与机场合一，实行企业化运营，从而形成民航总局—地区管理局—省（区、市）局三级行政管理体制。

（2）组建航空运输企业和通用航空企业

1987～1992 年，将原 6 个地区管理局的航空运输和通用航空业务、资产和人员分离出来，组建了中国国际航空公司、中国东方航空公司、中国南方航空公司、中国北方航空公司、中国西南航空公司和中国西北航空公司六大骨干航空公司。1990～1994 年，按照航空公司与机场分设原则，对原设有飞机基地的部分民航省（区、市）局进行改革，将其原从事的航空运输和通用航空业务分离出来，并以此为基础组建航空公司的分（子）公司。各航空运输和通用航空企业实行自主经营、自负盈亏、平等竞争。

（3）成立独立的机场管理机构

在民航地区管理局与航空公司和机场分设的改革中，在原地区管理局所在地成立了北京首都机场、上海虹桥机场、广州白云机场、成都双流机场、西安西关机场（现已迁至咸阳，改为西安咸阳）和沈阳桃仙机场。原设有飞机基地的民航省（区、市）局在航空公司分（子）公司成立后，与航空公司独立存在，机场管理成为其主要任务。

（4）改革空中交通管理体制

将原各机构的空中交通管理业务（包括航行管制、航行情报、通信导航、气象保证等）相对分立出来，组建相对独立的民航空中交通管理系统。

（5）改革航空运输服务保障系统

将原民航各级管理机构从事的围绕航空主业务的服务保障性业务分离出来，组建专业性企事业单位。1987～1992年分别组建中国航空油料总公司、中国航空器材进出口总公司、计算机中心和中国航空结算中心等。

（6）改革投资体制

1988～1994年，中国民航总局先后制定允许地方政府、国内企业和公民投资民航企业和机场的规定。一部分省市政府、国内企业纷纷独立投资或与民航总局、中央企业合资，组建了20余家航空运输公司和20余家通用航空公司，形成了新的航空公司诞生的高潮。在此期间，还进行了直属机场下放地方管理和地方投资建设并管理机场的改革试点。同时，中国民航总局开始向外资开放，允许外商投资航空公司、机场、飞机维修和民航相关企业。东方航空公司、南方航空公司、首都机场、中国航信等企业上市，一批外商投资的飞机维修公司和配餐公司纷纷诞生。

经过重大体制改革以及改革开放的进一步深入，我国民航业有了长足的发展（图1-2-11）。尤其是20世纪90年代这10年，是民航业发展中最波澜壮阔的10年。

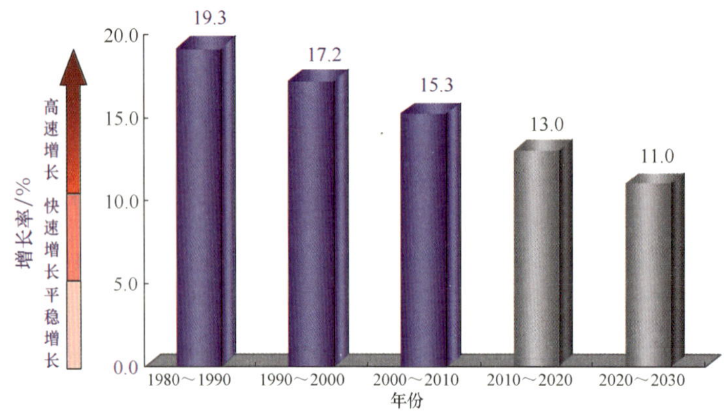

图1-2-11　中国民航业增长过程示意图

（图片来源：民航资源网）

注：图中2010～2020年及2020～2030年数据为预测值

1990 年中国国内航线只有 385 条，10 年后则达到了 1009 条。与此同时，国内通航的城市也由 1990 年的 94 个增加到了 130 个城市。民航国际通航的城市也由 1990 年的 26 个国家、36 个城市增加到 2001 年的 33 个国家、62 个城市。中国民航业的航空运输总周转量也在 2001 年达到 141 亿吨公里，排名跃居世界第六位，比 1990 年提升了 10 个名次。中国民航旅客运输量更是在这 10 年间突飞猛进，由 1990 年的 1660 万人飞跃至 2001 年的 7524 万人。货邮运输量在 2001 年达到 171 万吨，是 1990 年的 5 倍多。

改革开放以来，中国民航业一直保持高速增长，年均增长在 16% 以上。1980～2010 年的 30 年发展时期内，每十年间年均增长率平均下降 2 个百分点左右。

以 2001～2010 年的 15% 增长率推算，我国民航业的高速增长期（增长率 10% 以上）至少持续到 2030 年左右。

3. 高速发展阶段

2002 年 3 月 3 日，国务院批准了民航管理体制改革方案，确立民航业改革的主要目标是：政企分开，转变职能；资产重组，优化配置；打破垄断，适度竞争；加强监管，保证安全；机场下放，属地管理；提高效益，改善服务。这一阶段，也是中国民航业的高速发展阶段。

（1）航空公司与服务保障企业的联合重组

2002 年 10 月 11 日，民航六大集团公司正式宣告成立，这标志着民航改革重组迈出了实质性的步伐。这六大集团分别是中国航空集团公司、中国东方航空集团公司、中国南方航空集团公司三大航空运输集团，以及中国民航信息集团公司、中国航空油料集团公司、中国航空器材进出口集团公司三大航空服务保障集团。

民航六大集团公司是经国务院批准，在中国民航总局直属的 9 家航空公司和 4 家服务保障企业的基础上组建的。新集团成立后，即与民航总局脱钩，交由国务院国有资产管理委员会管理。民航总局作为国务院主管全国民航事务的直属机构，将承担安全管理、市场管理、空中交通管理、宏观调控及对外关系等方面的职能，不再代为行使六大集团公司的国有资产所有者职能。

中国航空集团公司是以中国国际航空公司为主体，联合中国航空总公司和中国西南航空公司组建而成的，中国航空集团公司成立之初，资产总额为 573 亿元，运输飞机为 119 架，经营航线 307 条。中国东方航空集团公司是以东方航空集团公司为主体，兼并中国西北航空公司，联合云南航空公司组建而成，中国东方航空集团成立之初，资产总额为 473 亿元，运输飞机为 142 架，经营航线 386 条。中国南方航空集团公司是以南方航空集团公司为主体，联合中国北方航空公司和新疆航空公司组建而成，中国南方航空集团成立之初，资产总额为 501 亿元，运输飞机为 180 架，经营航线 666 条。中国民航信息集团公司的资产总额为 47 亿元，中国航空油料集团公司的资产总额为 152 亿元，中国航空器材进出口集团公司的资产总额为 19 亿元。

（2）民航监管机构改革

民航行业管理部门进行了机构、职能的调整，撤销民航省（区、市）局，将“民航总局—地区管理局—省（区、市）局”三级行政管理，改为“民航总局—地区管理局—民航省（区、市）安全监督管理办公室”两级行政管理，其中省（区、市）安全监督管理办公室是地区管理局的派驻机构。改革空中交通管理体制，形成了总局空管局—地区空管局—空管中心（站）三级管理与运营的体制架构，并进而按照“政事分开、运行一体化”原则进一步理顺空管体制。改革民用航空公安体制，加强航空保安工作，组建了空中警察队伍。

（3）机场进行属地化管理

对 90 个机场实行了管理属地化改革。除首都机场和西藏自治区内的机场外，原民航总局直属的机场全部移交地方政府管理。2004 年 7 月 8 日，随着甘肃机场移交地方，机场属地化管理改革全面完成。

（4）民营航空公司加入民航运输队伍

2005 年 3 月，中国首家民营航空公司——奥凯航空公司完成了首飞，同年 7 月份，鹰联航空公司和春秋航空公司也进入航空市场投入运营。

拓展阅读

中国民航局“十二五”统计数据

根据中国民航局的统计数据显示，“十二五”期间，航空运输企业由 45 家增至 54 家，新增 9 家。通航企业由 111 家增至 278 家，净增 167 家。

1．航空运输安全

我国民航安全水平高于世界平均水平。我国民航亿客公里死亡人数 10 年滚动值从“十一五”末的 0.009 降至目前的 0.001（世界平均水平为 0.01），降幅达 89%；运输航空百万架次重大事故率 10 年滚动值从“十一五”末的 0.19 降至目前的 0.04（世界平均水平为 0.47），降幅达 79%。实现运输飞行 3480 万小时，比“十一五”增加了 70.9%。安全运送旅客 18 亿人次，未发生运输航空事故。

2．基础数据

中国民航业预计完成运输总周转量为 3457.5 亿吨公里，年均增长 9.6%；旅客运输量为 18 亿人，年均增长 10.4%；货邮运输量为 2887.6 万吨，年均增长 2.3%。全行业飞机数量由 2607 架增至 4511 架，净增 1904 架。其中，运输飞机净增 1048 架，通用飞机净增 856 架，分别增长 65.6% 和 84.8%。全国颁证运输机场由 175 个增至 206 个，净增 31 个。旅客吞吐量三千万级机场由 4 个增至 8 个，千万级机场由 16 个增至 25 个。北京首都机场旅客吞吐量连续 5 年居全球第二；上海浦东机场货邮吞吐量连续 7 年保持世界前三。航空运输企业由 45 家增至 54 家，新增 9 家。通航企业由 111 家增至 278 家，净增 167 家。低成本航空市场份额由

2.2%上升到目前的9%。

3. 运输生产情况（表1-2-1）

我国航空运输规模稳居全球第二。民航旅客周转量在综合交通运输体系中的比重，从“十一五”末的14.5%增加到2015年11月底的22.8%，上升8.3个百分点。

表1-2-1 中国民航业“十二五”期间主要生产数据

项目＼年份	2011	2012	2013	2014	2015
全行业累计实现利润总额/亿元	363	295.9	248.1	288.9	547.6
航空运输总周转量/亿吨公里	577.4	610.3	671.7	748.1	849.9
旅客运输量/亿人	2.9	3.19	3.54	3.9	4.4
货邮运输量/万吨	557.5	545	561.3	594.1	629.7
通用航空生产作业/万小时	50.2	51.7	59.1	67.5	73.5

4. 关于航班航线

我国航线总数由1965条增至3091条，净增1126条。国内航线由1663条增至2428条，净增765条。国际航线由302条增至663条，净增361条。两岸间定期航班由每周370班增至每周1593班，增加1223班。

5. 关于投资、补贴和效益

全行业完成固定资产投资约7100亿元。民航落实支线航空、中小机场补贴资金104亿元。全行业累计实现利润1 800亿元左右，是“十一五”的3.14倍。

6. 关于国际竞争力

我国国际航空运输总周转量和旅客运输量年均分别增长8.7%和16.9%。与我国签署或草签双边航空运输协定的国家从“十一五”末的112个增加到118个。并与29个国家签署了双边适航协定。

7. 关于简政放权

全面深化各项改革，推行简政放权，累计取消、下放行政审批事项25项。

“十三五”时期是我国迈向“民航强国”的重要历史阶段，航空运输、机场、空管、通用航空等领域都将迎来新的发展契机。随着我国“一带一路”战略的实施，互联互通，交通先行，使航空运输具有得天独厚的优势。据预测，2020年我国将初步建成民航强国。到2020年，航班量将达1300万架次；运输机场数量将达272个，新增66个；运输总周转量1450亿吨公里，货邮运输量1000万吨，旅客运输量7.2亿人次，人均乘机次数将上升至0.47次；通用作业预计为200万小时。

（资料来源：中国民用航空局，http://caac.gov.cn）

新中国民航业近70年的发展历程证明：发展是硬道理。只有不断深化改革，扩大开放，才是加快民航发展的必由之路。让我们为实现从民航大国到民航强国的历史性跨越而努力奋斗。

第2章 民用航空器

课前导读

民用航空器是指除用于执行军事、海关、警察飞行任务外的航空器。了解民用航空器的相关知识，对民航各岗位的从业人员都非常必要。本章将通过浅显易懂的文字和图片资料，帮助学生了解民用航空器的飞行原理、结构作用等知识。

学习目标

知识目标

描述飞机的分类及其依据；识记国内常见民用飞机的机型代码；描述民用航空器标志的编排规定；描述飞机升力产生的原理；理解涉及飞机飞行控制的相关概念和原理；描述机体的主要结构和作用。

技能目标

能够根据分类方式说出国内常见民用机型的类别；能够依据机型代码判断对应的民用机型；能够依据所给的注册编号说出该飞机的对应类别；能够解释飞机升力产生的原理；能够解释飞行控制的原理；能够解答关于机体结构名称和主要作用的问题。

2.1 航空器和飞机

我们所指的航空器不仅仅是指飞机，飞机也不等同于航空器（图 2-1-1）。航空器包括人造的各种能在空气中飞翔的飞行物体；飞机仅仅是航空器中的一种。目前，我们能见到的航空器除了飞机之外，还有气球、飞艇、直升机、滑翔机等。其实，我们放的风筝、儿童玩的竹蜻蜓都是航空器。

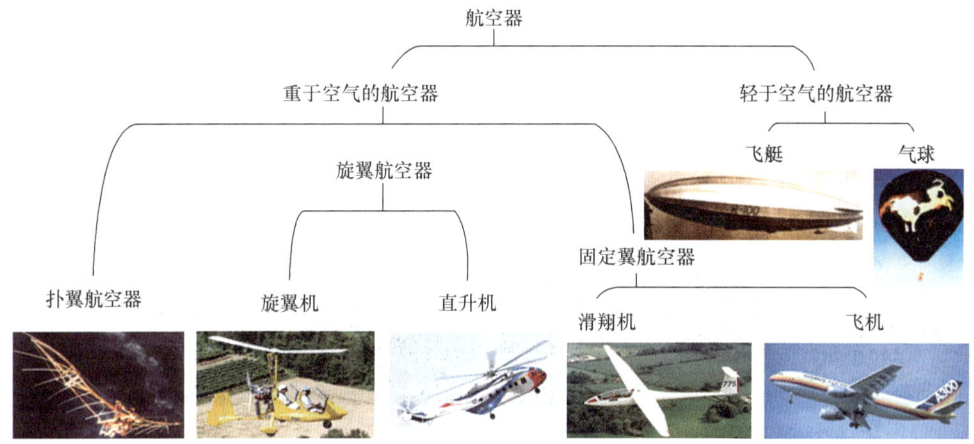

图 2-1-1 航空器的主要种类

飞机具有两个最基本的特征：一是它自身的密度比空气大，并且它是由动力驱动前进；二是飞机有固定的机翼，机翼提供升力使飞机翱翔于天空。不具备以上特征者不能称之为飞机，这两条缺一不可。譬如，一个飞行器它的密度小于空气，那它就是气球或飞艇；如果没有动力装置，只能在空中滑翔，则被称为滑翔机；飞行器的机翼如果不固定，靠机翼旋转产生升力，就是直升机或旋翼机。因此，飞机是有动力驱动、有固定机翼且重于空气的航空器。

另外，我们容易混淆的有“固定翼航空器”“固定翼飞机”等名词，实际上所指的都是飞机。但是这些名词都不是准确的说法，因为“固定翼航空器”包括飞机和滑翔机，而“固定翼飞机”则是一个重复的称呼，因为“飞机”就已经包含了固定翼的内容。同样，更常听到很多人说“直升机”，这也很不妥当，因为直升机是使用旋翼提供升力的，它和飞机属于完全不同的航空器类型。

2.2 飞机的分类和民用航空器标志

飞机是整个民航运输的中心，没有飞机也就没有民航业。从 1903 年第一架飞机诞生至今的一百多年中，飞机的种类、数量都发生了翻天覆地的变化。

2.2.1 飞机的分类

国际上对飞机的分类有以下几种方式。

1. 按飞机的用途划分

飞机有民用航空飞机和国家航空飞机之分。国家航空飞机是指军队、警察和海关等使用的飞机；民用航空飞机主要是指民用飞机和直升机。按飞机使用用途划分，民用飞机可分为 3 种：一是全客机（图 2-2-1），主舱载人，下舱载货；二是全货机（图 2-2-2），主舱及下舱全部载货；三是客货混用机（图 2-2-3），在主舱前部设有旅客座椅，后部可装载货物，下舱内也可以装载货物。此外，从事除定期客运、货运等公共航空运输之外的民用航空活动的所有飞机称为通用航空飞机（图 2-2-4）。

图 2-2-1 印尼航空客机

图 2-2-2 东航全货机

图 2-2-3 荷兰皇家航空公司客货两用机

图 2-2-4 通用航空飞机

2. 按飞机的座位数划分

飞机的客座数在 100 座以下的为小型机（如图 2-2-5 所示为东航 CRJ200ER 客机，标准客舱布局载客 50 人）；100～200 座的单通道飞机为中型机（如图 2-2-6 所示为春秋航空 A320-200 客机，标准客舱布局载客 150 人）；200 座以上的双通道飞机为大型机（如图 2-2-7 所示为国航 B747-400 客机，标准客舱布局载客 416 人；如图 2-2-8 所示为南航 A380 客机，三级客舱布局载客 555 人，二级客舱布局载客 644 人，一级客舱布局载客 853 人）。

图 2-2-5　CRJ200ER 客机

图 2-2-6　A320-200 客机

图 2-2-7　B747-400 客机

图 2-2-8　A380 客机

3. 按飞机的航程划分

航程在 2400 千米以下的为短程飞机；航程在 2400～4800 千米的为中程飞机；航程在 4800 千米以上的为远程飞机。

4. 按飞机飞行速度划分

按飞机飞行速度，有亚音速飞机和超音速飞机之分。其中，亚音速又分为低亚音速和高亚音速两种。多数喷气式飞机为高亚音速飞机（图 2-2-5～图 2-2-10），飞行速度为 0.8～0.9 马赫。

图 2-2-9　B787 客机

图 2-2-10　A350 客机

知识链接

马　赫

马赫（Mach number）是表示声速倍数的数，在物理学上一般称为马赫数，是一个无量纲数。1 马赫即 1 倍音速：马赫数小于 1 者为亚音速，近乎等于 1 为跨声

图 2-2-11 飞机突破音速瞬间

速，大于1为超音速；一般情况下，若马赫数大于5左右，为高超音速；其值越大，空气（或其他气体）的压缩性影响越显著。在飞行速度达到声速的9/10，即马赫数等于0.9，空中时速约950千米时，局部气流的速度可能就达到声速，产生局部激波，从而使气动阻力剧增。激波能使流经机翼和机身表面的气流，变得非常紊乱（图2-2-11）。马赫数是飞行的速度和当时飞行的音速之比值，大于1表示比音速快，小于1表示比音速慢。它是高速流的一个相似参数。我们平时所说的飞机的马赫数是指飞机的飞行速度与当地大气（即一定的高度、温度和大气密度）中的音速之比。比如，Ma1.6表示飞机的速度为当地音速的1.6倍。

飞行器速度在Ma 0.3以下可以认为是低速（可以不考虑空气压缩性影响）；速度在Ma0.8以下的为亚音速；在Ma 0.8～1.2的为跨音速；在Ma 1.2～5的为超音速；Ma 5.0以上的为高超音速。

一般民用飞机飞行速度多为亚音速或高亚音速，军用战斗机可以达到Ma 3.0或更高，美国最新高超音速飞机已达到Ma 7.0，航天飞机进入大气层可以达到Ma 25以上。

在地表，1马赫的大约速度换算相当于340.3米/秒，又大约等同于1225千米/小时。飞行物在相同的速度下，其马赫数会因所在高度空气的音速不同而有差异，高度越高，音速越低，从而使得马赫数越高。

（资料来源：根据相关资料整理）

5. 按飞机发动机数量划分

按飞机发动机数量划分，有单发（1个发动机）飞机（图2-2-12）、双发（2个发动机）飞机（图2-2-13）、三发（3个发动机）飞机（图2-2-14）和四发（4个发动机）飞机（图2-2-15）。

图 2-2-12 单发飞机

图 2-2-13 双发飞机

图 2-2-14　三发飞机

图 2-2-15　四发飞机

6. 按飞机发动机的类型划分

飞机的发动机有螺旋桨式和喷气式两种。螺旋桨式飞机是利用螺旋桨的转动将空气向机后推动，借其反作用力推动飞机前进。它包括活塞螺旋桨式飞机（图 2-2-16）和涡轮螺旋桨式飞机（图 2-2-17）。喷气式飞机包括涡轮喷气式飞机（图 2-2-18）和涡轮风扇喷气式飞机（图 2-2-19），是使空气与燃料混合燃烧后产生大量气体以推动涡轮，然后以高速度将气体排出体外，借其反作用力使飞机前进。

图 2-2-16　活塞螺旋桨式飞机

图 2-2-17　涡轮螺旋桨式飞机

图 2-2-18　涡轮喷气式飞机

图 2-2-19　涡轮风扇喷气式飞机

7. 按飞机客舱的走道数划分

按飞机客舱的走道数，可分为宽体飞机和窄体飞机。我们把飞机的客舱只有一条走道的飞机称为窄体飞机（图 2-2-20），如 B737、B757、MD90、A320 系列等；飞机客舱有两条走道的飞机称为宽体飞机（图 2-2-21），如 B747、B767、B777、B787、MD11、A300、A330、A340、A380 等。

图 2-2-20　窄体（单通道）飞机

图 2-2-21　宽体（双通道）飞机

知识链接

常见飞机机型代码

飞机型号代码（表 2-2-1）由不超过 4 位的数字、字母组成，尽量代表出飞机的制造厂商、型号等资料，能被空中管制判读信息，原则上是从飞机的具体型号上抽取而来。

表 2-2-1　国内常见机型代码

公司名称	机型名称	机型代码	公司名称	机型名称	机型代码
波音公司	B737-300 客机	733	波音公司	B737-300 货机	73F
波音公司	B737-400 客机	734	波音公司	B737-700 客机	737
波音公司	B737-800 客机	738	波音公司	B737-900 客机	739
波音公司	B747-200/400 货机	74F	波音公司	B747-400M 混合机	74M
波音公司	B747-400 客机	744	波音公司	B757-200 客机	752
波音公司	B767-300/300ER 客机	763	波音公司	B777-200 客机	772
波音公司	B787-8 客机	787	空中客车公司	BA300-600/600C	AB6
空中客车公司	BA319 客机	319	空中客车公司	BA320 客机	320
空中客车公司	BA321 客机	321	空中客车公司	BA330-200 客机	332
空中客车公司	BA330-300 客机	333	空中客车公司	BA340-300 客机	343
空中客车公司	BA340-600 客机	346	空中客车公司	BA380-800 客机	388

我们在网上预订机票或查询航班时，可以发现航班机型代码信息（图 2-2-22）。

东方航空 MU5159　20:45 → 23:00
空中客车 A330-300(大型)　虹桥国际机场T2　首都国际机场T2

东方航空 MU5125　20:00 → 22:30
空中客车 A330-300(大型)　虹桥国际机场T2　首都国际机场T2

上海航空 FM9107　21:20 → 23:45
波音 737-800(中型)　虹桥国际机场T2　首都国际机场T2

图 2-2-22　网上购票机型代码信息

（资料来源：民航资源网，http://www.carnoc.com）

2.2.2 民用航空器标志

民用航空器标志即我们常说的飞机号、机尾号、注册号，它是飞机的一个重要识别标志，在世界范围内绝无重号，没有这个编号的民用航空器是不允许进行任何飞行的，即使是刚出厂的新飞机，作试飞或是交接给客户的转场飞行等。民用航空器标志是有严格规定的，如何编排、如何在航空器上绘制等，并不是哪一家航空公司或是哪一个国家随意制定、更改的。国务院民用航空主管部门设立中华人民共和国民用航空器国籍登记簿，统一记载民用航空器的国籍登记事项。经中华人民共和国国务院民用航空主管部门依法进行国籍登记的民用航空器，具有中华人民共和国国籍，由国务院民用航空主管部门发给国籍登记证书。

1. 民用航空器的标志组成

民用航空器标志分为两部分：国籍标志和登记标志。国籍标志是识别航空器国籍的标志；登记标志是航空器登记国在航空器登记后给定的标志。

国际民航组织理事会于 1949 年 2 月 8 日通过了《国际民用航空公约》附件 7《航空器国籍标志和登记标志》，这是一个国际标准。1981 年 7 月 30 日通过了附件 7 的第四次修改，各缔约国的规定如与附件 7 的规定有差异时，应通知国际民航组织备案认可，并在该附件 7 的附录中加以说明。

（1）国籍标志

国籍标志选定规则：国籍标志须从国际电联分配给登记国的无线电呼叫信号中的国籍代号系列中选择，且须将国籍标志通知国际民航组织。

拓展阅读

共用标志

国际民航组织理事会于 1969 年 1 月 23 日通过了附件 7 的第三次修改，并于同年 5 月生效，引进了“共用标志”“共用标志登记当局”“国际经营机构”等词，按《国际民用航空公约》第七十七条规定，预期不以国家形式登记航空器的可以采用共用标志。

共用标志的确定规则是：共用标志须从国际电联分配给国际民航组织的无线电呼叫信号的代号系列中选定，由国际民航组织给共用标志登记当局指定共用标志。

例如在 1983 年，国际民航组织理事会会议决定，阿拉伯航空货运公司（约旦和伊拉克联营）联合登记的航空器具有共用标志 4YB，由约旦保存并登记，承担公约规定的登记国的责任。

（2）登记标志

一般规定，登记标志须是字母、数字或者两者的组合，列在国籍标志之后，第一位是字母的，则国籍标志与登记标志之间应有一短画线。

2. 中国关于民用航空器标志的相关规定

1）中国航空器的国籍标志。按照前面所列原则，我国选定英文字母“B”为中国航空器的国籍标志，并在我国恢复在国际民航组织中的合法地位不久，便通知了国际民航组织，并得到了认可，已载于《国际民用航空公约》附件 7 的附录中。

2）中国航空器的登记标志。由数位数字、字母或其组合而成，列在国籍标志“B”之后，两者之间有一短画线。由于目前我国航空器登记标志基本采用 4 位阿拉伯数字，即登记标志的第一位是数字，与国籍标志之间有一短画线，与公约附件 7 的规定有差异，但登记标志第一位也可用字母，其前有一短画线，与附件 7 无差异。

图 2-2-23　注册编号为 2580 的国航客机

3）按中国民航局颁发的《民用航空器国籍和登记的规定》，凡取得中华人民共和国国籍的民用航空器，必须在其外表标明规定的国籍、登记的标志（图 2-2-23）。

国籍和登记标志由中华人民共和国国籍标志（英文字母 B）和登记标志（数个阿拉伯数字或者阿拉伯数字后缀拉丁字母）组成。在国籍标志（B）和登记标志（阿拉伯数字）之间有一短画线。

4）绘制标志的规定。

① 固定翼航空器的国籍和登记标志喷涂在机翼和尾翼之间的机身两侧或垂直尾翼两侧，以及右机翼的上表面、左机翼的下表面。

② 旋翼航空器喷涂在尾梁两侧或垂直尾翼两侧。

③ 中国国际航空公司的航空器要在航空器前部适当位置绘制五星红旗。

3. 中国民用航空器标志

中国民航局只对航空器国籍、登记标志进行管理和控制。航空器外部的其他图案（航徽、彩条、公司名称字样）由企业自行确定，但须将设计图以三面工程图纸的形式上报民航局备案。

我国民用飞机的登记标志即注册编号比较混乱，曾有明确规定：注册编号是唯一的，即每个注册编号只对应一架飞机。如果该机退役、失事过报废等不能再使用，则此编号永远空缺，不再编到其他飞机上。但现在此规定已更改，注册编号可重复使用，但仍遵循国际规定，不出现重号。

知识链接

我国航空器的注册编号

我国大陆地区航空器国籍和登记标志格式为B-××××（目前编号规则为4位数字）。我国香港、澳门地区为B-×××（目前为3位字母），我国台湾地区为B-×××××（目前为5位数字）。海峡两岸和香港、澳门地区在航空器国籍标志上的统一是一个中国的最好体现。

目前，我国大陆地区的国籍和登记标志按照第一位数字对航空器用途进行分类。

为了方便航空公司和局方对航空器进行管理，以第一位和第二位数字对机型进行划分，每种机型都分配有一个固定的号段（表2-2-2、表2-2-3）。

表2-2-2　我国大陆地区航空器的国籍和登记标志号段

号段	类别	举例
0字头号段	滑翔机、气球	B-0005
2字头号段	大型喷气式运输机	B-2456
3字头号段	小型喷气、螺旋桨式运输机	运 -7:B-3441
5字头号段	波音飞机（新增号段）	B737-800:B-5111
6字头号段	空客飞机	A319-100:B-6014
7字头号段	旋翼机、固定翼小型飞机	Cessna:B-7900
8字头号段	农用飞机号段、固定翼公务机、教练机	Y-5:B-8001;TB-200:B-8830
9字头号段	一些小型固定翼飞机、飞艇、教练机	飞艇 :B-9003

表2-2-3　我国航空器国籍登记标志目前大型喷气式运输机按机型进行分类的情况

子号段	历史情况	现代情况	子号段	历史情况	现在情况
B-2000～B-2099	俄制飞机，如IL-62	B777	B-2500～B-2599	波音飞机，如B737、B767	B737
B-2100～B-2199	麦道飞机，如MD-82	MD-82和B737	B-2600～B-2699	苏式飞机，如YT-154	B737NG
B-2200～B-2299	麦道飞机，如MD-90/三叉戟	MD-90和A320系列	B-2700～B-2799	英式飞机，如BAE-146	未改变
B-2300～B-2399	空客系列飞机	未改变	B-2800～B-2899	波音飞机，如B757	B757/B737
B-2400～B-2499	波音飞机，如B707、B747	A320/A321、B747/B767	B-2900～B-2999	波音飞机，如B737	未改变

一般航空器应载有国籍标志和登记标志。此前，我国大陆地区民用航空器的登记号为4位数字编码，最大容量为1万个。考虑到我国民航业的迅猛发展，特别是未来通用航空可能会出现井喷式发展及民用无人机的应用热潮，民航局未雨绸缪对现有的国籍登记编号规则进行了改革。

（资料来源：民航资源网，http://www.carnoc.com）

拓展阅读

民用航空器国籍登记迈入新型编号管理时代

为了更好地适应我国民航业的快速发展，日前中国民航局对民用航空器国籍登记标志编号管理进行了改革，将可用号源拓展至85900个，至此我国民用航空器登记进入新型编号管理时代。通过此次改革，至少能够满足未来20年我国各类民用航空器注册数量激增的需求，充分体现了我国适航管理政策上的前瞻性和合理性。

航空器的国籍登记标志简称登记号，根据国际民用航空公约的规定，从事国际航行的航空器编号每次改革遵循“保证实用”的原则，保持4位编码不变，在第三、四位字段增加了英文字母的使用，并对前两位字段进行了明确定义。其中，第一位字段用来区分运输类、通用类、无人机和备用（含临时国籍登记号）4类航空器。第二位字段用作航空器类别细分，运输类航空器按照制造商区分，通用类航空器和无人机按照螺旋桨、旋翼、喷漆和其他航空器进行区分。通过这种局部调整的方式，既与原有编码规则保持了较好的继承性，又尽量减小了我国现有运输体系的影响，尤其是对国际运行的影响。未来，还可以通过在第一、第二位字段增加英文字母使用的形式，拓展出更多号源，以适应我国民航更远时期的发展需求。

从2015年3月1日起，中国民航局已正式采用新型编号管理方式，对新申请的运输类航空器（含喷气公务机）仍使用4位数字编号，对新申请的其他类型航空器则使用以字母结尾的编号。在役航空器退出后，其4位数字号源将沿用现行编号和给号方法继续分配给运输类航空器重复使用。

考虑到民用航空器的更换周期，预计本次改革将有10～15年的过渡期。在过渡期结束后，运输类航空器全部使用4位数字编号，其余类型航空器一律使用字母结尾的4位数字和字母组合编号。这将便于区分各类航空器及数量统计，提升我国民用航空器的管理水平。

（资料来源：中国民用航空局，www.caac.gov.cn）

2.3 飞机飞行的基本原理

飞行是人类对自身和自然界的一个挑战，也是人类有史以来就不断追求的一个夙愿。在古代，人们向往神秘莫测的天际，却上天无路，只能寄托于神话般的幻想。

达·芬奇是世界上公认的第一位以科学方法和科学知识研究飞行的伟大学者。出生于1452年的达·芬奇既是著名的艺术家、科学家和工程师，又是航空科学研究的创始人。在航空史的记载中，他第一个以科学的态度研究鸟类飞行，并设计出人力扑翼机草图。他观察了鸟类的飞行，发现气流越快，升力越大。根据这些发现，他在1505年写成了《论鸟的飞行》一文，并绘制了扑翼飞行机的草图。他设想通过人力向后下方扑动双翼来实现飞行。他的人力扑翼机没有飞起来，后来的研究证明，也不可能飞起来。1680 年，意大利的齐奥凡尼·波莱里在《运动的动物》一书中，详细地论述了仅靠人体肌肉的力量，无法在空中支撑自己的体重。事实上，即使以现代的技术条件，也很难造出一副像鸟类那样变化多端、挥洒自如的翅膀。

2.3.1 飞机升力的产生

任何物体只要和空气之间产生相对运动，空气就会和它产生作用力，这个力就是空气动力。飞机是重于空气的飞行器，当飞机飞行在空中，就会产生作用于飞机的空气动力，飞机就是靠空气动力升空飞行的。

1. 升力产生的原理

飞机的升力主要由机翼和空气的相对运动而产生的（图 2-3-1）。机翼的上表面是弯曲的，下表面是平坦的，因此在机翼与空气相对运动时，流过上表面的空气在同一时间（T）内走过的路程（S_1）比流过下表面的空气的路程（S_2）远，所以在上表面的空气的相对速度比下表面的空气快（$v_1=S_1/T>v_2=S_2/T_1$）。根据伯努利定理：流体对周围的物质产生的压力与流体的相对速度成反比。因此，上表面的空气施加给机翼的压力 F_1 小于下表面的 F_2。F_1、F_2 的合力必然向上，这就产生了升力。

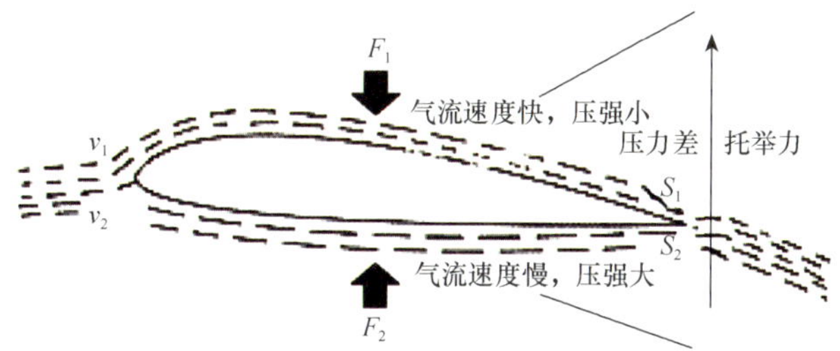

图 2-3-1 机翼升力示意图

知识链接

伯努利定理

在一个流体系统，比如气流、水流中，流速越快，流体产生的压力就越小，这就是被称为“流体力学之父”的丹尼尔·伯努利 1738 年发现的“伯努利定理”。

这个压力产生的力量是巨大的，空气能够托起沉重的飞机，就是利用了伯努利定理。飞机机翼的上表面是流畅的曲面，下表面则是平面。这样，机翼上表面的气流速度就大于下表面的气流速度，所以机翼下方气流产生的压力就大于上方气流的压力，飞机就被这巨大的压力差“托浮”住了。当然，这个压力到底有多大，一个高深的流体力学公式“伯努利方程”会去计算它。

伯努利定理的数学表达形式为

$$\frac{1}{2}\rho v^2+\rho gh+p=\text{const.}$$

式中：v——流动速度；

g——地心加速度（地球）；

h——流体处于的高度（从某参考点计）；

p——流体所受的压强；

ρ——流体的密度；

const.——常数。

伯努利定理告诉我们流体在运动时它们的总能量是不变的，表现为它的全压是一个常数。当流体的流动速度增大时，它的动能就增大，而这部分增加的动能来自于流体静止能量的减少，也就是流体静压强的减少；反之，如果流速减少，则静压强增大。

（资料来源：根据相关资料整理）

升力公式的表达式为

$$Y=C_y \cdot \frac{1}{2}\rho v^2 \cdot S$$

式中：C_y——飞机的升力系数，与飞机翼型、迎角大小有关；

$\frac{1}{2}\rho v^2$——飞机的飞行动压；

S——机翼的面积。

从升力的公式中我们可以看出：飞机的速度越大，产生的升力越大，因而速度大的飞机上就不需要太大的机翼去获取升力，以免太大的机翼产生较大的阻力；飞机的速度越小，产生的升力越小，此时就需要采用增加机翼面积的方法来获取足够的升力。

现在世界上已知的机翼各式各样。为了能产生较大的升力，早期的飞机设计师们就造出了多层机翼的飞机，有二层、三层的甚至还有四层的，它们被称为双层机翼飞机（图 2-3-2）、三层机翼飞机（图 2-3-3）等。以后由于技术改进使飞机的飞行速度提高，从而获得了更大的升力，飞机就不再依靠增加机翼面积来提高升力了。

图 2-3-2　双层机翼飞机

图 2-3-3　三层机翼飞机

2. 升力系数随迎角的变化规律

对于固定翼飞机，机翼的前进方向（相当于气流的方向）和翼弦（与机身轴线不同）的夹角叫迎角，也称为攻角，它是确定机翼在气流中姿态的基准。

迎角大小与飞机的空气动力密切相关。飞机的升力与升力系数成正比；阻力与阻力系数成正比。升力系数和阻力系数都是迎角的函数。在一定范围内，迎角越大，升力系数与阻力系数也越大。但是，当迎角超过某一数值（称为临界迎角），升力系数与阻力系数反而减小。这时大迎角就可能导致飞机失速（图 2-3-4）。

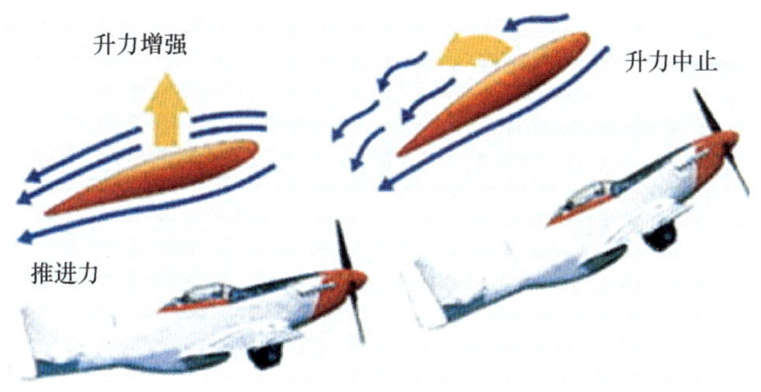

图 2-3-4　大迎角产生的飞机失速现象

失速是指当迎角增大到一定值（达到并超过）时，机翼几乎横在气流中，此时，气流的流线被破坏，气流从机翼前缘开始分离，尾部形成涡流，造成飞机升力突然迅速降低，阻力迅速增大，此状态称为飞机的失速。飞机进入失速后，会发生螺旋、下降以及抖振现象。

迎角是重要的飞行参数之一，飞行员必须使飞机在一定的迎角范围内飞行。所以有的飞机有一块专门指示迎角的仪表——迎角表，有的飞机还有失速警告系统。当实际迎角接近临界迎角而使飞机有失速的危险时，失速警告系统就发出各种形式的警告信号。

拓展阅读

为什么飞机要逆风起降

我们总是习惯对准备外出的人道一声“一路顺风”，可是你是否知道，飞机起飞和降落一般都是在逆风中进行的？飞机逆风降落想必大多数人都好理解，但飞机逆风起飞就有点想不通了。在顺风情况下，借助风的力量，起飞不是更快吗？事实并非如此。

其实，飞机起飞和放风筝有几分类似。放过风筝的人都知道，我们要牵引风筝逆风跑一段距离，目的是增大风筝相对于空气的速度，使其获得更大的升力，从而更快地上升。同样，飞机在起飞前也要滑跑一段距离，使之产生足够的升力离开地面。

飞机起飞靠的是与空气的相对运动产生的升力，升力的大小取决于飞机与空气的相对速度，而不是飞机与地面的相对速度。如果在逆风下起飞，飞机滑跑速度与风速的方向相反，飞机与空气的相对速度等于二者之和。此时，飞机只需较小的滑跑速度就可以获得离地所需的升力。所以，与在无风下起飞相比，逆风起飞所需滑跑的距离会更短。相反，如果在顺风下起飞，飞机要达到较大的滑行速度才能获得离地所需的升力，滑跑距离相对要长一些。

飞机着陆与飞机起飞的情况类似。在着陆的过程中，飞机需要在不断减速的同时保持足够的升力，确保飞机可以平稳下降。在逆风下着陆，飞机可以在更小速度的情况下，获得所需的升力，从而减小接地那一刻与地面的相对速度，进而缩短滑行距离。而在顺风下着陆，飞机为了获得同样的升力，飞机与地面的相对速度要比逆风着陆时大。这使得飞机在接地那一刻的速度变大，滑行距离变长，控制不好容易造成安全隐患。

此外，机场跑道的方向是固定不变的，但风的方向却是经常变化的。因此，飞机在起降时，不可能都是逆风的，往往是在侧风的条件下进行的。由于飞机在起降时速度比较慢，稳定性差，如遇强劲的侧风，飞机可能发生偏转，增加了飞行员操作的难度。因此，飞机在侧风中起降时，飞行员要特别注意修正偏差，不然就会出现滑出跑道的危险。

无疑，在强烈侧风下起降，是一种复杂而危险的飞行动作。这要求飞机在气动设计上具有很好的横向操纵性和安定性，对侧风不能太敏感。飞机在出厂时一般都要经过验证侧风飞行，以验证其抗侧风能力，给出最大验证侧风值。随着技术的不断进步，现代飞机的稳定性有了大幅度提高，风向对飞机起降的影响也减小了，飞行变得越来越安全。

（资料来源：http://news.carnoc.com/list/366/366759.html）

案例分析

东航“11·21”包头空难

2004年11月21日8时21分，从包头飞往上海的东航MU5210次航班起飞1分钟后，在距离机场1千米处的包头市南海公园坠毁，机上47名乘客和6名机组人员全部遇难。该飞机是东航从云南公司调往上海执行任务的CRJ200型飞机，可载客50人。

事故调查组认为，飞机在包头机场过夜时存在结霜的天气条件，机翼的污染物最大可能是霜。飞机起飞前没有进行除霜（冰）处理。飞机在起飞的过程中，由于机翼污染使机翼失速临界迎角减小。当飞机刚刚离开地面后，在没有出现警告的情况下飞机失速，飞行员未能从失速的状态中改出，直至飞机坠毁。

（资料来源：https://baike.baidu.com/item/“11·21”包头空难/4619680?fr=aladdin 节选）

2.3.2 飞机的飞行控制

1. 飞机的重心

飞机各部件、燃料、乘员、货物等重力的合力，称为飞机的重力。飞机重力的着力点称为飞机重心（图 2-3-5）。重力作用力点所在的位置，称为重心位置。重心具有以下特性：

1）飞行中，重心位置不随姿态改变。

2）飞机在空中的一切运动，无论怎样错综复杂，总可以分解为：飞机各部分随飞机重心的移动和飞机各部分绕着飞机重心的转动。

重心的前后位置常用重心在某一特定翼弦上的投影到该翼弦前端的距离，占该翼弦的百分数来表示。

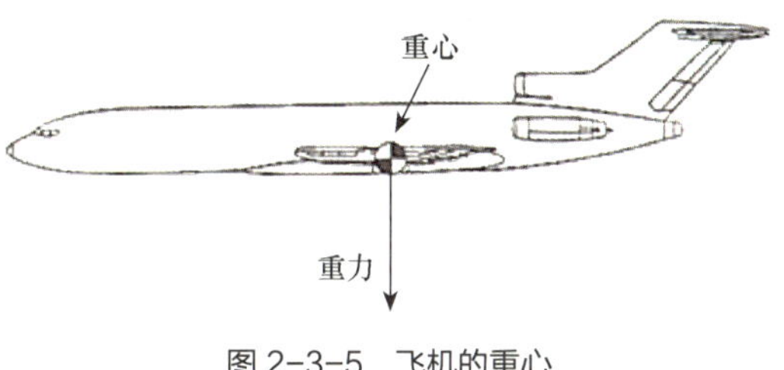

图 2-3-5 飞机的重心

2. 飞机的机体轴

通过飞机重心的 3 条互相垂直的、以机体为基准的坐标轴，称为机体轴（图 2-3-6）。它可以分为：纵轴、横轴和立轴。

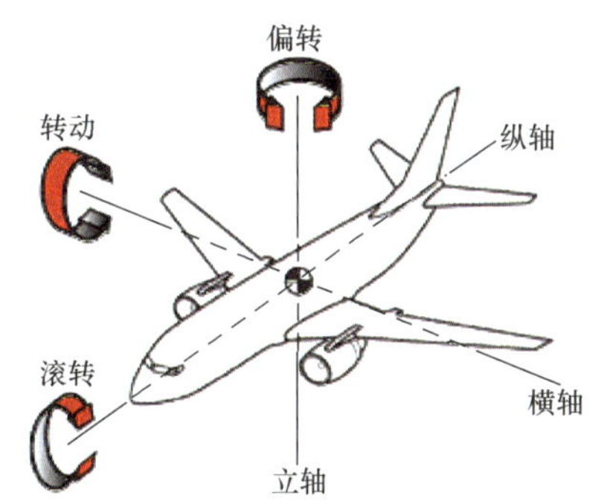

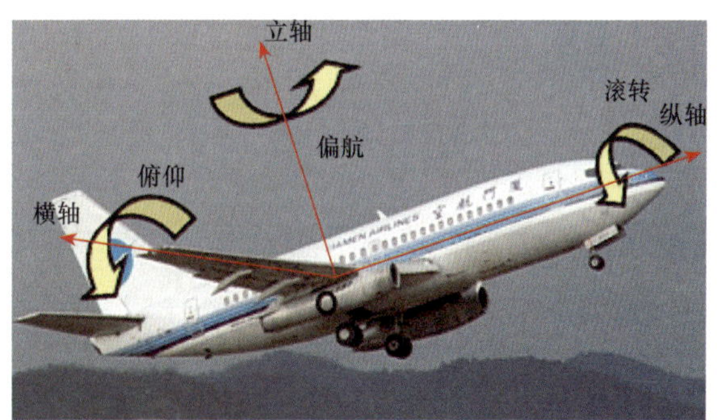

图 2-3-6 飞机的 3 个轴

1）纵轴。沿机身轴线，通过飞机重心的轴线，称为飞机的纵轴。飞机绕纵轴的转动，称为飞机的横向滚转。

2）横轴。沿机翼尾向通过飞机重心并垂直纵轴的轴线，称为飞机的横轴。飞机绕横轴的转动，称为俯仰转动。

3）立轴。通过飞机重心并垂直于纵轴和横轴的轴线，称为飞机的立轴。飞机绕立轴的转动，称为方向偏转。

3. 飞机的平衡

飞机处于平衡状态时，飞行速度的大小和方向都保持不变，也不绕重心转动。飞机的平衡包括作用力平衡和力矩平衡。

（1）作用力平衡

作用力平衡包括升力和重力平衡、拉力和阻力平衡（图 2-3-7）。若飞机的升力、

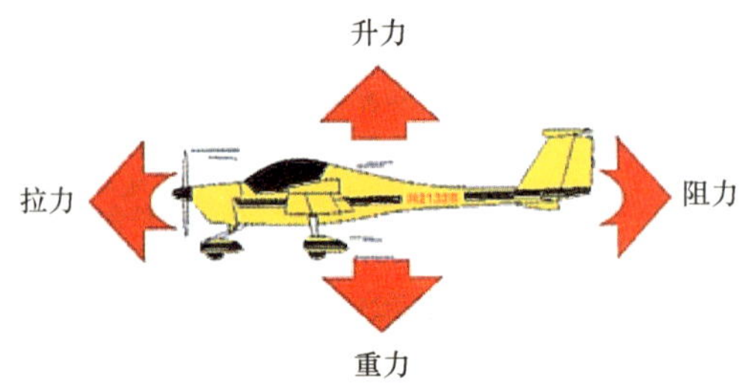

图 2-3-7 飞机的 4 个作用力

重力不平衡，则飞机的高度会发生变化；若飞机的拉力、阻力不平衡，则飞机的飞行速度会发生变化。

（2）力矩平衡

力矩平衡是指作用于飞机的各力矩之和为零。它包括俯仰平衡、方向平衡和横侧平衡。

1）俯仰平衡。它是指作用于飞机各俯仰力矩之和为零。飞机获得俯仰平衡后，迎角不改变，不绕横轴转动。飞机飞行时，水平尾翼也产生一定的升力且这个升力的大小和方向可利用升降舵的偏转来改变。只要使尾翼上产生的升力对飞机重心的力矩和机翼升力、发动机推力等对飞机重心的力矩大小相等、方向相反，就可以保持飞机的俯仰平衡。

2）方向平衡。它是指作用于飞机的左偏转力矩和右偏转力矩彼此相等，飞机不绕立轴转动。飞机的偏转力矩主要有：机翼的阻力力矩、发动机产生的拉力力矩、垂直尾翼和方向舵产生的力矩。

3）横侧平衡。它是指作用于飞机的左滚力矩和右滚力矩彼此相等，飞机不绕纵轴滚转。飞机的滚转力矩主要有：左、右机翼的升力对重心形成的力矩。

4. 飞机的安定性

飞机的安定性就是在飞行中，当飞机受微小扰动（如气流波动）而偏离原来状态，并在扰动消失以后，不经飞行员操纵，飞机能自动恢复原来平衡状态的特性。

（1）飞机的俯仰安定性（迎角安定性）

飞机的俯仰安定性是指飞机受微小扰动迎角发生变化，自动恢复原来迎角的特性。飞机是通过水平尾翼产生的附加升力，对飞机的重心形成机头下俯或上仰的安定力矩来获得迎角安定性的。此外，飞机的重心位置对迎角安定性有较大影响，所以飞机的配载是很重要的。

（2）飞机的方向安定性

飞机的方向安定性是指飞机受到扰动使方向平衡遭到破坏，扰动消失后，飞机又趋向于恢复原来的方向平衡状态。飞机的方向安定力矩是在侧滑中产生的。飞机的侧滑是指飞机的运动方向同飞机的对称面不平衡，相对气流是侧前方（左、右侧）流向飞机的飞行状态。飞机主要依靠垂直尾翼的作用，产生一个对飞机重心的安定力矩使机头左、右偏转来消除飞机侧滑的。

（3）飞机的横侧安定性

飞机的横侧安定性是指在飞行中，飞机受到扰动以致横侧平衡状态遭到破坏，而在扰动消失后，飞机又趋向于恢复原来的横侧平衡状态。飞机的横侧安定性主要靠机翼上的反角、后掠角和垂直尾翼的作用产生的。

飞机的方向安定性和横侧安定性之间有着密切的关系，不能一个安定性很大，一个却很小。例如，横侧安定性过强会使飞机产生飘摆。

5. 飞机的操纵性

飞机的操纵性是指飞机在飞行员操纵驾驶杆、脚蹬的情况下，改变飞机飞行姿态的特性。

飞机在空中的操纵是通过3个操纵面：升降舵、方向舵和副翼来进行的（图2-3-8），用于控制飞机飞行轨迹和姿态。由升降舵（或全动平尾）、方向舵和副翼的操纵机构组成主操纵系统（图2-3-9）。转动这3个操纵面，在气流的作用下就会对飞机产生操纵力矩，使之绕横轴、立轴和纵轴转动，以改变飞行姿态。

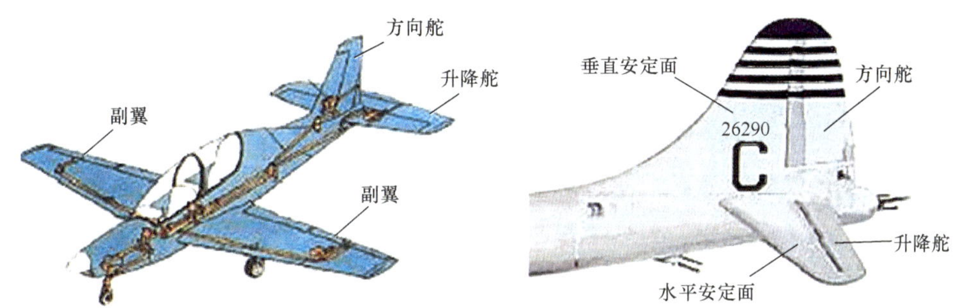

图2-3-8 飞机的操纵面

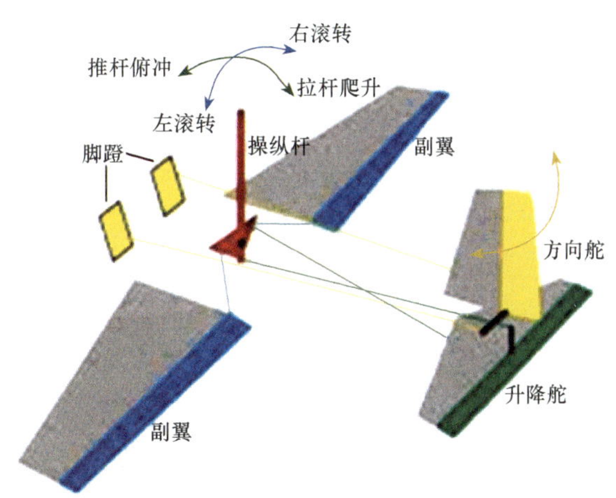

图2-3-9 飞机操纵系统示意图

驾驶员前推驾驶杆，升降舵向下偏转，水平尾翼迎角增加，升力增大，飞机尾部上升，产生一个低头力矩使飞机向下；如果驾驶员后拉驾驶杆，升降舵向上偏转，水平尾翼迎角减小，升力减小，飞机尾部下降，产生一个抬头力矩使飞机向上。

驾驶员踩右脚蹬，方向舵向右转，相对气流吹向方向舵，就使方向舵产生一个向左的力，飞机绕垂直轴向右转；如果驾驶员踩左脚蹬，方向舵向左转，相对气流吹向方向舵，就使方向舵产生一个向右的力，飞机绕垂直轴向左转。

驾驶员把驾驶杆左偏，这时左侧副翼上扬，右侧副翼下转。下转的副翼迎角增大，使升力增大，上扬的副翼迎角减小，使升力减小，飞机向左倾斜；反之，飞机向右倾斜。

拓展阅读

电传操纵系统

随着电子技术的发展和飞机性能的不断提高，飞机的操纵系统也发生了巨大的变化，传统的操纵杆系和钢索已被电线所取代，即飞行员操纵飞机依靠装在驾驶杆处的传感器将杆力或杆位移转换成电信号，通过电线传到舵机以驱动控制面偏转，达到操纵飞机的目的，这就是电传操纵系统。

电传操纵系统由侧杆（微型驾驶杆）、敏感元件、计算机、伺服机构和助力器等组成。电传操纵系统不是简单地用电信号的传递来代替机械传动，而是把主操纵系统和自动控制系统结合起来，所以又称为电子飞行控制系统。

电传操纵系统的优点是结构简单，体积重量小，易于安装和维护；操纵灵敏度高，无滞后现象；便于和机上其他系统交联，为实现主动控制技术提供了基本条件。20 世纪 80 年代以来，飞机的电传操作系统已经由模拟式系统向数字式系统转变，并出现用光导纤维传递信号代替电传系统的趋势。但是，电传操纵系统的可靠性和抗干扰能力则有待提高。所以，电传操纵系统的设计要经过严格仔细地验证。国际经验表明，使用电传操纵将带来飞行员飞机耦合诱发振荡的隐患，必须通过多次试飞，才能真正找出隐患所在并加以解决，以便更好地使用电传操纵系统。

（资料来源：https//baike.baidu.com/ 电传操纵系统 /6051771?fr=aladdin 节选）

6. 飞机的飞行性能

飞机的飞行性能是评价飞机优劣的主要指标，主要包括以下几项。

（1）最大平飞速度

飞机的最大平飞速度是在发动机最大功率或最大推力时飞机所获得的平飞速度，其单位是“千米 / 小时”。

影响飞机最大平飞速度的主要因素是发动机的推力和飞机的阻力。由于发动机推力、飞机阻力与高度有关，所以在说明最大平飞速度时，要明确是在什么高度上达到的。

通常飞机不用最大平飞速度长时间飞行，因为耗油太多，而且发动机容易损坏。

（2）巡航速度

巡航速度是指发动机每千米消耗燃油最少情况下的飞行速度，其单位是“千米 / 小时”。这时，飞机的飞行最经济，航程也最远，发动机也不大“吃力”。

（3）爬升率

飞机的爬升率是指单位时间内飞机所上升的高度，其单位是“米 / 秒”。若爬升率大，说明飞机爬升快，上升到预定高度所需的时间短。

爬升率与飞行高度有关。随着飞行高度的增加，空气密度的减少，发动机推力降低，所以一般最大爬升率在海平面时，随着高度增加而减小。

（4）升限

飞机上升所能达到的最大高度，称为升限。

（5）航程及续航时间

航程是指飞机一次加油所能飞越的最大距离，用巡航速度飞行可取得最大航程。增加航程的主要办法有：多带燃料、减小发动机的燃料消耗和增大升值比。

续航时间是指飞机一次加油，在空中所能持续飞行的时间。

7. 飞机的飞行高度

飞行高度是指飞行器在空中至某一基准水平面的垂直距离。

（1）飞行高度的指标

飞行高度主要受发动机性能的影响，也受到增压座舱结构承载能力的限制。飞行高度的指标主要有两个：巡航高度和单发停车高度。

1）巡航高度。飞机在巡航速度下飞行的高度，巡航高度值高可以使飞机的高度选择增加，有利于选择航线和避开不利的气象因素。

2）单发停车高度。它是指飞机在一台发动机停车时可以维持的最高巡航高度，它表示了飞机的安全性能，也表示了飞机对高原航线的适应能力。

（2）飞行的高度

飞机飞行的高度是指飞机在空中的位置和所选定的基准面之间的高度差值，由于所造的基准不同，因而也有不同的高度定义。

航空器常用的有绝对高度、标准气压高度、相对高度和真实高度等。

1）绝对高度。它是指飞机到海平面之间的高度，也称为海平面气压高度。

2）标准气压高度。它是指飞机到标准气压平面之间的高度。标准气压面是人为设定的，在这个平面上大气压力为 760 毫米汞柱（1 毫米汞柱＝133.322 帕，下同）高，温度为 15℃。由于这个高度不随温度和湿度的影响而变化，它和真实的海平面高度是不完全一致的，因而标准气压高度和绝对高度不同。国际民航组织规定当飞机进入航线后，一律使用标准气压高度。

3）相对高度。它是指飞机对某一指定的场面，如机场（如即将要降落的目的地机场）地面之间的高度。高度表的气压刻度以机场为基准时，称为场面气压高度，在起飞和降落时驾驶员必须要知道这一高度。

4）真实高度。它是指飞机和它正下方的地面之间的垂直距离。

案例分析

飞机的飞行控制事故

1994年6月6日，原中国西北航空公司所属的TU-154M型B-2610号飞机，执行西安至广州航班。起飞之后飞机发生飘摆，机组无法控制，约10分钟后飞机空中解体坠毁。机上146名乘客和14名机组人员全部遇难身亡。这就是震惊中外的“6·6”空难。

事故调查发现，飞机起飞离地24秒后，发生飘摆，保持不住。飞行员用额定马力保持400千米/小时速度上升，先后报告飞机以20°、30°坡度来回飘摆，左、右座两位驾驶员都保持不住飞机。飞行员采取了短时接通自动驾驶仪等方法进行处置，未能见效。此后，飞机速度降至373千米/小时，迎角20°，出现失速警告。再后，飞机突然向左滚转并急剧下俯，最大下俯角65°、最大左坡度66.8°、速度达到747千米/小时，出现超速警告，高度由4717米降到2884米、航向由280°左转到110°、最大垂直超载达2.7伽（1伽 = 0.01米/秒^2，下同）、最大侧向超载达1.4伽。当高度达2884米时，飞机开始空中解体，坠落在西安市长安区鸣犊镇。机上146名乘客和14名机组人员全部遇难。

此次事故的直接原因是维修人员在更换安装架时将倾斜阻尼插头和航向阻尼插头相互错插，地面通电试验检查不出故障，导致该机带着错插线路故障起飞。

正常的阻尼功能是，倾斜阻尼陀螺感受到的倾斜角速度信号应传送给副翼舵机，航向阻尼陀感受到的偏航信号应传送给方向舵舵机。但是由于插头错插，结果导致倾斜阻尼陀螺感受到的倾斜角速度信号传给了方向舵舵机，而航向阻尼陀螺感受到的偏航角速度信号传给了副翼舵机。因此，在起飞滑跑的后段，飞行员蹬舵保持航向，产生偏航角速度，这一信号传给了副翼舵机，从而产生与偏航角速度对应的副翼偏转。此时由于地面的限制，飞行员并未感到飞机的倾斜。但飞机离地后，很快形成明显倾斜。飞行员在为修正姿态而压驾驶盘时，倾斜角速度信号传给了方向舵舵机，方向舵也跟着偏转，使飞机姿态发生异常变化。飞行员感到无法控制，因而进行反复修正，这又使飞机飘摆不断加大，最后终于造成急剧盘旋下降，垂直和侧向载荷都超过了飞机的强度极限，导致飞机在空中解体。

（资料来源：民航资源网，http://www.carnoc.com）

2.4 民航飞机的结构

民航飞机种类繁多，结构复杂。它的机体一般由机身、机翼、尾翼、发动机、燃油系统、座舱环境控制系统及起落架几大部分组成。

2.4.1 机身

机身的前部是驾驶舱，中部与机翼连接，尾部连着尾翼，机身的下面还有起落架。它既要载人载物，还要起到连接飞机其他部分的作用，在空中受到的阻力还必须尽量小。这些条件就决定了机身的形状必须是长筒形（图 2-4-1）。为了减少阻力，前端要缩小；为了防止尾巴在起飞时擦地，机尾就要向上翘起并且缩小。

典型的机身都是一个中间粗两头小的长筒。大型飞机由一组成型的隔框用多根长梁串接起来构成骨架，外边再用蒙皮包上就形成了机身。机身中间的多数隔框规格尺寸完全相同，一是为了加工方便，再者制造厂家可以在中间添加几个框架就能使机身加长；反之，减几个框也可以使机身缩短。这样同一种型号的飞机就变得可伸可缩，出现一系列的变形，从而满足各种航空公司和不同业主的要求。

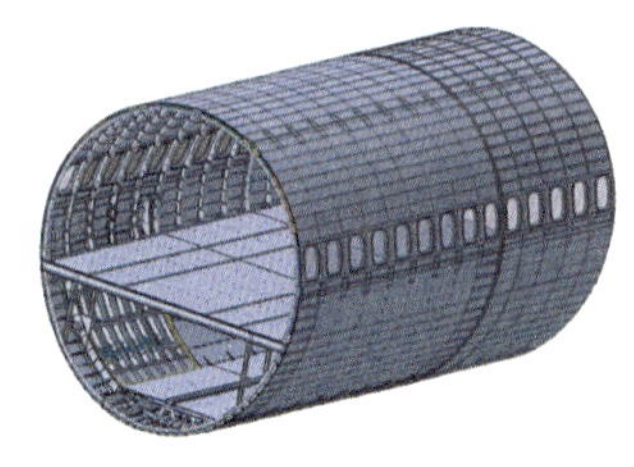

图 2-4-1 大型客机机身设计模型

知识链接

民用飞机的客货舱布局

- 飞机的客舱布局

飞机客舱内各种舱位的安排以及每种舱位具体设置的座位数目，称为飞机的客舱布局（图 2-4-2）。飞机订购后投入生产时，制造商可按照航空公司的具体要求进行客舱布局。一般来说，小型飞机只设有经济舱（用字母“Y”表示），中型飞机设有头等舱（用字母“F”表示）和经济舱，大型飞机除设有头等舱和经济舱之外，有的飞机还设有公务舱（用字母“C”表示）。

图 2-4-2 客机的经济舱、公务舱、头等舱

- 飞机的货舱布局

一般来说，民用航空运输飞机主要分为两种舱位：主货舱和下货舱。B747 全货机分为 3 种货舱：上货舱、主货舱和下货舱。装载货物的飞机可分为全货机（图 2-4-3）、全客机和客货混用机（图 2-4-4）。国内货物运输目前还主要依靠全客机的下舱载货（图 2-4-5）。

图 2-4-3　B747 全货机

图 2-4-4　B757-200 客货混装飞机

图 2-4-5　客机下货舱

（资料来源：民航资源网，http://www.carnoc.com）

2.4.2　机翼

1. 机翼的结构和作用

机翼（图 2-4-6）的作用是产生升力，以支持飞机在空中飞行。它还起一定的稳定和操纵作用。

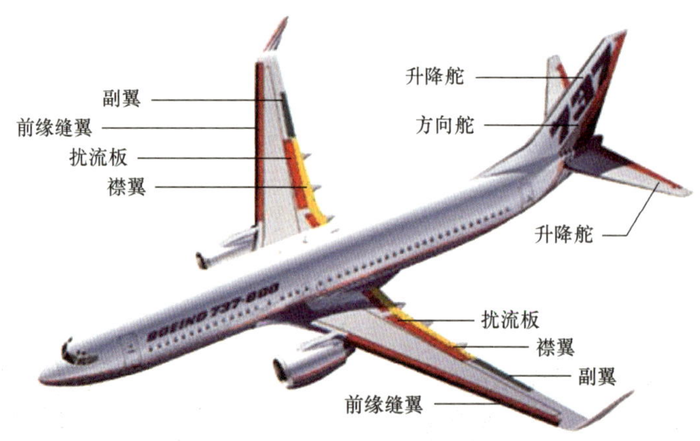

图 2-4-6　飞机的机翼结构示意图

机翼的一些部位（主要是前缘和后缘）可以活动。驾驶员操纵这些部分可以改变机翼的形状，控制机翼升力或阻力的分布，以达到增加升力或改变飞机姿态的目的。机翼上常用的活动翼面有改善起飞和着陆性能的襟翼和用于飞机横向操纵的副翼，机翼前缘装有缝翼等增加升力的装置——扰流板等。机翼内部经常用来放置燃油。在机翼厚度允许的情况下，飞机主起落架也经常是全部或部分地收在机翼内。此外，许多飞机的发动机或是直接固定在机翼上，或是吊挂在机翼下面。

（1）襟翼

襟翼是安装在机翼后缘附近的翼面，是后缘的一部分。襟翼可以绕轴向后下方偏转，从而增大机翼的弯度，提高机翼的升力。在飞机起飞时襟翼伸出的较小，来增加机翼的升力，缩短起飞距离；在飞机降落时襟翼伸出的较多，使升力和阻力同时增大，以利于飞机降低着陆速度，缩短着陆距离（图2-4-7）。襟翼的类型有很多，如简单襟翼、开缝襟翼、多缝襟翼、吹气襟翼等。

图2-4-7 飞机起飞、巡航、降落时襟翼的位置

（2）前缘缝翼

前缘缝翼是安装在基本机翼前缘的一段或者几段狭长小翼，是靠增大翼型弯度、延缓气流分离来使升力增加的一种增升装置（图2-4-8）。

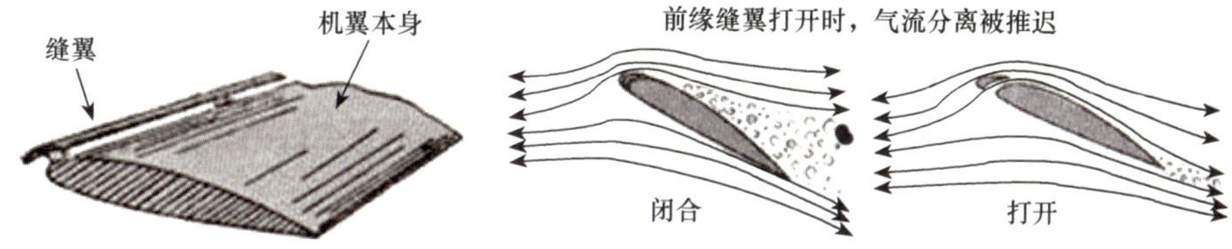

图2-4-8 前缘缝翼的位置及工作原理

在前缘缝翼闭合时（即相当于没有安装前缘缝翼），随着迎角的增大，机翼上的边界层因失去能量而逐渐分离，当迎角增大到临界迎角时，机翼的升力系数急剧下降，机翼失速。当前缘缝翼打开时，它与基本机翼前缘表面形成一道缝隙，下翼面压强较高的气流通过这道缝隙得到加速而流向上翼面，增大了上翼面附面（边界）层中气流的附着能量，降低了机翼上下的压强差，增大了飞机的临界失速迎角。避免了大迎角下的失速，使得升力系数提高，这对飞机降落是极为有利的。

因此，前缘缝翼的作用主要有两个：一是延缓机翼上的气流分离，提高了飞机的临界迎角，使得飞机在更大的迎角下才会发生失速；二是增大机翼的升力系数。其中，增大临界迎角的作用是主要的。这种装置在大迎角下，特别是接近或超过基本机翼的临界迎角时才使用，因为只有在这种情况下，机翼上才会产生气流分离。

（3）副翼

副翼是指安装在机翼梢后缘外侧的一小块可动的翼面（图2-4-9）。为飞机的主操作舵面，飞行员操纵左右副翼差动偏转所产生的滚转力矩可以使飞机做横滚机动。

图2-4-9 飞机的副翼

（4）扰流板

扰流板又称减速板，它是使用涡轮喷气发动机和涡轮风扇发动机的固定翼航空器（包括喷气式飞机和滑翔机）上常用的一种减速装置。因为其结构简单，可靠性高，从小型到大型飞机上的应用相当广泛。民用客机的扰流板通常安装在两侧的机翼上，使用时通过液压系统顶起，有效地增加了航空器前进的阻力并增大了机翼上方的压力，达到同时减缓飞行速度和降低飞行高度的目的。飞机着陆后，能使机身压紧地面，增大轮胎与跑道的摩擦力，加快降低滑行速度。

2. 机翼的种类

飞机的飞行速度与机翼产生的升力成正比，与此同时阻力也随之变化。在达到飞机所需的升力后，为了减小阻力，高速飞机的机翼又被做小了。但是，设计师们还是发现当飞机的速度超过 600 千米 / 小时，仅仅靠减少机翼面积也不能进一步减小阻力了。此后就有了角度被称为后掠角的机翼，也称为后掠翼，这种改变就能有效地减少飞机所受的阻力。不过后掠翼所受的阻力小，升力也小。因此，后掠翼不适用于速度低的飞机，飞行速度为 450 千米 / 小时国产运 -7 或新舟 60 飞机就不需要后掠翼；飞行速度在 850 千米 / 小时左右的波音 737 和波音 757 飞机，它们的后掠角为 25°；飞行速度在 900 千米 / 小时左右的波音 747 后掠角增到 37.5°。

图 2-4-10 飞机机翼的不同形状

（1）按形状分类

机翼在形状上也是多种多样：长方形、梯形、三角形等（图 2-4-10）。例如，低速飞行的小型飞机选择便于制造且面积较大的长方形机翼；大型高速飞机普遍多采用后掠的梯形机翼。

（2）按安装位置的不同分类

根据机翼在机身上安装的位置不同，可将它们分成上单翼（图 2-4-11）、中单翼和下单翼（图 2-4-12）3 种类型。

图 2-4-11 国产上单翼新舟 60 飞机

图 2-4-12 下单翼飞机

上单翼飞机是指把机翼装在机身上方的飞机。这种飞机对乘客来说不受机翼的阻挡可以通过舷窗饱览下面的风光，机身距离地面高度小且上下方便。但对于维修人员来说，飞机的发动机装在机翼上，距离地面较高，维修不方便。对于设计人员来说，飞机的起落架不好安排，有许多麻烦。但即使如此，在民航飞机中上单翼飞机数量还是较多的，如国产运 -7 或者新舟 60 飞机。

中单翼飞机是指将机翼安装在机身中部的飞机。从理论上说，这种形式的飞机所受到的飞行阻力最小，但是它的翼梁要从机身中间穿过，客舱会被一分为二，考虑到乘客肯定不会喜欢，所以在民航运输飞机中基本没有中单翼飞机，通常用于空军的战斗机上。

下单翼飞机是指将机翼安装在机身下的飞机。这种飞机起落架容易安排，发动机等设备维修时也方便，这些优点抵消了机身高、乘客视野不佳等缺点，乐于为飞机制造厂家采用。民航系统现在运行的大型民航飞机几乎都是下单翼飞机，如波音系列及空中客车系列等。

2.4.3　尾翼

尾翼是安装在飞机后部的起稳定和操纵作用的装置（图 2-4-13）。尾翼一般分为垂直尾翼和水平尾翼。

图 2-4-13　飞机尾翼

尾翼的竖直部分称为垂直尾翼，它的作用是防止飞行中的飞机向左右转弯或滚动。垂直尾翼由固定的垂直安定面和可动的方向舵组成，它在飞机上主要起方向安定和方向操纵的作用。垂直尾翼简称垂尾或立尾。根据垂尾的数目，飞机可分为单垂尾、双垂尾、三垂尾和四垂尾飞机。

尾翼的水平部分称为水平尾翼，它的作用是防止飞行中的飞机向上向下的翻滚。前边提到过在垂直尾翼上装上可以控制方向的方向舵，在水平尾翼上装上可以控制俯仰的升降舵，驾驶员就可以控制飞机了。水平尾翼由固定的水平安定面和可动的升降舵组成，它在飞机上主要起纵向安定和俯仰操纵的作用。水平尾翼简称为平尾。有的飞机为了提高俯仰操纵效率，采用的是全动平尾，即平尾没有水平安定面，整个翼面均可偏转。水平尾翼一般位于机翼之后。

随着航空技术的最新进展，使机翼上的操纵面可以用电子仪器精确控制以保持飞机稳定飞行，这样一来，就出现了无尾飞机。目前，无尾飞机仅用在军事用途上。

2.4.4 发动机

飞机需要一个强有力的“心脏”——发动机，才能保证产生足够的推力。用于飞机上的发动机有两大类：活塞式发动机和燃气涡轮发动机。

19 世纪末，世界上造出了很多种类的发动机，如蒸汽机、使用汽油或柴油的活塞式内燃机等。制造飞机的先行者美国人莱特兄弟选择了以燃烧汽油为动力的活塞式发动机。这种在当时重量最轻但仅为 8826 瓦功率的汽油发动机（相当于现在一辆小型摩托车的动力）使莱特兄弟制造的飞机成功地飞起来了。活塞螺旋桨发动机依靠活塞通过曲轴带动螺旋桨旋转，也无法达到超音速，现在已经基本绝迹了，只有极个别民用小型飞机使用。

燃气涡轮发动机包括涡轮喷气发动机、涡轮风扇发动机、涡轮螺旋桨发动机和涡轮轴发动机。它们都具有压气机、燃烧室和燃气涡轮。涡轮螺旋桨发动机主要用于时速小于 800 千米的飞机；涡轮轴发动机主要用作直升机的动力；涡轮风扇发动机主要用于速度更高的飞机；涡轮喷气发动机主要用于超音速飞机。现在民航运输飞机使用的是涡轮螺旋桨发动机和涡轮风扇发动机。

涡轮螺旋桨发动机也是从涡轮喷气发动机发展而来的，喷气的能量不直接推动飞机，而是用来驱动螺旋桨，拉动飞机前进（图 2-4-14）。以航空煤油为燃料，省油但速度比较慢，无法达到超音速。一些不追求速度和民航中小型运输机或通用机经常使用（图 2-4-15）。

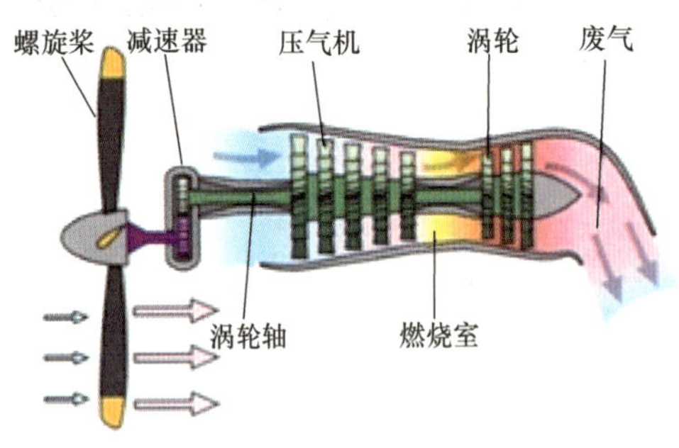

图 2-4-14 涡轮螺旋桨发动机示意图

图 2-4-15 使用涡轮螺旋桨发动机的运 -7

涡轮风扇发动机属于喷气式发动机的一种，是从涡轮喷气发动机发展而来的，以航空煤油为燃料，比涡轮喷气发动机省油。与涡轮喷气发动机相比，其主要特点是首级压缩机的面积大很多，同时被用作空气螺旋桨（扇），将部分吸入的空气通过喷射引擎的外围向后推。空气经过发动机核心的部分称为内涵道，仅有风扇空气经过的核心机外侧部分称为外涵道。涡轮风扇引擎最适合飞行速度为 400～1000 千米 / 小时的飞机，因此现在多数飞机的引擎都采用涡轮风扇作为动力来源。现在绝大多数民航飞机都在使用，也是民航飞机最常见的发动机。

涡轮风扇发动机的优点是推力大，推进效率高，噪音低，燃油消耗率低，飞机航程远。其缺点是风扇直径大，迎风面积大，因而阻力大，发动机结构复杂，设计难度大（图 2-4-16）。

图 2-4-16 涡轮风扇发动机

2.4.5 燃油系统

飞机燃油系统的功用是储存燃油，并保证在规定的任何状态（如各种飞行高度、飞行姿态）下，均能按发动机所要求的压力和流量向发动机持续不间断地供油。此外，燃油系统还可以完成冷却飞机上其他系统、平衡飞机、保持飞机重心在规定范围内等附加功能。

民用飞机燃油系统一般包括燃油箱系统、加放油系统、供输油系统、油箱通气增压系统、燃油测量系统、信号指示系统和热负载系统（图 2-4-17）。

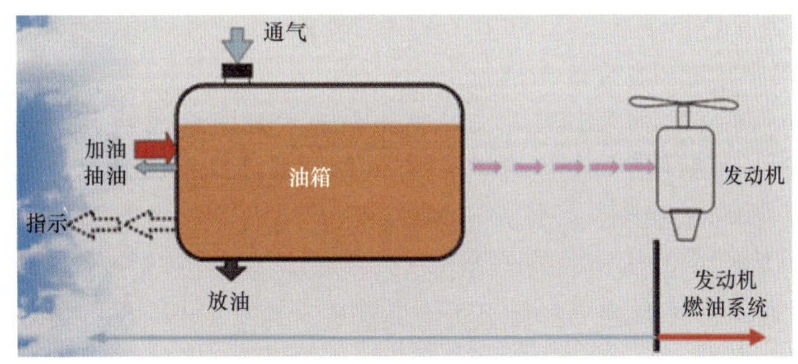

图 2-4-17 飞机燃油系统示意图

目前，世界各航空公司所使用的航空燃油主要有两大类：航空汽油和航空煤油。航空汽油一般用于活塞式航空发动机，而民航大型客机的动力装置普遍使用航空煤油，因为其燃烧值高。

现代大中型客机使用整体油箱，直接利用机翼和机身部分结构空间作为油箱。加油方式分为压力加油和重力加油两种。小型飞机采用重力加油方式，现代大型喷气飞机载油量大，多采用压力加油方式。一架 B747 加满全部油箱约需 40 分钟。

起飞后的飞机因故紧急返回机场时，为使飞机能安全降落，须到指定的排油区将多余的燃油排出。一般大型客机在 15 分钟内就能完成排油。

拓展阅读

世界上知名的航空发动机制造商有哪几家

1．美国通用电气航空集团

美国通用电气（GE）航空集团是世界领先的民用、军用、公务和通用飞机喷气及涡桨发动机、部件和集成系统制造商。在全世界范围内，每2秒钟就有一台由通用电气飞机发动机提供动力的飞机起飞。同时，由通用电气公司生产的GE90型发动机是吉尼斯世界纪录所记载的世界上推力最大的航空发动机。

通用电气公司曾研制出“4822合金”，使单台发动机减重约90千克，并在节油、减少氮化物排放量等方面效果突出，于2009年投入商业运营，取得当时航空与材料领域轰动性的进展。

2．英国罗尔斯·罗伊斯公司

英国罗尔斯·罗伊斯公司是欧洲最大的航空发动机企业，最著名的产品是军用和民用航空发动机。它是全球第二大军用发动机和第二大民用发动机制造商。同时，作为大型豪华公务飞机生产商湾流公司的主要发动机提供商，罗尔斯·罗伊斯占据着全球1300架湾流公务机中的大部分发动机市场。

遄达是罗尔斯·罗伊斯公司迄今发展的推力最大、性能最好的大涵道比民用涡扇发动机。波音787、空客A380、空客A330等均使用遄达系列发动机。罗尔斯·罗伊斯大有超越通用电气（GE）航空的趋势。

3．美国普拉特·惠特尼公司

美国普拉特·惠特尼公司是全球航空航天和建筑业高科技产品和服务供应商——美国联合技术公司的一个分公司，是知名的军用发动机、直升机用发动机及民用发动机制造商，其生产的发动机以军用为主，在军用领域一直保持着强大的竞争力。

在民航方面，普拉特·惠特尼也毫不逊色。其中，PW4000系列从1984年投入使用，一直延续到现在，不同衍生型号的发动机推力不断增加，也是著名的发动机“常青树”。

中国支线客机新舟60飞机使用的就是普拉特·惠特尼公司生产的涡桨发动机。

4．法国斯奈克玛公司

法国赛峰集团下属的斯奈克玛公司主要从事航空动力和航天推进业务，产品包括一系列高效、安全、经济和低排放的民用发动机。其生产的CFM-56发动机可以成为全世界销量最好的航空发动机，已经生产销售了超过30000台，并且还有大量的订单储备。

20世纪70年代，斯奈克玛公司和美国通用电气公司联合组建了CFM国际公司。CFM国际公司制造的发动机创造了累计超过5.8亿飞行小时的世界纪录。每天有超过300万位乘客，乘坐由CFM提供发动机的飞机出行。

目前，中国已成为CFM国际公司的主要市场。中国国产大飞机C919配备的唯一启动动力装置就是CFM国际公司的LEAP系列涡扇发动机。

（资料来源：新华网，http://www.xinhuanet.com）

我国在“十三五”期间将推动大型客机发动机等的研制

2016年11月24日工信部发布的消息说，“十三五”期间，我国将推动大型客机发动机、先进直升机发动机、重型燃气轮机等产品的研制，初步建立航空发动机及燃气轮机自主创新的基础研究、技术与产品研发和产业体系。

发动机是工业产品的核心部件，直接决定着产品的性能和品质。攻克发动机技术，也是我国工业转型升级的重要一环。我国将在“十三五”期间着重推动大型客机发动机等的研制，完成C919大型客机研制并取证交付。

（资料来源：中国证券网，http://www.cnstock.com）

知识链接

飞机的辅助动力装置APU

在大、中型飞机和大型直升机上，为了减少对地面（机场）供电设备的依赖，都装有独立的小型动力装置，称为辅助动力装置，英文全称为Auxiliary Power Unit，简称为APU（图2-4-18）。

图2-4-18 APU位置

APU的作用是向飞机独立地提供电力和压缩空气，也有少量的APU可以向飞机提供附加推力。飞机在地面上起飞前，由APU供电来启动主发动机，从而不需依靠地面电、气源车来发动飞机。在地面时，APU提供电力和压缩空气，保证客舱和驾驶舱内的照明和空调，在飞机起飞时使发动机功率全部用于地面加速和爬升，改善了起飞性能。降落后，仍由APU供应电力照明和空调，使主发动机提早关闭，从而节省了燃油，降低了机场噪声。

通常在飞机爬升到一定高度（5000米以下）辅助动力装置关闭，但在飞行中当主发动机空中停车时，APU可在一定高度（一般为10000米）以下的高空中及时启动，为发动机重新启动提供动力。

在现代化的大、中型客机上，APU是保证发动机空中停车后再启动的主要装备，它直接影响飞行安全。APU又是保证飞机停在地面时，客舱舒适的必要条件，这会影响旅客对乘机机型的选择。因此，APU 成为飞机上一个重要的不可或缺的系统。

（资料来源：https://baike.baidu.com/item/ 辅助动力装置 /89791?fr=aladdin）

2.4.6 座舱环境控制系统

在高空飞行过程中，飞机座舱和设备舱的环境与地面不同，外界环境压力条件变化时是非常剧烈的。在飞机发明以前，人们通过气球试验认识到高空稀薄空气对人体的危害。在 12000 米以上的高空，即使呼吸纯氧，也会发生缺氧现象。此外，高空低气压还会使人产生各种机能障碍，高空低温也会直接影响机上人员的工作能力和安全。为了解决这些问题，出现了飞机环境控制系统，即保证飞机座舱和设备舱内所有乘员和设备正常工作所需适当环境条件的整套装置。

1. 供氧系统

保证飞机乘员吸入足够的氧气以及防止在高空飞行或应急离机过程中缺氧的个体防护装备。飞机供氧系统根据飞机的乘员人数、航程、升限和任务性质的不同而有多种形式，但基本上都由氧源、控制阀、减压阀、调节器、各种指示仪表、跳伞供氧器、断接器和氧气面罩等组成。

（1）氧源

飞机上广泛使用气态氧源，其次是液态氧源。液氧系统比高压气氧系统的重量轻 60%～70%，体积小 60%～80%。但液氧不断挥发，自然损耗率大，地面储氧设备复杂，维护不便。液态氧源已用在现代军用飞机上。固体氧源（亦称化学氧源）是继气态和液态氧源之后发展起来的新氧源。它是将含氧量高的固态化合物储存于化学产氧器内，使用时通过化学反应产生氧气。固体氧源体积小、重量轻，可以长期储存，已用于一些大型旅客机上。分子筛机上制氧是一种新的氧源。它是用一种俗称沸石的硅铝酸盐结晶体作为分子筛，当空气通过分子筛时，空气中的氮分子被分子筛吸附，而氧分子则较容易通过，从而获得一定纯度的氧气。吸附过程是可逆的，只要改变压力，并用一定量的气逆向冲洗，即可冲掉氮气，使分子筛再生。这种制氧方法简单、维护方便、费用低。这种机上制氧系统已开始在飞机上试用。

（2）氧气调节器

氧气调节器随飞行高度的变化按一定规律自动调节输出气的压力、流量和含氧百分比，以满足人体呼吸和体表加压的生理需要。按供氧方式，氧气调节器分为连续式、肺式和加压式 3 种。连续式氧气调节器向氧气面罩连续供氧，并能随着外界气压的降低相应增大供氧量。肺式供氧调节器在飞行员吸气时供氧，呼气时停止供氧，可节省用氧量，广泛应用于飞行员个体供氧系统。加压供氧调节器用于12千米以上高空飞行的军用飞机的飞行员个体供氧系统。加压供氧时的典型程序是：调节器首先向人体内供氧，随后对飞行员穿着的高空代偿服充气加压，同时人体肺内过量的气体经呼气活门迅速排出，整个程序经1.5～2秒钟完毕。加压供氧时，飞行员吸入气的压力大于环境气压。在现代歼击机上，氧气调节器安装在弹射座椅上。飞行员应急离机时，断接器将机上氧源断开，同时打开跳伞供氧器，氧源继续向飞行员供氧。旅客机通常备有应急供氧系统。正常飞行时靠座舱增压以防止旅客缺氧。座舱增压系统一旦失效，则在飞机下降的同时由应急供氧系统在短时间内保证全体旅客用氧。

2. 增压座舱

飞机增压座舱是舱内空气压力高于环境气压的座舱，又称为气密座舱。增压座舱内的大气压力由飞机环境控制系统控制，使之高于环境气压并根据飞行高度自动调节，以保证乘员在高空飞行时具有舒适的环境和工作条件。

增压座舱有大气通风式和再生式两种。大气通风式增压座舱的原理是将环境大气经压缩提高压力后，由飞机环境控制系统对座舱增压和通风，然后经座舱压力调节器排回到大气中去。大气通风式增压座舱一般限于24千米以下高度使用，在更高的高度上由于空气稀薄，需要使用再生式增压座舱。再生式增压座舱的空气与大气隔绝，用机载压缩气源对座舱增压并补偿少量的座舱漏气，用过的空气经再生后在舱内循环使用。再生式增压座舱主要用于飞行高度大于24千米的飞机和载人航天器。现代飞机广泛使用大气通风式增压座舱。

增压座舱的功用如下。

1）通过舱压调节，乘员可以减轻或避免高空低气压引起的缺氧症、高空减压病、胃肠气体膨胀和航空中耳气压症。

2）为舱内乘客提供良好的空气调节，使舱内空气温度、湿度、压力、气流速度和空气清洁度等符合生理标准。

3）舱壁上的隔热材料既可减小座舱热载荷，又可降低噪声。增压座舱内的空气压力与舱外大气压力之差称为座舱压差，是座舱设计的一项参数。座舱压力随高度变化的规律称为座舱压力制度。不同用途的飞机对座舱压力的要求不同。旅客机采用高压差座舱。歼击机采用低压差座舱，其目的是减轻飞机结构重量，以适应战斗要求。座舱通风空气流量应满足增压、调温和保持空气清洁度等要求。

3. 空调系统

飞机空调系统是在不同的飞行状况和外界条件下，使飞机的驾驶舱、客舱、设备舱及货舱具有良好的环境参数，以保证飞行人员和乘客的正常工作条件和生活环境、设备的正常工作及货物安全。

现在的民航运输机普遍采用空气循环冷却系统。从气源系统获得高温高压引气，经过调节装置，流过热交换器进行初步冷却，再在冷却涡轮里进一步膨胀冷却，供向座舱。涡轮通常驱动一个风扇，或驱动一个给引射器供气的压气机，用以抽吸或引射器可以抽吸或引射流过的热交换器的冷却空气。

空调系统主要部件包括：空气式热交换器、涡轮冷却器、水分离器等。

1）空气式热交换器。热交换器是把热量从一种载热介质传递给另一种载热介质的设备。若以加热为主要目的称为加热器；若以冷却为主要目的称为散热器。

2）涡轮冷却器。随着飞机的飞行速度增大，热交换器的散热效果显著降低，不能满足座舱温度调节的要求，因此需要采用效率较高的涡轮冷却器。涡轮冷却器（ACM）利用空气绝热膨胀做功时，温度显著降低的特性，对气流进行冷却。该部件分为3类：涡轮风扇式、涡轮压气机式及涡轮风扇压气机式（三轮式）。

3）水分离器。在外界大气湿度较大时，飞机需要除湿。水分离器的主要作用就是分离、收集和除去空气中过多的水分。水分离器可以安装在涡轮上游的高压段（高压除水），也可安装在涡轮下游的低压段（低压除水）。

此外，空调系统的关键功能就是客舱温度的调节。控制座舱温度是通过不断地改变冷热路空气的混合比例来实现的。温度控制系统主要由驾驶舱内的温度控制面板、空调组件（ACAU）、区域温度组件及温度控制阀等组成。区域温度组件通过接受温度控制面板上的信号及驾驶舱和客舱的温度信号，通过ACAU控制温度控制阀或其他相关部件对座舱温度进行调节。以737NG飞机为例，在温度控制面板上旋钮共有3个位置：Cool（18℃）、Warm（30℃）及Auto位，飞行员可以在此范围内对座舱温度进行调节。

知识链接

民航客机氧气面罩

在民航客机上，氧气面罩是为旅客提供氧气的应急救生装置。如果客舱突然失去气密或遇到其他缺氧情况，旅客随时可以拿到氧气面罩补充氧气。飞机飞到一定高度后，要对客舱增压。如果飞机客舱失压，就会造成缺氧，乘客在缺氧情况下会头晕、失去知觉，以至危及生命。在不同的高度上发生座舱失压的情况下，人所能承受的缺氧时间是不同的。飞行高度越高，承受时间越少。在民航客机上，每个人座位上都装有应急时使用的个人氧气面罩，所以不必争抢，以免将氧气面罩拉坏而耽误使用。

- 构造原理

氧气面罩是通过一根细长的橡胶供氧管和卡口接头连到自动连接器上。氧气连续流到面罩的储气袋里。储气袋先储气，然后涨大时，可容纳一定量的氧气。

当旅客深吸气把储气袋吸空时，则面罩上的进气活门可以使氧气进入。

• 使用方法

在飞机座舱发生减压的情况下，氧气面罩会自动从舱顶抛下来。在旅客座椅上方，有氧气面罩应急手动释放字样，有“推”的标记。推开后，氧气面罩自动下放到旅客面前。在释放板上，有怎样使用的图形和文字说明，旅客应按照说明正确操作（图 2-4-19）。

（资料来源：https://baike.baidu.com/item/ 氧气面罩 /7493767?fr=aladdin 节选）

图 2-4-19　氧气面罩使用示范

2.4.7　起落架

飞机在离开地面前需要在地面上启动、滑行、保持方向、加速；落地后还要刹车、减速、滑行和停放时对本身的支撑。完成飞机这一系列功能需要的装置称为起落架。

起落架按照结构形式可分为 3 类：后三点式、前三点式和自行车式。这 3 种形式的起落架适用于不同用途的飞机，目前我们乘坐的民航客机都采用的是前三点式的配置方式。这不仅是一种简单的功能选择，而且也是多年来飞行经验的总结和飞行技术发展的结果。具有前三点式起落架的飞机，地面运动的稳定性好，滑行中不容易出现偏转和倒立现象。而着陆时只用两个主轮接地，比较容易操纵。此外，这种飞机在地面运行时，机身与地面接近平行状态，飞行员的视线较好。对喷气式飞机来说，前三点式起落架还能使发动机轴线基本与地面平行，避免发动机喷出的燃气损坏跑道。

前三点式起落架可分为两部分：主起落架和前起落架。

主起落架是指两个支点（主轮）对称安置在飞机重心后面，承受着飞机的大部分重量，可以在地面上支撑起飞机。中型飞机的主起落架有两个轮子，飞机越重，起落架上的轮子也越多，轮子上还装有刹车。此外，为了减少飞机着陆时冲击带来的震动，在主起落架上安装了减震的装置，小型飞机用弹簧减震，大型飞机装的是液压减震器。

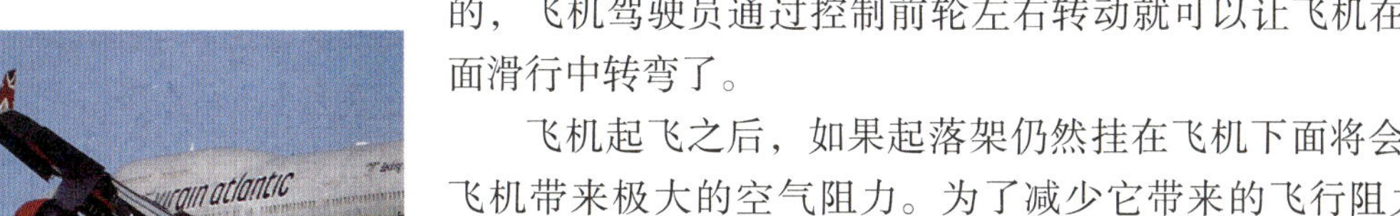

前起落架是指第三个支点（前轮）位于机身前部。由飞机的前轮和转动机构组成的，飞机驾驶员通过控制前轮左右转动就可以让飞机在地面滑行中转弯了。

图 2-4-20　B747 降落时放下起落架

飞机起飞之后，如果起落架仍然挂在飞机下面将会给飞机带来极大的空气阻力。为了减少它带来的飞行阻力，当飞机起飞后起落架很快就被收入到机身或机翼的隔舱中，飞机外表变得很光滑，阻力大幅度减少。细心的乘客在飞机降落的最后阶段会听到一声沉重的轰响，随后飞机外的风声变得大起来，这就是起落架放下后被气流吹过发出的声音，时间一般仅持续 1～2 分钟（图 2-4-20）。一架大型飞机落地时，如果起落架被提前 5 分钟放下，燃油就会多消耗掉 1 吨。

拓展阅读

飞机的飞行过程

飞机要完成一次飞行任务要经过起飞、爬升、巡航、下降、进近和着陆几个阶段。

- 起飞阶段

飞机起飞是一个直线加速运动，是飞机功率最大和驾驶员操作最繁忙的时候。飞机首先以最大功率在地面滑跑。当速度达到每小时 80 千米时，驾驶员用驾驶杆操纵飞机，抬起机头，前轮离地，飞机起飞。飞机飞到规定的高度，起飞阶段结束。从启动到飞越 35 米高度的地面距离称为起飞距离，起飞距离越短越好。

- 爬升阶段

爬升有两种方式：一种是按固定的角度持续爬升达到预定高度，这样做的好处是节省时间，但发动机所需的功率大，燃料消耗大；另一种是阶梯式的爬升，飞机升到一定高度后，水平飞行以增加速度，然后再爬升到第二个高度，经过几个阶段后爬升到预定高度。由于飞机的升力随速度升高而增加，同时燃油的消耗使飞机的重量不断减轻，因而后一种爬升节约燃料，但对地面的噪声影响范围会大一些。

- 巡航阶段

飞机达到预定高度后，保持水平等速飞行状态，这时如果没有天气变化的影响，驾驶员可以按照选定的速度和姿态稳定飞行，飞机几乎不需要操纵。

- 下降阶段

在降落前半个小时或更短的飞行距离时，驾驶员开始逐渐降低高度，到达机场的空域上空。

- 进近和着陆阶段

进近也称为进场，指飞机在机场上空由地面管制人员指挥对准跑道下降的阶段。这个阶段飞机需要按规则绕机场飞行后直接对准跑道，飞机减速，放下起落架。当飞机下滑到离地面 7～8 米高度时，驾驶员要把机头拉起，到 1 米左右高度时使飞机拉平，飞机平行地面下降，一般称为平飘。飞机两个主轮平衡着地，飞机前轮仍然离地，以大迎角滑跑一段距离以增加阻力，然后再使前轮着地。这时使用刹车和反推装置使飞机尽快把速度减低，滑出跑道，进入滑行道。

在整个飞行过程中，操作最复杂的是起飞阶段和降落阶段。据统计，航空事故的 68% 出现在这两个阶段，因而在飞机设计上和驾驶员的训练上这两个阶段都是重点，以确保飞行安全。

（资料来源：民航资源网，http://www.carnoc.com）

常见的标准外部灯光

飞机的外部灯光有着不同的作用和特殊含义，在使用中也有一定的程序和要求。另外，由于飞机机型、厂商的不同，飞机的灯光系统也是不尽相同的，但是基本大致规则是一致的（图 2-4-21）。

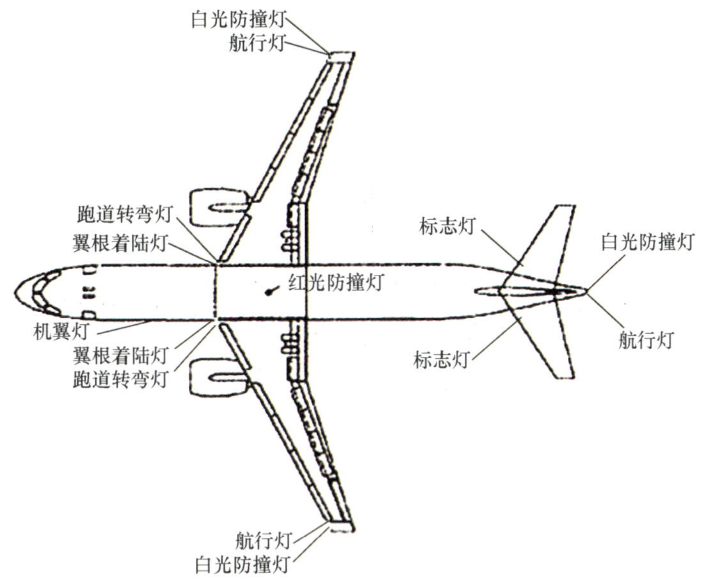

图 2-4-21 位于机身上的外部灯光

- 红光防撞灯

红光防撞灯又称为信标灯，英文为 EACON LIGHT 或 BEACON，其分别安装在飞机的上、下和中部各一只。用途是防止航空器相撞。此灯根据机型适配的控制器不同，以一定的频率爆破闪烁。此灯在飞机推出及发动机运行时打开（只要飞机动就必须开）。

- 机翼灯

机翼灯又称为探冰灯，英文为 WING LIGHT，位于机翼每侧，其为两个单光束灯，用以照明机翼前缘及发动机进气口。用于检查机翼及发动机进气口的结冰情况。此灯在有结冰可能时应打开，但在实际应用中一般常开。

- 航行灯及标志灯

航行灯英文为 NAVIGATION LIGHT，标志灯英文为 LOGO LIGHT。波音飞机将之分开表述，空客飞机将之合在一起。

航行灯。从飞机后方看，分别为左红、右绿、尾白，其分别安装在两机翼尖和尾椎上。用于判明飞行物是飞机及指示飞行方向。

标志灯。其分别安装在两水平安定面的翼尖上，对垂直安定面上的航空公司标志进行照明（只要飞机上有人就必须打开）。

空客飞机为两组航行灯，而当主起落架减震支柱被压缩或襟翼伸出15°以上时标志灯亮。

- 滑行灯和起飞/着陆灯（空客飞机）

滑行灯和起飞/着陆灯安装在前起落架上（图2-4-22）。将选择电门放在“T.O”位置时起飞/着陆灯和滑行灯都亮，放在“TAXI”位置时只有滑行灯亮。此灯用于滑行道及跑道的前方照明，飞机滑行时电门应放在“TAXI”位置，进跑道后放在“T.O”位置，飞机起飞后关闭。前起落架收起时，自动关闭。

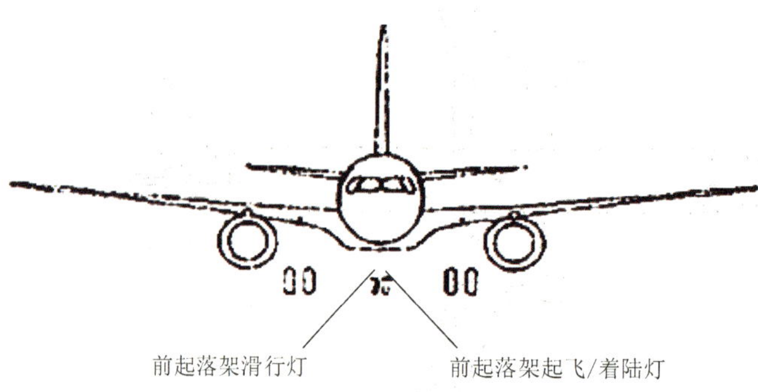

图2-4-22 位于前起落架上的外部灯光

滑行灯（波音飞机）。滑行灯英文为TAXI LIGHT，此灯安装在前起落架减震支柱上，数量为1个。地面滑行时，用来照明飞机前方路面。飞机在滑行时打开，离地后应立即关闭。

起飞/着陆灯。起飞/着陆灯英文为LANDING LIGHT，此灯安装在两侧机翼翼根，左右各两只。用于起飞/着陆时照亮跑道。此灯功率很大，使用时产热很高，因此需要高速气流进行冷却，故而在地面起飞滑跑前才能打开，离开地面后关闭。同时，在飞机最后进近阶段打开，落地后关闭。

- 跑道转弯灯

跑道转弯灯又称为脱离灯或跑道边灯。英文中，波音称之为RUNWAY TAKEOFF LIGHT，空客称之为RUNWAY TURN。其安装在前起落架减震支柱上，左右各一个，分别提供对机头前方两侧的照明。用于照明滑行道、跑道边线。发动机启动后打开，飞机起飞后关闭。前起落架收起时自动关闭。其另外的用途为夜间示意地勤人员准备滑出。

- 高亮度白光防撞灯

该灯又称为高亮度白色频闪灯，英文为STROBE LIGHT。此灯通常位于翼稍前后各1只、尾椎1只。波音飞机安装在左右翼稍后尖各1只、尾椎1只，共3只；空客飞机安装在机翼翼尖前后各1只、尾椎1只，共5只。用途是防止航空器相撞。此灯根据机型适配的控制器不同，以一定的频率爆破闪烁，亮度很高。注意：在得到进跑道许可后才可以打开此灯。FL100 以上可以关闭此灯，落地脱离跑道前要关闭此灯。

（资料来源：中国航空新闻网，http://www.cannews.com.）

知识链接

适合高原飞行的民航机型

按照海拔高度，民航通常把机场分为两大类：高原机场和非高原机场。高原机场又包括一般高原机场和高高原机场两类。其中，海拔高度在 1524（含）～2438 米的机场称为一般高原机场；海拔高度在 2438 米以上的机场称为高高原机场。

我国目前的高高原机场有稻城亚丁机场、昌都邦达机场、阿里昆莎机场、康定机场、甘孜格萨尔机场、玉树巴塘机场、果洛玛沁机场等。

高高原机场由于海拔高度高，氧气稀薄，飞行难度大。民航对高高原机场的飞行设置了一系列准入条件，条件涉及航空公司、飞机、机组成员等。例如，航空公司在一般高原机场连续运行 2 年且至少积累 500 个起落后，才可进入高高原机场。原则上，在高高原机场飞行的机长年龄不超过 55 周岁。副驾驶则需要具备总计 1200 小时或以上的飞行经历。其中，包括本机型 100 小时或以上的飞行经历，方可在高高原机场飞行。

目前，国内有 5 种适合高原运行的机型，分别是 A319、A330、A340、B737-700、B757-200。这 5 种机型在出厂时，就已经选择了适合高原或高高原运行的发动机、飞机轮胎等。

高原飞行的飞机供氧能力应符合所运行高原机场和航路的应急下降及急救用的补充氧气要求，并满足机组人员在着陆后至下一次起飞前的必要供氧要求。此外，在高高原机场运行的飞机，客舱增压系统也需要改装。

（资料来源：根据相关资料整理）

2.5 航空器的维修

民用航空器的维修与保养，是保持飞机持续适航和航空公司正常运行的基本手段，是航空工业发展的重要支柱。科学有效地对民用航空器进行保养维修、管理，能保持飞机固有的可靠性，满足飞机持续适航的要求，保证飞机安全可靠地运行、运航人员的生命安全以及航空公司的经济效益。

2.5.1 航空器维修和管理的作用

1. 保障飞行安全

安全始终在航空事业中占第一位，尽管影响飞行安全的因素很多，但适航性是保证飞行的第一步，如果航空器本身不适宜飞行，其他因素无论如何也改变不了航行不安全的问题，因此完善维修管理，减少维修差错，保证适航性，成为维修管理的第一步。

2. 保障航班正点率

航空运输是以速度和时间为特征的，正点运行对于任何一个航空器使用者来说都是选择空运首要考虑的问题。正点率不仅关乎公司信誉，航班不正常有时会造成巨大的经济损失，因此一个好的航空公司必须有一个完善的维修体制和方法，才能保证航班正常。

3. 影响经营成本

航运企业的维修费在运营成本中一般要占到18%～25%，因此改善维修管理和维修技术对降低成本有极大作用。

2.5.2 航空器维修单位与相关单位的关系

1. 与适航部门的关系

航空器的维修是持续适航管理的重要内容。因此，从技术角度来说，适航当局是维修部的直接领导，维修单位的运行要通过适航部门的审核，取得许可证才有维修资格，专业人员要有适航当局的执照才能上岗。各种机型的维修大纲、维修计划、工作文件都必须经适航部门批准。维修单位在维修中遇到状况和问题，也是适航部门了解情况和制定修改政策的依据。因此，适航部门与维修单位协同合作才能保证飞行器的正常使用。

2. 与制造商的关系

航空器成本高、运行时间长，因此制造厂对维修也承担着一定的责任，维修部门要对使用中的航空器进行维护和损坏处理。但对于一个机型，维修部门要根据制造厂维修大纲和维修设计进行维修，在使用过程中经常需要制造厂的技术支援，而且维修部件只能达到原有设计水平，有时也出现维修能力所不能解决的问题，只有返厂重新设计制造。由此看出，维修部门对制造厂造出的器件也有审查作用。

3. 与航材供应商的关系

现代大型客机由上百万个零部件组成，而所需材料也是由不同的供应商提供，航材供应要求严格质量保证，任何一个劣质材料都会对飞行造成重大安全隐患。因此，维修单位必须有稳定可靠的航材供应渠道。对使用的航材应严格检验、存放和管理。

2.5.3 航空器维修

1. 航空器的维修方式

（1）定时维修方式

定时维修方式是较为传统的维修方式。某些具有一定使用期限的部件（定寿件），机件功能故障具有损耗特性，可靠性水平随工作时间衰减，它们往往决定着检修时间，因为要对这种部件进行定期更换和维修（图 2-5-1）。

图 2-5-1 飞机在机库进行定期维修

（2）视情维修方式

视情维修方式是针对没有明显使用时限，按照定期维修不能发挥效能的零部件，通过观察，根据具体情况决定是否维修和更换零部件（图 2-5-2）。

图 2-5-2 机务人员对飞机进行航线维护

（3）状态监控方式

从对零部件的分析可以看出，有部分零部件对航空器的飞行安全不会造成直接影响，不必在故障发生前大力去排除，一旦发生故障就会影响飞行安全。以可靠性为中心的维修理论产生了第三种维修方式，即状态监控。

1）维修工作针对不同部件采取相应方法，改变传统统一拆换的单一方法。使维修质量提高，成本大大降低。

2）维修和多种技术结合，在保证质量的同时，也使初期投资增加，维修计划变得复杂。

3）维修与设计紧密结合，整机的仪表部分增加监控系统，增加机载自检系统。

2. 航空器维修类型

（1）航线维护

1）航前/过站检查。航前/过站检查包括绕机一周目视检查和例行的勤务工作（图 2-5-3）。

图 2-5-3　机务人员目视检查飞机

2）航后检查。一般在夜里进行，一天一次，排除可能发生的故障。

（2）初级维修

在维修基地进行的低级的定期维修，具有规定的维护和检查项目。

（3）高级维修

高级维修包括中检和 D 检。中检间隔以年计算，包括结构检查、客舱更新，停机 10 天左右。D 检是飞机最高级别的检修，间隔 20000 飞行小时。除了前面各种维修项目外，还包括对发动机大修、系统结构深入检查及改装。D 检后要进行试飞，为此还设有专门试飞的部门和设施。

第3章 民用航空系统的组成

课前导读

航空业由3个相对独立而紧密联系的行业组成，即航空器制造业、军事航空业和民用航空业。其中，民用航空业使用航空器从事民间性质的活动，分为商业航空和通用航空两部分。它是交通运输业的一个重要组成部分，对国民经济的发展有着巨大贡献。

从组织结构来看，民用航空业由3大部分组成：管理部门、民航企业和民航机场。本章通过介绍民航政府部门的职责、主要国内航空公司情况和主要国内机场情况，使学生对整个民航业有一个整体的认识。

学习目标

知识目标

描述中国民用航空局的主要职能；识记航空公司的常用生产指标及其含义；识记中国主要航空公司的IATA二字代码和票证结算代码；识记国内主要城市/机场及国际主要通航城市的三字代码；描述国内主要航空运输服务保障企业名称及业务范围；描述机场的设施和作用。

技能目标

能够阅读并解释运输生产指标统计数据表；能够介绍中国主要航空公司和民航机场的发展现状和经营特点。

3.1 民用航空的定义、分类和民用航空业的组成

3.1.1 民用航空的定义

使用各类航空器从事除了军事性质（包括国防、警察和海关）以外的所有航空活动称为民用航空。

这个定义明确了民用航空是航空的一部分，同时以“使用”航空器界定了它和航空制造业的界限，用“非军事性质”表明了它和军事航空的不同。

3.1.2 民用航空的分类

民用航空可分为两部分：商业航空和通用航空。

1. 商业航空

商业航空又称为航空运输，是指以航空器进行经营性的客货运输的航空活动。它的经营性表明这是一种商业活动，以盈利为目的。它又是运输活动，这种航空活动是交通运输的一个组成部门，与铁路、公路、水路和管道运输共同组成了国家的交通运输系统。尽管航空运输在运输量方面和其他运输方式相比是较少的，但由于快速、远距离运输的能力及高效益，使航空运输在总产值上的排名不断提升，而且在经济全球化的浪潮中和国际交往上发挥着不可替代的、越来越大的作用。

2. 通用航空

航空运输作为民用航空的一个部分划分出去之后，民用航空的其余部分统称为通用航空，因而通用航空包括多项内容，范围十分广泛，可以大致分为以下几类。

1）工业航空。它包括使用航空器进行工矿业有关的各种活动，具体的应用有航空摄影、航空遥感、航空物探、航空吊装、石油航空、航空环境监测等。在这些领域中利用航空的优势，可以完成许多以前无法进行的工程，如海上采油，如果没有航空提供便利的交通和后勤服务，很难想象出现这样一个行业。例如，航空探矿、航空摄影，使这些工作的进度加快了几十倍到上百倍。

2）农业航空。它包括为农、林、牧、渔各行业的航空服务活动。其中，如森林防火、灭火、撒播农药，都是其他方式无法比拟的。

3）航空科研和探险活动。它包括新技术的验证、新飞机的试飞，以及利用航空器进行的气象天文观测和探险活动。

4）飞行训练。除培养空军驾驶员外，培养各类飞行人员的学校和俱乐部的飞行活动。

5）航空体育运动。用各类航空器开展的体育活动，如跳伞、滑翔机、热气球以及航空模型运动。

6）公务航空。大企业和政府高级行政人员用单位自备的航空器进行公务活动。跨国公司的出现和企业规模的扩大，使企业自备的公务飞机越来越多，公务航空就成为通用航空中的一个独立部门。

7）私人航空。私人拥有航空器进行的航空活动。

通用航空在我国主要指前5类，后两类在我国才开始发展，但在一些航空强国，公务航空和私人航空所使用的航空器占通用航空的绝大部分。

3.1.3　民用航空业的组成

民用航空业由以下3大部分组成：管理部门、民航企业和民航机场。

1. 管理部门

我国民航事务是由中国民用航空局来负责管理。管理部门管理的内容主要如下。

1）制定民用航空各项法规、条例，并监督这些法规、条例的执行。

2）对航空企业进行规划、审批和管理。

3）对航路进行规划和管理，并对日常的空中交通实行管理，保障空中飞行安全、有效、迅速地实行。

4）对民用航空器及相关技术装备的制造、使用制定技术标准，进行审核、发证，监督安全，调查处理民用飞机的飞行事故。

5）代表国家管理国际民航的交往、谈判，参加国际组织内的活动，维护国家的利益。

6）对民航机场进行统一的规划和业务管理。

7）对民航的各类专业人员制定工作标准，颁发执照，并进行考核，培训民航工作人员。

2. 民航企业

民航企业是指从事和民航业有关的各类企业。其中，最主要的是航空运输企业，即我们常说的航空公司，它们掌握航空器从事生产运输，是民航业生产收入的主要来源。其他类型的航空企业如油料、航材、销售等，都是围绕着运输企业开展活动的。航空公司的业务主要分为两个部分：一是航空器的使用（飞行）、维修和管理；二是航空公司的经营和销售。

3. 民航机场

民航机场是民用航空和整个社会的结合点，机场也是一个地区的公众服务设施。因此，机场既带有营利的企业性质的同时，也带有为地区公众服务的事业性质，因而世界上大多数机场是地方政府管辖下的半企业性质的机构。我们将主要为航空运输服务的机场称为航空港或简称空港。使用空港的一般是较大的运输飞机，空港要有为旅客服务的地区（候机楼）和相应设施。

民用航空是一个庞大复杂的系统，其中有事业性质的政府机构，也有企业性质的航空公司，还有半企业性质的空港。因此，只有各个部分协调运行，才能保证民用航空事业的迅速前进。

3.2 民航管理部门

图 3-2-1 中国民用航空局

民用航空业对安全的要求高，涉及国家主权和交往的事务多，要求迅速地协调和统一调度，因而几乎各个国家都设立独立的政府管理机构来管理民航事务。我国由中国民用航空局（图 3-2-1）来负责管理民航事务。

3.2.1 中国民用航空局行政体制沿革

1949 年 11 月 2 日，中共中央政治局会议决定，在人民革命军事委员会下设民用航空局，受空军指导。

1958 年 2 月 27 日，国务院通知中国民用航空局自本日起划归交通部领导。1958 年 3 月 19 日，国务院通知全国人大常委会第 95 次会议批准国务院将中国民用航空局改为交通部的部属局。

1960 年 11 月 17 日，经国务院编制委员会讨论原则通过，决定中国民用航空局改称为“交通部民用航空总局”。为部属一级管理全国民用航空事业的综合性总局，负责经营管理运输航空和专业航空，直接领导地区民用航空管理局的工作。

1962 年 4 月 13 日，第二届全国人民代表大会常务委员会第五十三次会议决定民航局名称改为“中国民用航空总局”。

1962 年 4 月 15 日，中央决定将民用航空总局由交通部属改为国务院直属局，其业务工作、党政工作、干部人事工作等均直接归空军负责管理。

1980 年 3 月 5 日，中国政府决定民航脱离军队建制，把中国民航局从隶属于空军改为国务院直属机构，实行企业化管理。这期间中国民航局是政企合一，既是主管民航事务的政府部门，又是以“中国民航（CAAC）”（图 3-2-2）名义直接经营航空运输、通用航空业务的全国性企业。下设北京、上海、广州、成都、兰州（后迁至西安）、沈阳 6 个地区管理局。

图 3-2-2 中国民航航徽

1987 年开始，在原民航北京管理局、上海管理局、广州管理局、成都管理局、西安管理局和沈阳管理局所在地的机场部分基础上，组建了民航华北、华东、中南、西南、西北和东北 6 个地区管理局以及北京首都机场、上海虹桥机场、广州白云机场、成都双流机场、西安西关机场（现已迁至咸阳，改为西安咸阳机场）和沈阳桃仙机场。这6个地区管理局既是管理地区民航事务的政府部门，又是企业，领导管理各民航省（区、市）局和机场。

1993年4月19日，中国民用航空局改称为中国民用航空总局，属国务院直属机构。12月20日，中国民用航空总局的机构规格由副部级调整为正部级。

2008年3月11日，十一届全国人大一次会议审议通过了《国务院机构改革方案》。将交通部、中国民用航空总局的职责，建设部的指导城市客运职责，整合划入交通运输部。同时，组建中国民用航空局，由交通运输部管理（图3-2-3）。不再保留交通部、中国民用航空总局。

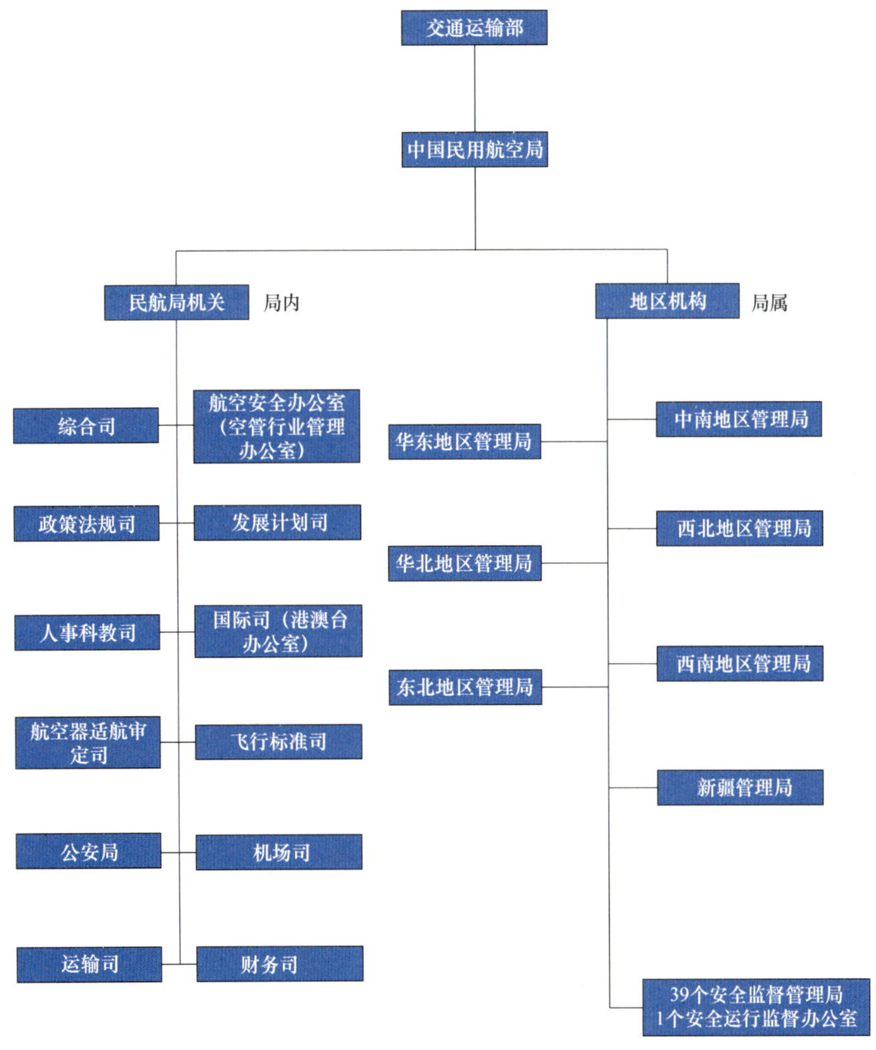

图3-2-3　中国民航组织机构图

3.2.2 中国民用航空局的主要职责

中国民用航空局的主要职责如下。

1）提出民航行业发展战略和中长期规划、与综合运输体系相关的专项规划建议，按规定拟订民航有关规划和年度计划并组织实施和监督检查。起草相关法律法规草案、规章草案、政策和标准，推进民航行业体制的改革工作。

2）承担民航飞行安全和地面安全监管责任。负责民用航空器运营人、航空人员训练机构、民用航空产品及维修单位的审定和监督检查，负责危险品航空运输监管、民用航空器国籍登记和运行评审工作，负责机场飞行程序和运行最低标准监督管理工作，承担民航航空人员资格和民用航空卫生监督管理工作。

3）负责民航空中交通管理工作。编制民航空域规划，负责民航航路的建设和管理，负责民航通信导航监视、航行情报、航空气象的监督管理。

4）承担民航空防安全监管责任。负责民航安全保卫的监督管理，承担处置劫机、炸机及其他非法干扰民航事件的相关工作，负责民航安全检查、机场公安及消防救援的监督管理。

5）拟定民用航空器事故及事故征候标准，按规定调查处理民用航空器事故。组织协调民航突发事件应急处置，组织协调重大航空运输和通用航空任务，承担国防动员有关工作。

6）负责民航机场建设和安全运行的监督管理。负责民用机场的场址、总体规划、工程设计审批和使用许可管理工作，承担民用机场的环境保护、土地使用、净空保护有关管理工作，负责民航专业工程质量的监督管理。

7）承担航空运输和通用航空市场监管责任。监督检查民航运输服务标准及质量，维护航空消费者权益，负责航空运输和通用航空活动有关许可的管理工作。

8）拟定民航行业价格、收费政策并监督实施，提出民航行业财税等政策建议。按规定权限负责民航建设项目的投资和管理，审核（审批）购租民用航空器的申请。监测民航行业经济效益和运行情况，负责民航行业统计工作。

9）组织民航重大科技项目的开发与应用，推进信息化建设。指导民航行业人力资源开发、科技、教育培训和节能减排工作。

10）负责民航国际合作与外事工作，维护国家航空权益，开展与港、澳、台的交流与合作。

11）管理民航地区行政机构、直属公安机构和空中警察队伍。

12）承办国务院及交通运输部交办的其他事项。

3.2.3 中国民用航空局主要直属机构和单位

1. 中国民用航空局空中交通管理局

中国民用航空局空中交通管理局（简称“民航局空管局”）是民航局管理全国空中

交通服务、民用航空通信、导航、监视、航空气象、航行情报的职能机构（图 3-2-4）。

中国民航空管系统现行行业管理体制为民航局空管局、地区空管局、空管分局（站）三级管理；运行组织形式基本是区域管制、进近管制、机场管制为主线的三级空中交通服务体系。

图 3-2-4　空中交通管理局

其主要职责是：贯彻执行国家空管方针政策、法律法规和民航局的规章、制度、决定、指令；拟定民航空管运行管理制度、标准、程序；实施民航局制定的空域使用和空管发展建设规划；组织协调全国航班时刻和空域容量等资源分配执行工作；组织协调全国民航空管系统建设；提供全国民航空中交通管制和通信导航监视、航行情报、航空气象服务，监控全国民航空管系统运行状况，负责专机、重要飞行活动和民航航空器搜寻救援空管保障工作；研究开发民航空管新技术，并组织推广应用；领导管理各民航地区空管局，按照规定，负责直属单位人事、工资、财务、建设项目、资产管理和信息统计等工作。

中国民用航空局空中交通管理局领导管理民航七大地区空管局及其下属的民航各空管单位，驻省会城市（直辖市）民航空管单位简称“空中交通管理分局”，其余民航空管单位均简称为“空中交通管理站”。民航地区空管局为民航局空管局所属事业单位，其机构规格相当于行政副司局级，实行企业化管理。民航空管分局（站）为所在民航地区空管局所属事业单位，实行企业化管理。

2. 中国民用航空东北地区管理局

中国民用航空东北地区管理局的管辖范围：辽宁省、黑龙江省、吉林省的民航事务。

3. 中国民用航空中南地区管理局

中国民用航空中南地区管理局的管辖范围：广东省、广西壮族自治区、湖北省、湖南省、河南省、海南省的民航事务。

4. 中国民用航空西北地区管理局

中国民用航空西北地区管理局的管辖范围：陕西省、甘肃省、青海省、宁夏回族自治区的民航事务。

5. 中国民用航空华北地区管理局

中国民用航空华北地区管理局的管辖范围：北京市、天津市、河北省、内蒙古自治区、山西省的民航事务。

6. 中国民用航空华东地区管理局

中国民用航空华东地区管理局的管辖范围：上海市、山东省、江苏省、安徽省、浙江省、江西省、福建省的民航事务。

7. 中国民用航空西南地区管理局

中国民用航空西南地区管理局的管辖范围：重庆市、四川省、贵州省、云南省、西藏自治区的民航事务。

8. 中国民用航空新疆管理局

中国民用航空新疆管理局的管辖范围：新疆维吾尔自治区的民航事务。

3.3 民航企业

民航企业是指从事和民航有关的各类企业。包括航空公司、航空运输服务保障企业。其中，最主要的是航空公司，它们是民航业生产收入的主要来源。

3.3.1 航空公司

航空公司是以各种航空飞行器为运输工具为乘客和货物提供民用航空服务的企业，它们一般需要一个官方认可的运行证书或批准。航空公司使用的飞行器可以是它们自己拥有的，也可以是租来的，它们可以独立提供服务，或者与其他航空公司合伙或者组成联盟。航空公司的规模可以从只有一架运输邮件或货物的飞机到拥有数百架飞机提供各类全球性服务的国际航空公司。航空公司的服务范围可以分洲际的、洲内的、国内的，也可以分航班服务和包机服务。

1. 航空公司常用生产指标

（1）航空运输生产数量指标

1）旅客运输量。旅客运输量是指航空运输企业承运的旅客实际人数，不管有无客票或是否免票，也不按售出客票数统计，计算单位为人，成人和占座位的儿童均按一人计算，婴儿因不占座位不计入人数。

2）货邮运输量。货邮运输量是指航空运输企业使用航空器载运货物的重量，包括信袋和快件。原始数据以千克为计量单位，汇总时以吨为计量单位。统计方法与旅客运输量相同，即每一特定航班（同一航班）的货物只应计算一次，不能按航段重复计算，但对既有国内航段又有国际航段的货物，则同时统计为国内货物和国际货物。

3）航空运输量。航空运输量是指航空运输企业使用航空器承运的旅客运输量和货邮运输量的总和。它是反映航空运输企业业务量的主要指标。

4）旅客周转量。旅客周转量是反映航空运输企业一定时期内旅客运输工作量的指标。它是指旅客人数、重量与运送距离的乘积。计量单位为客公里（人公里）和吨公里。在我国，旅客周转量是制订运输计划和考核运输任务完成情况的主要依据之一。

为了计算运输总周转量，需将客公里换算成吨公里。中国民航最早规定国内航班每位成人旅客按照 72 千克计算，儿童旅客按照 36 千克计算，婴儿旅客按照 8 千克计算；国际航班每位成人旅客按照 75 千克计算，儿童旅客按照 40 千克计算，婴儿旅客按照 10 千克计算。以上折算重量均包含旅客的手提行李重量，即国内航线的一个成人客公里换算为 0.072 吨公里；国际、地区航线上的一个成人客公里换算为 0.075 吨公里。但目前由于各地的情况不同，采用的折合标准也不尽相同，在具体工作中应按当地的规定执行。

5）货邮周转量。货邮周转量是航空器承运的货物、行李（不含旅客手提行李）、邮件（包括航空信件、包裹等）的重量与运输距离的乘积。计量单位为吨公里，汇总是以万吨公里为计量单位。

6）航空运输总周转量。航空运输总周转量是指航空运输企业使用航空器承运的旅客、行李、邮件、货物的数量与它们的运输距离乘积的总和，是反映航空运输企业生产成果的综合性指标之一（图 3-3-1）。由旅客周转量和货邮周转量构成，计算单位是吨公里，汇总是以万吨公里为计量单位。

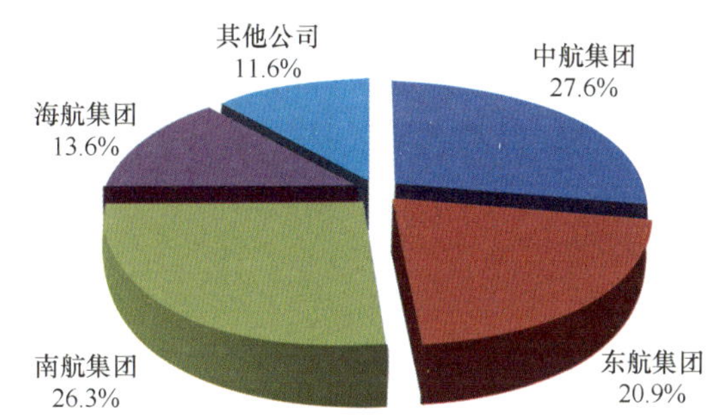

图 3-3-1　2015 年各航空（集团）公司运输总周转量比重

知识链接

中国民航业 2015 年生产数据

2015 年，全行业完成运输总周转量 851.65 亿吨公里，比上年增长 13.8%，完成旅客周转量 7282.55 万人公里，比上年增长 15.0%；完成货邮周转量 208.07 亿吨公里，比上年增长 10.8%。

2015 年，国内航线完成运输总周转量 559.04 亿吨公里，比上年增长 10.0%，其中港、澳、台航线完成 16.22 亿吨公里，比上年增长 0.3%；国际航线完成运输总周转量 292.61 亿吨公里，比上年增长 21.9%。其中：

中航集团完成飞行小时211.6万小时，完成运输总周转量235.0亿吨公里，比上年增加12.8%，完成旅客运输量1.04亿人次，比上年增加9.5%，完成货邮运输量178.2万吨，比上年增加7.0%。

东航集团完成飞行小时181.7万小时，完成运输总周转量178.3亿吨公里，比上年增加10.7%，完成旅客运输量0.94亿人次，比上年增加11.9%，完成货邮运输量139.9万吨，比上年增加2.6%。

南航集团完成飞行小时223.8万小时，完成运输总周转量223.9亿吨公里，比上年增加13.3%，完成旅客运输量1.09亿人次，比上年增加7.9%，完成货邮运输量151.2万吨，比上年增加5.6%。

海航集团完成飞行小时116.5万小时，完成运输总周转量115.6亿吨公里，比上年增加15.7%，完成旅客运输量0.68亿人次，比上年增加13.3%，完成货邮运输量77.7万吨，比上年增加6.9%。

其他航空公司共完成飞行小时118.0万小时，完成运输总周转量98.8亿吨公里，比上年增加21.8%，完成旅客运输量0.62亿人次，比上年增加19.2%，完成货邮运输量82.3万吨，比上年增加9.3%。

2015年，中国运输总周转量达到852亿吨公里，旅客运输量4.4亿人次，货邮运输量629万吨，与2012年相比年均增长幅度分别为11.7%、10.95%和4.91%。其中，运输量总周转量首次突破800亿吨公里，旅客运输量首次突破4亿人次，这都表明中国民航业整体规模已经上升到了一个新的台阶。中国航空运输总周转量在国际民航组织成员国的排名连续10年位居第二。南航、东航和国航在世界运输航空公司排名中分别位于第三、第七和第十名。中国民航业的快速增长，一方面是与国内居民的旺盛需求分不开的，另一方面也与民航市场参与的主体航空公司的加大投入、积极开拓市场分不开。

截至2015年年底，中国国际航路航线共计327条，总长度为101553千米，比2013年增加了56条。

近年来，在中国经济社会持续发展的推动下，中国航空运输业进入了快速发展的新阶段。

（资料来源：民航资源网，http://www.carnoc.com）

（2）航空运输生产质量指标

1）航班载运率。航班载运率是指航空器执行航班飞行任务时的实际业务载量与可提供的最大业务载运能力（简称“最大业载”）之比。它反映飞机运载能力的利用程度，是航班效益的重要指标，也是合理安排航班，调整航班密度的重要依据。其计算公式为

$$\text{航班载运率}=(\text{航班实际业载}/\text{航班最大业载})\times 100\% \qquad (3\text{-}1)$$

或

$$\text{航班载运率}=(\text{总周转量}/\text{最大周转量})\times 100\% \qquad (3\text{-}2)$$

航空器可提供的最大业载是由航空器的最大起飞重量、最大着陆重量、基本重量、燃油重量、最大无燃油重量等计算出来的。而航空器的最大起飞重量、最大着陆重量又受到着陆时的气温、气压、跑道长度、净空条件等因素的影响。所以每次航班航空器可提供的最大业载是不同的，由运输业务部门计算后确定。计算某一航段的载运率时，使用式（3-1）比较方便。在计算平均多航段、多航班平均载运率时，应使用式（3-2）。其中，最大周转量是航空器可提供的最大业载与飞行距离的乘积。

2）航班客座利用率。航班客座利用率是指航空器承运的旅客数量与航空器可提供的座位数之比，简称航班客座率或客座率，它反映航空器座位的利用程度，是航班效益的重要指标。其计算公式为

航班客座率=（航班旅客数 / 航班可提供座位数）×100%　　（3-3）

或　航班客座率=［航班旅客数（万人公里）/ 最大客公里］×100%　　（3-4）

式（3-3）中，航班可提供的座位数不等于航空器所安装的座位数。因为有些座位要留给机组使用，或因飞机减载要减少的座位。

式（3-4）中，最大客公里是指航空器可提供的座位数与航空器的飞行距离的乘积。

计算某一航段的客座率时，使用式（3-3）比较方便。在计算多航段多航班的平均客座率时应使用式（3-4）。

3）飞机日利用率。飞机日利用率是指报告期内在册飞机的平均日生产飞行小时，单位为小时每日。

飞机日利用率=（报告期生产飞行小时 ÷ 平均在册飞机数）/ 报告期日历天数

4）航班准点率。航班准点率，又称正点率、航班正常率，是指航空旅客运输部门在执行运输计划时，航班实际出发时间与计划出发时间的较为一致的航班数量（即正常航班）与全部航班数量的比率，表征承运人运输效率和运输质量。由于民航运输相对火车、轮船和汽车运输而言，受到客观条件（如天气、空中管制、机械故障等因素）影响较大，所以，准点率更为经常用于衡量航空公司的运行效率和服务质量。它客观地反映一个航空运输企业的航班实施运行状况。航班准点率的高低与升降体现航空运输生产组织与管理的水平，是考核航空企业生产情况的重要指标之一。

航班准点率的具体计算方法是：在最近30天内，航班降落时间比计划降落时间（航班时刻表表定时间）延迟30分钟以上或航班取消的情况称为延误。将出现延误情况的航班数除以30天内实际执行的航班数量得出延误率。准点率=100%－延误率。

据民航数据分析系统CADAS（Civil Aviation Data Analysis）发布2016年9月《全球机场放行准点率报告》显示，中国国内大型机场准点率普遍有所回升（表3-3-1）。

表 3-3-1　2016 年 9 月亚太大型机场放行准点率排名前 20 的机场统计数据

排名	机场三字码	机场中文名	国家/地区	区域	样本量/个	准点率/%	略晚点率/%	较晚点率/%	严重晚点率/%	起飞平均延误时长/分钟
1	CTS	新千岁	日本	亚太	6802	95.18	2.30	1.23	1.29	7.33
2	BNE	布里斯班	澳大利亚	亚太	9606	88.22	5.98	2.48	3.32	17.06
3	FUK	福冈	日本	亚太	7706	85.59	8.53	2.59	3.28	19.49
4	AKL	奥克兰	新西兰	亚太	6621	85.54	8.01	2.40	4.05	18.61
5	HND	东京羽田	日本	亚太	20620	85.13	9.74	2.54	2.59	22.05
6	SIN	樟宜	新加坡	亚太	14243	82.33	11.15	2.89	3.63	24.13
7	MEL	墨尔本	澳大利亚	亚太	11409	82.11	10.27	3.64	3.98	20.40
8	XIY	西安咸阳	中国	亚太	12877	81.75	6.68	3.54	8.02	23.03
9	GMP	首尔金浦	韩国	亚太	6379	81.43	11.17	3.68	3.73	23.87
10	KIX	关西	日本	亚太	6954	81.38	8.68	3.41	6.53	23.93
11	CKG	重庆江北	中国	亚太	11644	79.61	7.56	3.33	9.50	23.96
12	WUH	武汉天河	中国	亚太	7076	78.42	8.34	4.58	8.67	22.17
13	CGO	郑州新郑	中国	亚太	7658	77.73	7.78	4.44	10.05	23.56
14	BKK	曼谷（素万那普）	泰国	亚太	13060	76.86	12.58	4.87	5.69	24.61
15	SYD	悉尼金斯福德·史密斯	澳大利亚	亚太	16044	75.87	13.77	5.09	5.28	24.74
16	TAO	青岛流亭	中国	亚太	7102	75.51	9.43	5.23	9.83	25.31
17	CTU	成都双流	中国	亚太	13104	74.60	10.58	4.68	10.14	28.53
18	KWE	贵阳龙洞堡	中国	亚太	6244	74.47	9.79	4.85	10.88	27.00
19	CSX	长沙黄花	中国	亚太	6785	73.96	10.06	4.94	11.04	25.25
20	KMG	昆明长水	中国	亚太	13291	73.07	12.73	5.63	8.57	27.37

大型机场是指月实际出港航班量大于 6000 架次的机场，一般属于枢纽型机场，旅客吞吐量较大，由此带来的航班准点压力也较为严峻。

根据表 3-3-1 可见，亚太地区 9 月大型机场放行准点率中，日本的新千岁机场以 95.18% 的放行准点率成为亚太第一，平均延误时长仅为 7.33 分钟。在这份榜单中，国内多家大型机场进入亚太大型机场的 TOP20，其中，西安咸阳机场以 81.75% 的成绩进入亚太第八位。重庆、武汉、郑州、青岛、成都、贵阳、长沙、昆明 8 家大型机场也榜上有名。

2. 国内航空公司介绍

2002 年民航重组之后，国内航空运输企业包括了 3 家国资委直属航空公司（表 3-3-2），即中国航空集团公司、中国东方航空集团公司、中国南方航空集团公司；6 家地方航空公司，即海南航空公司、上海航空公司、四川航空公司、厦门航空公司、深圳航空公司、山东航空公司。其中，海南航空公司已成功民营化，上海航空公司于 2010 年 5 月 28 日作为中国东方航空股份有限公司（以下简称“东航”）全资子公司正式挂牌运营。

表 3-3-2　国资委直属航空公司

航空公司全称 / 二字代码	航空公司英文全称	票证结算代码
中国航空集团公司 /CA	AIR CHINA	999
中国东方航空集团公司 /MU	CHINA EASTERN AIRLINES	781
中国南方航空集团公司 /CZ	CHINA SOUTHERN AIRLINES	784

2005 年 3 月，中国首家民营航空公司——奥凯航空公司完成了首飞。同年 7 月，鹰联航空公司和春秋航空公司也进入航空市场投入运营。2006 年 5 月，华中及中南地区第一家民营航空公司，东星航空公司班机首航武汉—上海航线。2006 年 9 月，以上海为基地的吉祥航空公司正式开航。民营航空公司从成立之日起就定位在廉价航空和支线航线上。2009 年，鹰联航空公司被四川航空公司兼并，由民营控股航空公司正式转型为国有控股航空公司。2009 年 3 月，东星航空公司被民航中南地区管理局暂停航线航班经营许可。同年 8 月，东星航空公司成为首家中国航空企业破产的公司。

截至 2015 年年底，我国共有运输航空公司 55 家（表 3-3-3～表 3-3-6），按不同所有制类别划分：国有控股公司 41 家，民营和民营控股公司 14 家。全部运输航空公司中：全货运航空公司 7 家，中外合资航空公司 12 家，上市公司 7 家。

表 3-3-3　地方航空公司

航空公司全称 / 二字代码	航空公司英文全称	票证结算代码
深圳航空公司 /ZH	SHENZHEN AIRLINES	479
四川航空公司 /3U	SICHUAN AIRLINES	876
厦门航空公司 /MF	XIAMEN AIRLINES	731
山东航空公司 /SC	SHANDONG AIRLINES	324

表 3-3-4　主要民营航空公司

航空公司全称 / 二字代码	航空公司英文全称	票证结算代码
海南航空公司 /HU	HAINAN AIRLINES	880
吉祥航空公司 /HO	JUNEYAO AIRLINES	018
春秋航空公司 /9C	SPRING AIRLINES	089
奥凯航空公司 /BK	OKAY AIRWAYS	866

表 3-3-5 港、澳地区主要航空公司

航空公司全称 / 二字代码	航空公司英文全称	票证结算代码
国泰航空公司 /CX	CATHAY PACIFIC AIRWAYS	160
港龙航空公司 /KA	HONGKONG DRAGON AIRLINES	043
澳门航空公司 /NX	AIR MACAU	675

表 3-3-6 台湾地区主要航空公司

航空公司全称 / 二字代码	航空公司英文全称	票证结算代码
中华航空公司 /CI	CHINA AIRLINES	297
远东航空公司 /EF	FAR EASTERN AIR TRANSPORT	265
长荣航空公司 /BR	EVA AIRWAYS	695
华信航空公司 /AE	MANDARIN AIRLINES	803
复兴航空公司 /GE	TRANS ASIA AIRWAYS	170
立荣航空公司 /B7	UNI AIRWAYS	525

（1）中国国际航空股份有限公司

中国国际航空股份有限公司，简称“国航”，于 1988 年在北京正式成立，是中国航空集团公司控股的航空运输主业公司（图 3-3-2）。国航与中国东方航空股份有限公司和中国南方航空股份有限公司合称中国三大航空公司，是中国目前资产最多、运输量最大的航空运输企业。国航注册资本为 15 亿元人民币，资产总额为 359 亿元人民币。它的总部位于中国首都北京。

图 3-3-2 国航客机

1）历史沿革。中国国际航空股份有限公司的前身是中国国际航空公司，成立于 1988 年。中国国际航空公司的前身——民航北京管理局飞行总队于 1955 年 1 月 1 日正式成立。1988 年民航北京管理局分设，成立中国国际航空公司。

根据国务院批准通过的《民航体制改革方案》，2002 年 10 月 28 日中国国际航空公司联合中国航空总公司和中国西南航空公司，成立了中国航空集团公司，并以联合三方的航空运输资源为基础，组建新的中国国际航空公司。2004 年 9 月 30 日，经国务院国有资产监督管理委员会批准，作为中国航空集团公司控股的航空运输主业公司，中国国际航空股份有限公司在北京正式成立，继续保留原中国国际航空公司的名称，并使用中国国际航空公司的标志。2004 年 12 月，国航股份进行首次境外发售股票，2004 年 12 月 15 日，中国国际航空股份有限公司在香港和伦敦成功上市。2006 年 8 月 18 日，中国国际航空股份有限公司成为中国第一家在香港、伦敦、中国内地三地上市的航空公司。

2）企业标志。国航的企业标志（图 3-3-3）由一只艺术化的凤凰和邓小平书写的“中国国际航空公司”以及英文“AIR CHINA”构成。凤凰是中华民族古代传说中的神鸟，也是中华民族自古以来所崇拜的吉祥鸟。据《山海经》中记述：凤凰出于东方君子国，飞跃巍峨的昆仑山，翱翔于四海之外，飞到哪里就给哪里带来吉祥和安宁。国航航徽标志是凤凰，同时又是英文“VIP”（尊贵客人）的艺术变形，颜色为中国传统的大红，具有吉祥、圆满、祥和、幸福的寓意，寄寓着国航人服务社会的真挚情怀和对安全事业的永恒追求。国航的愿景和定位是“具有国际知名度的航空公司”，其内涵是实现“竞争实力世界前列、发展能力持续增强、客户体验美好独特、相关利益稳步提升”的四大战略目标；企业精神强调“爱心服务世界、创新导航未来”；企业使命是“满足顾客需求，创造共有价值”；企业价值观是“服务至高境界，公众普遍认同”；企业服务理念是“放心、顺心、舒心、动心”。

图 3-3-3　国航航徽

3）业务概况。国航是中国唯一载国旗飞行的民用航空公司以及世界最大的航空联盟——星空联盟成员（图 3-3-4）、2008 年北京奥运会航空客运合作伙伴，具有国内航空公司第一的品牌价值（世界品牌实验室 2016 年 6 月评测为 1156.89 亿元），在航空客运、货运及相关服务诸方面，均处于国内领先地位。

图 3-3-4　国航星空联盟涂装客机

国航承担着中国国家领导人出国访问的专机任务，也承担许多外国元首和政府首脑在国内的专包机任务，这是国航独有的国家载旗航的尊贵地位。国航总部设在北京，辖有西南、浙江、重庆、内蒙古、天津、上海、湖北、贵州、西藏分公司，华南基地以及工程技术分公司等，国航主要控股子公司有中国国际货运航空有限公司、澳门航空有限公司、深圳航空有限责任公司、大连航空有限责任公司、北京航空有限责任公司等，合营公司主要有北京飞机维修工程有限公司。另外，国航还参股国泰航空、山东航空等公司，是山东航空集团有限公司的最大股东。曾为国航控股、现中航有限旗下的北京航空食品有限公司于 1980 年 5 月 1 日在北京成立，是我国《中外合资经营企业法》颁布后的第一家中外合资企业。

4）机队规模和航线网络。截至 2016 年 6 月 30 日，国航（含控股公司）共拥有以波音、空中客车为主的各型飞机 603 架，平均机龄为 6.26 年；经营客运航线已达 377 条，其中国际航线 98 条，地区航线 16 条，国内航线 263 条，通航国家（地区）39 个，通航城市 173 个，其中国际 61 个，地区 4 个，国内 108 个；通过与星空联盟成员等航空公司的合作，将服务进一步拓展到 193 个国家的 1330 个目的地。

（2）中国南方航空股份有限公司

中国南方航空股份有限公司，简称“南航”，是国内运输飞机最多、航线网络最密集、年客运量最大的航空公司，也是中国南方航空集团公司属下航空运输主业公司，总部设在广州（图 3-3-5、图 3-3-6）。公司坚持“安全第一”的核心价值观，公司标志是以天蓝色垂直尾翼镶嵌抽象化的红色木棉花。南航先后联合重组、控股参股多家国内航空公司，是首家加入国际航空联盟的中国内地航空公司。南航与中国国际航空股份有限公司和中国东方航空股份有限公司合称中国三大航空集团。

图 3-3-5　南航客机

图 3-3-6　南航天合联盟涂装客机

1）历史沿革。南航的业务最早可追溯至 1950 年 5 月，中国民航局在广州设立南航的前身——军委民航广州办事处，并于 1959 年 1 月正式成立民航广州管理局，负责中南五省（广东、广西、湖南、湖北、河南）的航空客货销售。1969 年，民航广州管理局组建运输服务队，开始管理及调配自己的机队。在改革开放前，一直实施半军事化管理。1984 年，中国民航局进行重组，将其业务部门分拆为 4 个主要的航空公司，其中民航广州管理局下辖“中国南方航空公司”，并于 1991 年 2 月 1 日正式挂牌成立，作为民航广州管理局在进行业务经营活动时对外使用的名称。

1992 年 12 月 20 日，中国民用航空局实施体制改革，中国南方航空公司与民航广州管理局正式分开，成为自主经营、自负盈亏的经济实体，直属中国民用航空局。原民航广州管理局改为民航中南管理局，不再进行民航的经营业务活动，仅从政策上对其进行监督与管理。1993年1月，中国南方航空公司被国家批准更名为“中国南方航空（集团）公司”，并以公司为核心企业组建中国南方航空集团。

2000年7月，中国民用航空局宣布，其直接管理的10家航空公司将整合为中国三大航空集团：中国国际航空、中国东方航空和中国南方航空。8月4日，南航率先收购中原航空；次年又先后并入新疆航空、中国北方航空及其下属北亚航空和天鹅航空的国内业务；此外，南航还先后增持了中国众多航空公司的股票，目前为厦门航空（51%）及重庆航空（60%）的控股公司，并且是四川航空（39%）的股东之一。2004年11月，中国南方航空集团完成全部收购，同年实现运送旅客2800万人次，成为世界十大航空公司之一，并且在中国所有的航空公司中拥有最大型的机队和最多的基地、最广泛的国内飞行网络，以及最高的飞行频率。其优良客运服务在当年获美国优质服务科学协会授予全球优质服务荣誉——“五星钻石奖”，也获旅游传媒《TTG》颁发的“中国最佳航空公司”奖项。

2）企业标志。南航的标志（图3-3-7）由一朵抽象化的大红色木棉花衬托在宝石蓝色的飞机垂直尾翼图案上组成。木棉花是中国南方特有的花卉，并从1982年开始一直是广州市的市花，象征坦诚、热情的风格。由于标志造型与大白菜近似，因而南航亦被航迷昵称为“白菜航空”。

图3-3-7　南航航徽

3）业务概况。南航是中国运输飞机最多、航线网络最发达、年客运量最大的航空公司。在亚洲地区主要与大韩航空公司及美国西北航空公司进行全面的共享代码的协议。

南航有新疆、北方、北京、深圳、海南、黑龙江、吉林、大连、湖北、湖南、广西、台湾、珠海直升机13家分公司和厦门航空、汕头航空、贵州航空、珠海航空、重庆航空、河南航空6家控股子公司；在上海、西安、大连设立基地，在成都、杭州、南京、重庆等地共设有18个国内营业部，在新加坡、东京、首尔、阿姆斯特丹、巴黎、洛杉矶、悉尼、拉各斯、纽约、伦敦、温哥华、迪拜、布里斯班等地设有53个国外办事处。

4）机队规模和航线网络。目前，南航经营客货运输机700多架，机队规模稳居亚洲第一，在国际航空运输协会（IATA）（以下简称“国际航协”）排名中上升至世界第四，是全球第一家同时运营波音787和空客380的航空公司。2016年8月，南航在“2016中国企业500强”中排名第127位。

南航围绕广州、北京、乌鲁木齐、重庆核心枢纽，打造国际化规模网络型航空公司，形成密集覆盖国内，全面辐射亚洲，有效链接欧、美、澳、非洲的发达航线网络。南航每天有2000多个航班飞至全球40多个国家和地区，208个目的地，投入市场的座位数可达30万个。通过与天合联盟成员密切合作，南航航线网络通达全球1062个目的地，连接177个国家和地区。南航致力于搭建“广州之路”（Canton Route）国际航空枢纽，广州已成为中国大陆进出大洋洲、东南亚的第一门户。

（3）中国东方航空股份有限公司

中国东方航空股份有限公司，简称“东航”，是总部设在上海的国有控股航空公司。在原中国东方航空集团公司的基础上，兼并中国西北航空公司，联合云南航空公司重组而成。2010年5月28日，上海航空有限公司作为东航股份公司全资子公司正式挂牌运营。2010年10月，中国联合航空有限公司被东航正式划为旗下。2011年6月21日，东航正式加入天合联盟。东航是中国民航业第一家在中国香港、纽约和上海三地上市的航空公司，1997年2月4日、5日及11月5日，中国东方航空股份有限公司分别在纽约证券交易所、香港联合交易所和上海证券交易所成功挂牌上市，是中国三大国有大型骨干航空企业。

1）历史沿革。东航的前身为1988年成立的中国东方航空公司。1957年1月，原民航上海管理处筹建成立上海解放后第一支飞行中队，该中队随后历经数次整合扩编和名称更迭。1988年，按中国民航“政企分离”的管理体制改革方案，中国东方航空公司在该飞行队伍第5飞行大队的基础上组建成立，该队伍的其他分支先后划归新成立的中国东方航空公司。中国东方航空从创业之初就做出了“开拓创新、深化改革、厉兵秣马、飞向世界”的战略决策，仅用3年多的时间就开通了飞往美国和西欧的航线。为了将东航发展成具有较强竞争能力的国际型航空企业，1993年10月，中国东方航空集团公司成立，成功实现了由区域性航空公司向国际性航空公司的转变。

1994年12月31日，以原东航上海总部和分、子公司整体改制为股份公司，其他没有关联的全资子公司及在合资企业中的全部股权从东航分立成为东方航空集团公司。集团公司作为唯一发起人以发起方式设立中国东方航空股份有限公司。目前，东航在全球拥有11家分公司、50家海外营业部及办事处，同时拥有包括上海航空有限公司、东方航空云南有限公司、中国货运航空公司、中国联合航空公司等在内的24家全资及控股子公司。

2）企业标志。2014年9月9日，东航正式对外发布了公司新的标志（图3-3-8）和新的视觉识别系统。

图3-3-8 东航航徽

东航此次LOGO优化升级基于企业新的战略规划以及更加国际化的需要，于是新的LOGO最大程度地保留了原有的识别符号——飞翔的燕子、红蓝色搭配以及字体组合方式。新LOGO的中文字体仍旧沿用圆体，只是有一些细微的变化，而英文字体从原来的直角无衬线字体变为新的圆角无衬线字体，与中文字体搭配更加统一。

东航航徽最大的改动则是这只燕子图形，新的设计将它彻底从圆形的笼子中解放了出来。原来的燕子造型有不少直线，新设计则大部分改为圆弧，整体流线型的处理使她看上去更加舒展，仿佛看到一只挣脱束缚后奔向自由、奔向蓝天的燕子。

东航的旧标志

东航的旧航徽基本构图为圆形，取红、蓝、白三色，以寓意太阳、大海的上下半圆与燕子组合，表现东航企业形象（图 3-3-9）。红色半圆，象征喷薄而出的朝阳，代表了热情、活力，且日出东方，与东航名称吻合；蓝色半圆，象征宽广浩瀚的大海，寓意着东航航线遍及五湖四海；轻盈灵动的银燕，象征翱翔天际的飞机，燕子也被视为东方文化的载体，体现了东方温情。燕子尾部的线条勾勒出东航英文名字“CHINA EASTERN”的 CE 两字。

图 3-3-9　东航旧航徽

（资料来源：中国东方航空，http://www.ceair.com）

3）业务概况。经过数年的调整优化和资源整合，东航集团已基本形成以民航客货运输服务为主，通用航空、航空食品、进出口、金融期货、传媒广告、旅游票务、机场投资等业务为辅的航空运输集成服务体系。目前，下辖山东、安徽、江西、山西、河北、甘肃、西北、云南、浙江、北京分公司；控股中国货运航空有限公司和中国东方航空江苏有限公司、中国东方航空四川有限公司、上海航空股份有限公司、中国联合航空公司；参股中国东方航空武汉有限责任公司；全资控股东方通用航空股份有限公司。据东航 2015 年度业绩报告显示，2015 年东航实现营业收入 938 亿元，实现利润总额 56.71 亿元，同比增长 37.65%；承运旅客近 9400 万人次，实现了“十二五”完美收官。

4）机队规模和航线网络。东航实施“中枢网络运营”战略，建立以上海为中心、依托长江三角洲地区、连接全球市场、客货并重的航空运输网络。航线除了包括国内航线外，也经营从上海等地至国际各大城市的国际航线。拥有贯通中国东西部，连接亚洲、欧洲、澳洲和美洲的航线网络。构建“统一运营管理模式”，建立起与世界水平接近的飞行安全技术、空中和地面服务、机务维修、市场营销、运行控制等支柱性业务体系。截至 2016 年 10 月，东航运营着超过 580 架客货运飞机组成的现代化机队，主力机型平均机龄不到 5.5 年，是全球规模航企中最年轻的机队之一（图 3-3-10、图 3-3-11）。东航的航线网络通达全球 177 个国家、1062 个目的地，年旅客运输量超过 1 亿人次，位列全球第七。作为天合联盟成员，“东方万里行”常旅客可享受天合联盟

20 家航空公司的会员权益及全球 672 间机场贵宾室。

图 3-3-10 东航天合联盟涂装客机

图 3-3-11 东航客机

（4）深圳航空有限责任公司

深圳航空有限责任公司，简称“深航”，于 1992 年 11 月成立，1993 年 9 月 17 日正式开航，是一家位于广东深圳的航空公司。2005 年深圳航空有限责任公司进行了股权转让，深圳汇润投资有限公司、亿阳集团有限公司受让深航 65% 股权，深圳航空成为民营资本控股的航空公司。2010 年 3 月 22 日通过增资，中国国际航空持有深圳航空股权由原先 25% 增至 51%，成为深圳航空的控股股东。2011 年 5 月，深圳汇润 24% 股权被全程物流收购，至此，深圳市政府旗下全程物流持有深航股权增至 49%。股东为中国国际航空股份有限公司、深国际全程物流（深圳）有限公司。

1）企业简介。深航是一家总部位于广东省深圳市的航空公司（图 3-3-12）。现为国内第五大航空集团。深航主要经营航空客、货、邮运输业务。设立广州、南宁、沈阳、郑州、无锡、常州 6 个基地分公司和航空货运、工贸、广告、旅游、航空配餐、酒店 6 个二级公司。深圳市深航货运有限公司成立于 1994 年，是深航的直属企业，主要从事国内、国际航空货物运输业务。开辟“卡车航班”货运业务，实现货物运输的无缝转接。深航控股常州机场、管理无锡机场，与德国汉莎航空合资成立了翡翠国际航空货运公司。与美国梅萨航空合资成立了鲲鹏航空有限公司。由深航出资以持有 80% 股权控股成立了昆明航空有限公司。目前，深航总资产超过 200 亿元，员工

图 3-3-12 深航客机

14000 多人，拥有波音 747、737、空客 320、319 等各类型飞机 130 多架，经营国内国际航线 280 多条。

2012 年 11 月 29 日，深航正式加入星空联盟。加入星空联盟后，深航将在国内 23 个航点为星空联盟提供 213 条可衔接航线。深航将借助“星空联盟”成员的航线、时刻、登机手续等方面的无缝链接通达全球，共同分享产品、服务和相关权益。

2）企业标志。“民族之鹏”是深航的新标志（图 3-3-13）。“民族之鹏”是中国传统文化和现代文化集合的图腾。图案和谐融汇，红金吉祥映衬，凝聚东方文化的精髓。挺拔傲立，充满生机，体现果断进取的精神。标志造型气势磅礴，沉着矫健。呈高瞻远瞩、胸怀万物、根基稳固之三态：一为睿智定乾坤；二是同心创辉煌；三生万物盛千里代表深圳航空“沉稳、诚信、进取”的理念。标志是企业的形象和文化，体现企业的精神和凝聚力，是企业的守护神。

图 3-3-13　深航航徽

（5）四川航空股份有限公司

四川航空股份有限公司，简称“川航”，其前身四川航空公司成立于 1986 年 9 月 19 日，1988 年 7 月 14 日正式开航（图 3-3-14）。现运营中国国内最大的全空客机队 112 架飞机，执飞国内、地区、国际航线超过 240 条，航线网络覆盖亚洲、欧洲、澳洲及北美洲地区。

图 3-3-14　川航客机

1）企业简介。1986 年 9 月 19 日，四川省航空公司在成都注册成立（1991 年 11 月更名为四川航空公司）。1988 年 7 月 14 日川航正式开航。1992 年以融资租赁、易货贸易的方式引进了 4 架图 -154 飞机，使川航实现了从支线经营到干线运输质的飞跃。1995 年，川航率先在国内引进被誉为“跨世纪机型”的空中客车 A320 飞机，并逐步建立起西部最大的空客机队，使公司的运输航线逐渐向全国各主要城市扩展。按照企业发展规划，川航将力争到 2020 年年底，机队规模超过 180 架，500 亿资产规模、5 个分公司以上规模基地的成熟中型航企。

21 世纪国家西部大开发战略的实施，为中国西部地区经济发展和川航的发展提供了难得的历史机遇。川航人把握时代脉搏，加快改革步伐，2000 年率先在国内乃至亚太地区引进了 5 架被誉为“老百姓公务机”的巴西 EMB145 飞机，投入以中国西部为重点的支线航空运输，构筑辐射全国的纵跨南北、横贯东西的干、支线航空运输网络，并积极寻求合作伙伴，开始了公司的股份制改造。2002 年 8 月 29 日，四川航空集团公司和四川航空股份有限公司同时挂牌正式成立。我国民航首家跨地区、跨行业、跨所有制、真正意义上的股份制航空公司诞生，标志着川航的发展进入了一个新的历史时期。

川航先后在 2006 年 11 月和 2009 年 3 月向民营鹰联航空注资，2009 年 11 月参与重组鹰联航空，成为最大股东，并更名为成都航空；2007 年，川航参与投资成立东北航空；2010 年，参与重组东北航空，成立河北航空。公司总部及第一基地在四川成都双流国际机场，第二基地重庆分公司设在重庆江北国际机场。

图 3-3-15 川航航徽

2）企业标志。川航航徽（图 3-3-15）中的 4 条波浪线代表四川省的 4 条江水系，即嘉陵江、岷江、沱江、涪江；赤代表四川；江鸥代表飞机；外部圆圈代表地球。其寓意是，在四川改革开放的风顶浪尖上诞生的四川航空公司，伴随着社会进步发展的潮流，立志飞向全国，飞向世界。

（6）厦门航空有限公司

厦门航空有限公司，简称“厦航”，成立于 1984 年 7 月 25 日，是由中国民航局与福建省合作创办的中国首家按现代企业制度运营的航空公司（图 3-3-16）。现股东为南航（51%）、厦门建发集团有限公司（34%）和冀中能源股份有限公司（15%）。

图 3-3-16 厦航客机

1）企业简介。厦航总部设在厦门，在福州、杭州、南昌、天津、长沙设有分公司，在境内外 40 多个大中城市设有营运基地、办事处和营业部。厦航选择技术先进、安全舒适的现代化飞机构建机队。截至 2016 年 1 月，厦航机队全部为美国波音公司生产的大中型干线客机，机队总数为 147 架（不含未交付），计划到“十三五”末，厦航机队规模将达到 268 架。厦航经营国内航线 220 余条，国际及地区航线近 30 条，每周执行航班 3200 多个，构建了以厦门、福州、杭州为核心，覆盖全国、辐射东南亚、连接港澳台地区的航线网络，设有福州、杭州、天津、南昌、北京、长沙、泉州 7 家分公司，以及 48 个驻境内外营业部、办事处，总资产突破 350 亿元，净资产达到 130 亿元，是中国民航业唯一连续保持 28 年盈利的航空公司。

2012 年 11 月 21 日，厦航正式加入天合联盟，成为天合联盟的第 19 位成员，也是该联盟在大中华地区继中国南方航空、中国东方航空、台湾中华航空之后的第四个天合联盟成员。

2）企业标志。2012 年 7 月 25 日，厦航在厦门举行新标志启动仪式暨成立 28 周年庆典，正式发布全新的企业 LOGO（图 3-3-17）“一鹭高飞”和飞机涂装“海阔天空”，这是厦航在新时期谋新求变促发展的切实举措，新标志的启用拉开了厦航新一轮跨越发展的大幕。全新的企业标志在原有设计的美好寓意的基础上，淡化原有视觉上的束缚感，强化视觉张力，同时沿用经典的“厦航蓝”，使新的白鹭造型更加简洁舒展、大气有冲劲，更具活力与现代感。新标志更凸显厦航新战略的恢宏气势，同时将“向高飞、向远飞、向外飞”的发展战略和企业文化的核心要素“诚信、坚毅、和谐、精进”进行了完美的形象展示。

图 3-3-17　厦航标志

新飞机涂装名为“海阔天空”，以交汇融合的海浪造型，代表着厦航诞生于滨海城市，兼备海洋文化的包容大气，以及受闽台文化滋润成长的人文魅力。

（7）山东航空股份有限公司

山东航空股份有限公司，简称“山航”，成立于 1999 年 12 月 13 日，其前身系成立于 1994 年的山东航空有限责任公司（图 3-3-18）。山航由山东航空集团有限公司、浪潮集团有限公司、山东华鲁集团有限公司、山东省水产企业集团总公司和鲁银投资集团股份有限公司发起重组而成立。山东航空集团有限公司将航空客货运输业务折股投入山航。

图 3-3-18　山航客机

1）企业简介。山航主要从事山东省内和经批准的由山东省始发至国内部分城市的航空客货运输业务；开展与航空有关的其他服务和经营性业务。总部设在济南，在青岛、烟台、厦门、重庆设有分公司。控股青岛国际航空物流中心有限公司，参股四川航空股份有限公司。山东航空股份有限公司是中国民航经营航空运输业务涉及支线航空业务的航空公司之一。

2004 年，山东航空集团有限公司与中国航空集团公司通过股权转让，中国国际航空股份有限公司同时持有山东航空集团有限公司（山航集团第一大股东）、山东航空股份有限公司的股权，成为山航实际控制人。

截至 2016 年 9 月，山航拥有 B737 系列等飞机 100 架，“十三五”规划到 2020 年，机队规模将达到 160 架左右；目前在济南、青岛、烟台、厦门、重庆、北京、乌鲁木齐、贵阳等地设有分公司和飞行基地。形成了以山东、厦门、重庆为支点的“大三角”航线网络。目前经营国内、国际、地区航线共 160 多条，每周 3700 多个航班飞往全国 80 多个大中城市，开通我国台湾地区航线，还开通韩国、日本、泰国、柬埔寨、印度等国际航线。

图 3-3-19　山航航徽

2）企业标志。企业标志（图 3-3-19）中的 3 个“S”形曲线代表擅长飞翔，纪律严明的飞燕，同时也是团结一致的象征。飞燕的 3 个“S”形翅膀，看上去像“山”字，3 个“S”分别代表“山东”“成功”“安全”的英文首字母。航徽的周围对称的 8 条平行线段组成机翼形状，代表山航永远稳健安全的飞翔。

（8）海南航空股份有限公司

1）企业简介。海南航空股份有限公司，简称“海南航空”或“海航”，是一家总部设在海南省海口市的中国第一家 A 股和 B 股同时上市的航空公司，是海航集团旗下航空公司之一，中国内地唯一一家 SKYTRAX 五星航空公司（图 3-3-20）。海航是继国航、南航及东航后中国第四大航空公司。

图 3-3-20　海南航空客机

海航于 1993 年 1 月成立，起步于中国最大的经济特区海南省，是中国发展最快和最有活力的航空公司之一，致力于为旅客提供全方位无缝隙的航空服务。

海航拥有 B737、B787 系列和 A330 系列为主的年轻豪华机队，截至 2015 年 12 月 31 日，共运营飞机超过 202 架，适用于客运和货运飞行，为旅客打造拥有独立空间的宽敞舒适的全新商务舱。

1993 年至今，在以海口为主基地的基础上，先后建立了北京、西安、太原、乌鲁木齐、广州、大连、深圳 7 个航空营运基地 / 分公司。航线网络遍布中国，覆盖亚洲，辐射欧洲、北美洲，开通了国内外航线 700 余条，通航城市近 100 个。

自开航以来，海航连续安全运营 20 年，保持了良好的安全记录，服务赢得广大旅客和民航业界的一致认可。自 2011 年起，海航凭借高品质的服务水平及持续多年的服务创新，连续 6 次荣膺 SKYTRAX 全球五星级航空公司。2016 年更是屡获殊荣，不仅斩获海南省首届政府质量奖，更一举揽下备受全球瞩目的世界旅游大奖中的亚洲最佳航空公司、亚洲最佳商务舱、亚洲最佳空服人员、亚洲最佳机上餐饮 4 项大奖，并被《财富》杂志评选为“最受赞赏的中国公司”明星榜第 25 名。

海航传承“东方待客之道”，倡导“以客为尊”的服务精神，遵循“SMILE”服务准则，传递“不期而遇，相伴相惜”品牌理念，彰显“东方之美”的国际化新品牌形象，立志成为中华民族的世界级航空企业和世界级航空品牌。

2）企业标志。海航的标志（图 3-3-21）分别由“大鹏金翅鸟”的金翅膀、头顶日月宝珠（如意珠）、金角、鸟嘴造型、如意祥云等元素组成。

图 3-3-21 海航航徽

海航标志的顶端，是日月宝珠，喻义东方文化中至高至深的自然，正如中国老子的《道德经》中云：“人法地，地法天，天法道，道法自然”。自然辽阔而深邃，充满玄理，万物生生不息，依自然之律而生长而扩展，海航将依自然昭示的法则而生长、扩展，而至无限空间。

海航企业标志的环形构图，从东方文化传说中的大鹏金翅鸟幻化而成。东方文化传说中，距天绝近绝高者唯有大鹏金翅鸟。大鹏金翅鸟通体金光璀璨，头顶日月宝珠。大鹏金翅鸟双翼广大，一振翅可九万里。大鹏金翅鸟性易激愤，为有牺牲多壮志，敢教日月换新天。大鹏金翅鸟乘祥云而行，背负青天朝下看，慈悲心化作万钧力，带给人间和谐与吉祥。大鹏金翅鸟双翼巨大，如庄子《逍遥游》所云：“其翼若垂天之云。”凭此如垂天之云的双翼，海航将为中华民族而振翅高飞，其势将无穷而无限。

图形底部是浪花的写意表达，喻义海航将“一石激起千层浪，惊涛拍岸，卷起千堆雪”。东方传说中，水浪纹又是云纹，云蒸霞蔚，水浪花凝成两朵如意，宣示海航愿天下人和谐一家的情怀。

（9）上海吉祥航空有限公司

1）企业简介。上海吉祥航空股份有限公司，简称“吉祥航空”，系“中国民企百强”企业——上海均瑶（集团）有限公司的控股子公司，注册资本为 5 亿元人民币。吉祥航空以上海为主运营基地和维修基地，以上海虹桥国际机场和浦东国际机场为飞行基地，经营范围包括国内航空客货邮运输、商务旅游包机业务，内地至香港、澳门特别行政区和周边国家的航空客货运输业务。

吉祥航空于2006年9月25日正式开航运营（图3-3-22）。至今，已拥有51架全新A320系列飞机，平均机龄为3年，是世界上最年轻的机队之一，实现上海基地2场（虹桥机场、浦东机场）航线始发经营，市场目标定位中高端公务、商务和休闲旅游市场，现已开通上海往返80余条国内、国际及地区客运航线，总数达80余条，通航点约为70个。日均航班量为240～250班次，日均运输旅客3.4万人次，年运输旅客过千万人次。

吉祥航空将“吉祥凤凰”作为企业的标志，力求通过对中国传统文化的国际化阐释，在中国航空界和国际航空界塑造一个为客户提供舒心优质服务的百年航空品牌。

图3-3-22　吉祥航空客机

2）企业标志。吉祥航空标志（图3-3-23）的创意灵感来自以吉祥凤凰为图案的中国古代的圆形玉佩。

图3-3-23　吉祥航空航徽

凤凰是自由翱翔的化身，和航空产业联系紧密，寓意吉祥和太平。“出于东方君子之国，翱翔四海之外，过昆仑，饮砥柱，濯羽弱水，莫（暮）宿风（丹）穴，见则天下大安宁。”（汉代许慎《说文解字》）。同时，君子比德于玉。玉蕴含着深厚的人文内涵，是吉祥如意的瑞物，代表了吉祥航空既有外表的明智，又兼具内在的诚实守信、乐观进取、坚忍不拔的崇高精神，象征着吉祥航空的品牌将和宝玉一样，经过时间的淬炼，更显出自身的价值。

吉祥航空标志的颜色则是中国传统的吉祥色——含蓄的酒红色和典雅的金色作为主色调，结合吉祥凤凰的设计元素，经过法国设计师对图形线条的现代化处理，以色彩和图形的完美结合（金为阳、玉为阴）而成吉祥，充分体现了中国文化和世界文化的融合以及吉祥航空所提供的高品质、便捷的服务和媲美国际水平的至臻愿望，是稳重与激情的结合。唯有这种沉静与跃动的统一，才能构成世界上最绚烂华美的色彩，最辉煌富丽的图腾，最激情迸发的力量，最完美无瑕的永恒。有包藏宇宙之机，吞吐天地之志。充分显示了均瑶人“创新实现价值”的精神追求。

（10）春秋航空股份有限公司

1）企业简介。春秋航空股份有限公司，简称“春秋航空”，是中国首批民营航空公司之一，也是首家由旅行社起家的廉价航空公司，基地在上海（图3-3-24）。春秋航空经中国民用航空总局批准成立于2004年5月26日，由春秋旅行社创办，注册资本8000万元人民币，创立之初，只有3架租赁的A320飞机，经营国内航空客货运输业务和旅游客运包机运输业务。经过民航局方对公司严格的运行合格审定，2005年7月18日首航，运营国内航线70余条和覆盖日、韩、东南亚等国的国际航线17条。

图3-3-24 春秋航空客机

春秋航空创新起步，安全、平稳运行，公司采用低成本模式运营，提高运营效率及降低运营成本。例如，其自行建立飞机离港系统及机票销售网站，不进GDS全球分销系统，机票主要通过自有渠道（如网站、门店等）直销，降低渠道费用。另外，春秋航空将非必要服务（如机上餐食、行李额度、延误及签转等）从机票价格中剥离，最大程度地降低机票价格，创造了99元系列、1元机票、0元机票，促使其平均客座率连续几年达95%以上。

春秋航空以“让更多的普通大众坐得起飞机”为目标，打造了“三多”新市场：旅客第一次乘飞机的多；周边来乘飞机的多；自费掏腰包客人多。

图3-3-25 春秋航空航徽

2）企业标志。春秋3S标志（图3-3-25）的含义如下。

① 春秋的优质服务：微笑（smile）、真诚（sincere）和优质服务（service）。

② 游客向往的地方：阳光（sun）、沙滩（sand）、海洋（sea）。

③ 3S标志与上海市徽保持一个寓意，表示不断开拓进取，勇往直前的精神。

3S的外形正像是航船和飞机的螺旋桨，动力的标志。3S颜色选择绿色表示新的生命力，春天的复苏。

知识链接

廉价航空公司

由几家固定航班航空公司遵循“低成本”的理念运营，这些航空公司被称为“廉价航空公司”。与其他普通的定期航班航空公司相比，旅客在飞行途中享受到的服务较少，可供选择的几种饮料和零食是要用钱买的，飞机上不供应饭菜。

以往，这些廉价航空公司都选择设备使用费较低的二流机场，以利于降低机票的价格。现在，根据公众的要求，它们也开始使用一些一流机场。

飞机停在机场停机坪是要付费的，所以这些廉价航空公司尽力使它们的飞机在空中飞行，缩短在机场停留的时间。它们要求机舱乘务员在途中做机舱清洁整理工作，从而节省清洁费用，缩短地面等待时间。省下来的钱用来降低机票的价格，从而为旅客提供迅捷、高效的空中旅行。

低成本运营的概念通常适用于短途航程，这一策略对长途航程意义不大。

（资料来源：根据相关资料整理）

（11）奥凯航空有限公司

1）企业简介。奥凯航空有限公司，简称“奥凯航空”，是经中国民用航空总局批准，中国大陆第一家开飞的民营航空企业（图 3-3-26）。奥凯航空总部位于北京市，下设天津、湖南、陕西分公司，并在天津、长沙、西安设有运营基地。截至 2016 年 11 月，奥凯航空拥有 21 架飞机（20 架 B737 系列客机、1 架 B737 系列货机），累计执飞 100 多条国内外航线，运送旅客超过 2000 万人次。

图 3-3-26　奥凯航空客机

2008 年 11 月 22 日，因董事长王均金认为无法承担安全责任，奥凯航空向民航局华北局提出停航的请求。华北局收到奥凯航空暂停全部客运航线的请示后，于 12 月 3 日批复同意该公司自 2008 年 12 月 15 日起暂停全部客运航班的申请。12 月 6 日，奥凯提前停止客运航班，造成大量旅客滞留天津机场。2009 年 1 月 15 日，民航华北地区管理局收到奥凯航空有限公司递交的复航申请，经审查组审查后，依法批复奥凯恢复运营。

2010年2月，大田集团全资收购奥凯航空，中国物流界的传奇人物王树生先生出任奥凯航空法定代表人、董事长。至此，奥凯航空进入全新的发展阶段。奥凯航空将以“客货并举，干支结合”的发展战略向社会提供安全、舒适、便捷的优质服务，打造不断创新、充满活力、独具特色的国内领先航空公司，为促进地区经济的发展和建设中国民航强国事业贡献力量。

2）企业标志。祥云抽象图案是奥凯航空的企业标志（图3-3-27）。

图3-3-27 奥凯航空航徽

设计释义：源于中国古代“平安如意”云纹造型，据此又衍生出富于动感的飞翔动态；以“云”和“飞”为主要设计元素，准确表达了航空业务特质，隐喻“安全”与“迅捷”两个行业元素。

用色释义：标志用色为橙、蓝。橙色是繁荣与骄傲的象征，代表着力量、智慧、震撼和光辉；蓝色象征奥凯航空前景如蓝天、大海般无限广阔与深远，和谐幸福永伴宾客。

形象释义：祥云图案暗合了中国古文化对平和幸福、前程远大等美好事物的精辟阐述，象征奥凯航空事业吉祥如意、欣欣向荣。

（12）国泰航空有限公司

1）企业简介。国泰航空有限公司，简称“国泰航空”，是香港第一所提供民航服务的亚洲航空公司，以香港国际机场作为枢纽，亦是寰宇一家的重要成员（图3-3-28）。国泰航空于1946年9月24日由美国籍的Roy C. Farrell及澳大利亚籍的Sydney H. de Kantzow成立。最初，他们均以澳华出入口公司的名义在上海发展，后来才因保护主义问题迁往香港，并注册为国泰航空公司（Cathay Pacific Airways）。初时以两架改装自C-47运输机的DC-3营运航班，开办往返马尼拉、曼谷、新加坡及上海的客运及货运包机航班。国泰航空是香港第一所提供民航服务的航空公司。1948年，收购了当时国泰航空的四成半股权。港英政府后来把香港以南的航线分予国泰航空经营，以北的则交予国泰航空唯一本地对手香港航空经营。直至1958年，国泰航空收购香港航空，正式雄霸本地航空业及进军东北亚市场。

图3-3-28 国泰航空客机

1985年，香港一批华资商人合作创办国泰港龙航空，试图改变国泰航空垄断香港航空业的局面。1990年1月17日，太古洋行及国泰航空向国泰港龙航空大股东曹氏家族购入共35%股权，中信集团则把持股量增加至38.3%，并由国泰取得管理权。

2006年9月28日，国泰航空正式完成收购国泰港龙航空，并因此而正式取代日本航空，成为亚洲最大的航空公司。并于2006年12月1日起，就往北京及上海与国泰港龙航空实施代码共享。

图3-3-29 国泰航空航徽

2）企业标志。2016年1月22日，国泰航空首架采用新涂装的747-400ERF亮相。2015年11月，国泰在777-300ER上启动了新涂装：换上线条更流畅的新“翘首振翅”标志（图3-3-29）；简化国泰色谱为绿、灰、白3色；突显国泰名字和“翘首振翅”图案。其中，以机首、机身及尾翼部分的改动最为显著。

（13）国泰港龙航空有限公司

国泰港龙航空有限公司，简称“国泰港龙航空”，是香港第二大航空公司，以香港国际机场作为枢纽。客运航点包括亚洲各地，以中国内地为主要市场；货运路线则更涵盖欧洲、中东及北美地区。国泰港龙航空于1985年5月由商人曹光彪、包玉刚、霍英东及中资机构华润、招商局等组成的“港澳国际投资有限公司”成立，并于同年7月开始营运，以一架B737客机服务来往中国香港和马来西亚沙巴的亚庇。公司成立之初名为港龙航空（Hong Kong Dragon Airlines）。

1986年，国泰港龙航空将英文名称由Hong Kong Dragon Airlines改为Dragonair，中文名称维持不变。1987年，港龙航空成为首家以香港为基地的航空公司加入国际航协（IATA）。2016年1月28日，港龙航空易名为国泰港龙航空，英文名称为Cathay Dragon（图3-3-30、图3-3-31）。

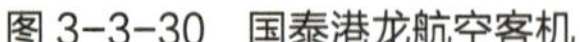

图3-3-30 国泰港龙航空客机

图3-3-31 国泰港龙航空航徽

2006年6月9日，国泰航空发表声明，指有关在收购国泰港龙航空一事上已与其他相关公司达成协议。同年9月28日，国泰港龙航空正式成为国泰航空全资附属公司，并宣布裁减191名员工。国泰港龙航空2007年加入寰宇一家。国泰港龙航空每周提供约400班航班前往中国内地，为旅客提供优质的航空服务。凭着其广阔的内地航空网络、频密的班次，以及在内地营运航班服务的丰富经验，国泰港龙航空连续6年在Skytrax研究机构的旅客调查中，获选为“中国地区最佳航空公司”，2008年被该机构选为“东南亚地区最佳区域航空公司”，于2010年及2011年更获选为“全球最佳区域航空公司”。

（14）澳门航空股份有限公司

1）企业简介。澳门航空股份有限公司，简称“澳门航空”，是一家以中华人民共和国澳门特别行政区为基地的航空公司（图3-3-32），澳门航空成立于1994年9月13日，股东分别为中国国际航空公司（51%）、TAP葡萄牙航空公司（20%）、澳门旅游娱乐有限公司（14%）、长荣航空（5%）、澳门政府（5%），以及其他公众投资者（5%）。1995年11月9日投入商务飞行，首次派飞机从澳门至北京和上海航线。

图3-3-32 澳门航空客机

澳门航空是基地位于澳门的地区性国际航空公司，提供到中国台湾、中国内地，以及欧洲、东南亚与东亚的航线。主要枢纽基地是澳门国际机场。

图3-3-33 澳门航空航徽

2）企业标志。澳门航空的标志（图3-3-33）是由代表着澳门的莲花和象征着和平的鸽子组成。展翅的鸽子展示我们对安全、可靠、优质服务的要求。树立美好形象，提供一流服务，让旅客在安全、祥和与舒适环境中遨游世界。

（15）中华航空股份有限公司

中华航空股份有限公司，简称“华航”，于1959年12月16日成立，首航航线为台北—日月潭（图3-3-34、图3-3-35）。华航成立初期多半为军事任务。1962年开设第一条定期航班是台北至花莲的航线。1966年开设台北到越南西贡（今称胡志明市）的航线，为华航的第一条国际航线。

图3-3-34 中华航空航徽

图3-3-35 中华航空客机

20世纪80年代起，华航开始扩张并转型为客货运并行发展之航空公司。1983年，华航开办欧洲之卢森堡货运航线；1993年开航德国法兰克福客运航线，使其航点又再度往欧洲地区扩张。2003年1月26日，中华航空和其他5家台湾航空公司执行首次春节台商包机任务，为中断了54年的海峡两岸通航展开一个新的里程碑；华航“CI585”成为首架降落在大陆上海浦东国际机场的台湾航空公司正常航班。2011年9月29日，中华航空成为天合联盟成员。

（16）长荣航空股份有限公司

长荣航空股份有限公司，简称“长荣航空”，是由台湾航运界巨子张荣发所创办的航空公司，总部位于台湾桃园县芦竹乡南崁。长荣航空 1989 年 3 月正式成立，1991 年 7 月 1 日正式开航，与主要以台湾岛内航线为主的立荣航空同属长荣集团（图 3-3-36、图 3-3-37）。

图 3-3-36　长荣航空航徽

图 3-3-37　长荣航空客机

2003 年长荣航空成立欧洲货运中心。2005 年荣获 IATA 评选为 2004 世界十大航空货运公司。长荣航空采用客、货运并重的经营策略，客、货运比例已将近 50% ∶ 50%，营业额亦逐年增长。长荣航空是台湾地区消费者心目中理想品牌调查国际航线第一名品牌。

在长荣集团“挑战、创新、团队”的一贯企业文化下，长荣航空充分发挥“飞航安全快捷、服务亲切周到、经营有效创新”的经营理念，创新服务品牌。以“分享让飞行更愉悦”为诉求，持续延伸服务领域，坚持以最好的品质，满足各种旅客不同的需求。无论在客舱规划、内装设备及整体服务品质，皆将追求最具国际化竞争实力的体制。

中国人民航空公司始末

1952 年 5 月 7 日，政务院、中央军委做出《关于整编民用航空的决定》。同年 7 月 17 日，军委民航局发出通知：“奉政务院和中央军委联合命令，设立中国人民航空公司（图 3-3-38、图 3-3-39）。公司经理部设在天津镇南道 40 号，自即日起开始办公。”

图 3-3-38　中国人民航空公司武汉营业处

图 3-3-39　在《川西日报》上刊登的广告

中国人民航空公司除了在天津镇南道 40 号设立经理部，并在天津、武汉、广州、南宁、昆明、重庆等地分设了营业处。

8 月 5 日，中央军委任命方槐为中国人民航空公司经理，李平为副经理。中国人民航空公司是新中国创办的第一个国营民用航空运输企业，周恩来总理为公司题写了司名。

1953 年 6 月 9 日，军委民航局局长朱辉照发布命令“为减少组织层次，统一业务管理，提高效率，以适应民航事业的发展，兹奉军委空军批示，将中国人民航空公司与局合并，自即日起执行。”中国人民航空公司尽管存在时间较短，却是新中国民航政企分开，改革管理体制的一次尝试。

（资料来源：根据相关资料整理）

知识链接

航空联盟

1．星空联盟

星空联盟（图 3-3-40）是目前全球最大的航空联盟。1997 年 5 月 14 日，加拿大航空公司、德国汉莎航空公司、北欧航空公司、泰国国际航空公司和美国联合航空公司发起并组建了全球航空联盟——星空联盟。目的是借由共享软硬件资源与航线网等方式，强化联盟各成员竞争力。

2．寰宇一家

寰宇一家（图 3-3-41）是于 1998 年 9 月由美国航空公司、英国航空公司、原加拿大航空公司、国泰航空公司及澳洲航空公司宣布有意合组航空联盟的。1999年2月1日，寰宇一家航空联盟正式运作，各成员开始提供一系列的优惠措施。结盟使航空公司获益明显，尤其是香港国泰航空公司在很大程度上补足了其他盟友在远东市场的份额。

3. 天合联盟

天合联盟（图3-3-42）是航空公司所形成的国际航空服务网络。2000年6月22日，由法国航空公司、达美航空公司、墨西哥国际航空公司和大韩航空公司联合成立天合联盟。2004年9月，与飞翼联盟合并后，荷兰皇家航空公司、美国西北航空公司以及美国大陆航空公司亦成为其会员。

图3-3-40 星空联盟标志

图3-3-41 寰宇一家标志

图3-3-42 天合联盟标志

（资料来源：根据相关资料整理）

3.3.2 国内主要航空运输服务保障企业

1. 中国航空器材集团公司

中国航空器材集团公司，简称“中国航材”，组建于2002年10月，是国务院国有资产监督管理委员会管理的中央企业，并且是中国民航六大航空运输及保障集团之一（图3-3-43）。公司的前身是中国航空器材公司，1980年10月经国家进出口管理委员会批准成立，是中国民航系统成立的第一家公司。1995年更名为中国航空器材进出口总公司。2002年10月，民航运输及服务保障企业联合重组，成立了3家航空运输集团公司和3家航空服务保障集团公司，中国航空器材进出口集团公司作为3家航空保障集团公司之一，经国务院批复正式组建。2008年1月更名为中国航空器材集团公司。

图3-3-43 中国航空器材司标

中国航材是专门从事飞机采购及航空器材保障业务的专业公司。近30年来，公司为国内各航空公司购买和租赁飞机计2000余架；进口了数量众多的机场各种配套设施、专用车辆及大型的空中交通管制系统和校验设备等；截至2011年12月31日，公司资产总额近70亿元。

中国航材成立以来，与空客公司和波音公司签订了共计19个批次，采购1400余架飞机的框架协议。多次批量采购的圆满完成为降低航空公司采购成本发挥了积极作用，同时深化了中国航材与各航空公司在多领域的良好合作关系。

中国航材成立之后，在继续巩固传统飞机和航材贸易业务的基础上，努力拓展新业务领域，确立了新的愿景目标：“成为航空业界不可替代的、以航空器材保障为主业的特殊性综合服务提供商。”基于此愿景目标，努力建立集贸易分销与物流、航空维修与制造、航空租赁、地面设备与工程为一体的新型业务体系，并获得长足发展，成功实现了业务转型。中国航材将努力发展成为航材贸易、分销及相关物流业务的引领者；航空维修与制造目标细分市场的重要参与者；中国航空租赁业务的先行者；民航地面设备与工程服务的主要提供者。

2. 中国航空油料集团公司

中国航空油料集团公司，简称“中国航油”，成立于 2002 年 10 月 11 日，是以原中国航空油料总公司为基础组建的国有大型航空运输服务保障企业，是国内最大的集航空油品采购、储运、销售、加注为一体的航油供应商，是国务院国资委所属的中央企业（图 3-3-44）。

图 3-3-44 中国航油司标

中国航油下属主要企业有中国航空油料有限责任公司、中国航油集团陆地石油公司、中国航油集团海天航运公司、中国航油（新加坡）股份有限公司等 13 个全资、控股公司，以及 6 个参股公司。

中国航油已成为亚洲第一大航油供应商，2011 年以 2221 亿元的营业收入荣登《财富》世界 500 强第 318 位、2012 年中国企业 500 强第 38 位。

为了增强中国航油的竞争力和持续发展能力，中国航油正在加快实施集团公司发展战略，积极参与国际竞争与合作，以资源、市场、国际化战略为基础，以航油业务为核心业务，协同发展物流和海外业务，积极培育相关油化业务，不断增强贸易、物流及资本运营能力，切实提高资源控制力、运营效率和抗风险能力，努力将中国航油建设成为具有国际竞争力的大公司、大集团，为保障国家能源安全和促进交通运输业可持续发展做出新的贡献。

3. 中国民航信息集团公司

中国民航信息集团公司，简称“中国航信”，正式组建于 2002 年 10 月，属国资委管理的中央企业（图 3-3-45）。中国民航信息网络股份有限公司是在 2000 年 10 月，由中国民航计算机信息中心联合当时所有国内航空公司发起成立，2001 年 2 月

图 3-3-45 中国航信司标

在香港联交所主板挂牌上市交易。2008 年 7 月，中国航信以中国民航信息网络股份有限公司为主体，完成主营业务和资产重组并在香港成功整体上市。公司实收资本 19.5 亿元人民币，资产总额 105 亿元人民币。现有员工 4300 多人，总部设在北京。

在见证和参与民航业 30 年改革发展的过程中，中国航信经历了最初几十人组成的民航机关单位、事业单位、企业单位、上市公司、集团公司的发展历程，实现了自身的发展壮大。到 2011 年 8 月，中国航信下属 15 家分公司、24 家附属公司（包括我国香港，以及日本、新加坡、韩国、欧洲、美国公司）、9 家联营公司，服务的客户包括近 30 家国内航空公司以及近 200 家地区及海外航空公司，国内 169 家机场以及近 7000 家机票代理人，服务范围覆盖到 300 个国内城市、80 个国际城市，并通过互联网进入社会公众服务领域。

中国航信的主营业务是面向航空公司、机场、机票销售代理、旅游企业及民航相关机构和国际组织，全方位提供航空客运业务处理、航空旅游电子分销、机场旅客处理、航空货运数据处理、互联网旅游平台、国际国内客货运收入管理系统应用和代理结算清算等服务，是目前航空旅游行业领先的信息技术及商务服务提供商。如今形成了相对完整的、丰富的、功能强大的信息服务产品线和面向不同对象的多级系统服务产品体系，极大地提高了行业参与者的生产效率。

中国航信将始终秉承“把安全放在首位，用服务赢得客户，让信息创造价值”的企业理念，以整体上市为契机，按照三年夯实基础，五年稳步提高，十年发展壮大的步骤，加快实施“做强做大走出去”的发展战略，致力成为具有国际竞争力的一流公司。

3.4 民航机场

机场可分为两大类：军用机场和民用机场。有些则是既供军用又供民用的军民合用机场。

民用机场包括：为航空运输使用和服务的运输机场；为工农业生产飞行使用的通用航空机场；为飞机研制、修理后进行试飞的工厂用机场；为培养训练民航飞行人员的学校用机场；还有如航空俱乐部使用的机场，也归于民用机场一类。

具备相当规模、设施比较完善的民航运输机场，也可称为航空港。规模较小、设施比较简单的民航运输机场称为航空站或航站。

3.4.1 机场的划分

机场作为商业运输的基地可以划分为飞行区、地面运输区和候机楼区 3 部分。

1. 飞行区

飞行区分为空中部分和地面部分。

（1）空中部分

空中部分指机场的空域，包括进场和离场的航路。

（2）地面部分

地面部分包括跑道、滑行道、停机坪和登机门，以及一些为维修和空中交通管制服务的设施和场地，如机库、塔台、救援中心等。

2. 地面运输区

地面运输区是车辆和旅客活动的区域，包括机场进入通道、机场停车场、内部道路和道路周边隶属机场管辖的区域。

（1）机场进入通道

机场是城市的交通中心之一，而且有严格的时间要求，因而从城市进出空港的通道是城市规划的一个重要部分，大型城市为了保证机场交通的通畅都修建了从市区到机场的专用高速公路，甚至还开通地铁和轻轨交通，以方便旅客出行。在考虑航空货运时，要把机场到火车站和港口的路线同时考虑在内。

（2）机场停车场、内部道路

机场还须建有供接送旅客、机场工作人员、观光者和出租车等需求的停车场，以及供机场保障车辆、人员通行的相应内部通道。

3. 候机楼区

候机楼区包括候机楼建筑本身以及候机楼外的登机机坪和旅客出入车道，它是地面交通和空中交通的结合部，是机场对旅客服务的中心地区。

（1）登机机坪

登机机坪是指旅客从候机楼上机时飞机停放的机坪，这个机坪要求能使旅客尽量减少步行上机的距离。按照旅客流量的不同，登机机坪的布局可以有多种形式，如单线式、指廊式、卫星厅式等。旅客登记可以采取从登机桥登机，也可采用车辆运送登机。

（2）候机楼

候机楼分为旅客服务区和管理服务区两大部分。旅客服务区包括值机柜台、安检、海关，以及检疫通道、登机前的候机厅、迎送旅客活动大厅及公共服务设施等。管理服务区则包括机场行政后勤管理部门、政府机构办公区域及航空公司运营区域等。

按照所服务的航线和规模，我国的民航运输机场大致可以分为 3 类：第一类是连接国际、国内航线密集的大型枢纽机场，如北京首都国际机场、上海浦东国际机场和广州白云机场，这 3 个机场也是中国主要的国际门户机场；第二类是以国内航线为主、空运量较为集中的国内干线机场，这类机场主要是指省会、自治区首府、重要工业、旅游、开放城市的机场；第三类是地方航线或支线机场，这类机场大多分布在各省、自治区地面交通不太方便的地方，机场规模一般较小，等级也较低。

拓展阅读

国内机场数据

截至2016年年底，中国共有颁证运输机场218个（表3-4-1），比上年年底增加8个。2016年新增机场分别为山西临汾机场、湖北十堰机场、福建三明机场、海南琼海机场、青海果洛机场、内蒙古乌兰察布机场、内蒙古扎兰屯机场、海南三沙机场、云南沧源机场。另外，完成了河北秦皇岛机场、新疆且末机场的迁建。陕西安康机场停航，江西九江机场注销。

表3-4-1 2016年中国各地区颁证运输机场数量

地区	颁证运输机场数量/个	占全国比例/%
全国	218	100.0
其中：东北地区	23	10.6
东部地区	53	24.3
西部地区	110	50.4
中部地区	32	14.7

2016年，中国境内机场主要生产指标保持平稳较快增长，全年旅客吞吐量首次突破10亿人次，完成101635.7万人次，比上年增长11.1%（图3-4-1）。分航线看，国内航线完成91401.7万人次，比上年增长10.3%（其中，内地至香港、澳门和台湾地区航线完成2764.5万人次，比上年下降1.4%）；国际航线首次突破1亿人次，完成10234.0万人次，比上年增长19.3%。

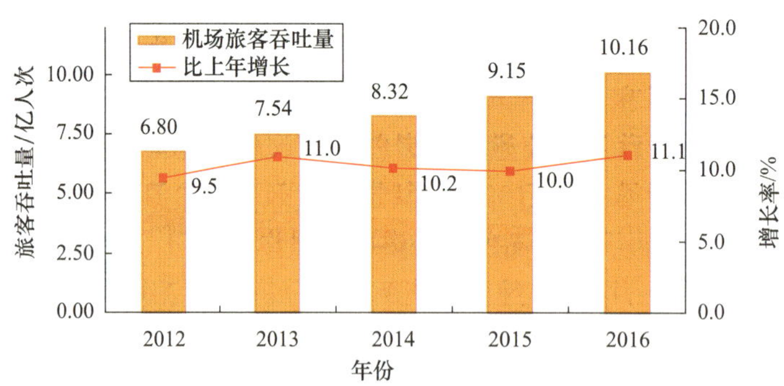

图3-4-1 2012～2016年民航运输机场旅客吞吐量

所有境内机场中，年旅客吞吐量1000万人次以上的机场有28个，较上年净增2个，完成旅客吞吐量占全部境内机场旅客吞吐量的79.1%，其中首都机场突破9000万人次，上海两个机场合计突破1亿人次，北京、上海和广州三大城市机场旅客吞吐量占全部境内机场旅客吞吐量的26.2%。年旅客吞吐量200万～1000万人次的机场有21个，较上年净减1个，完成旅客吞吐量占全部境内机场旅客吞吐量的12.8%。年旅客吞吐量200万人次以下的机场有169个，较上年净增7个，完成旅客吞吐量占全部境内机场旅客吞吐量的8.1%。

2016年国内各地区旅客吞吐量的分布情况是（图3-4-2）：东部地区完成旅客吞吐量5.51亿人次，东北地区完成旅客吞吐量0.62亿人次，中部地区完成旅客吞吐量1.02亿人次，西部地区完成旅客吞吐量3.01亿人次。

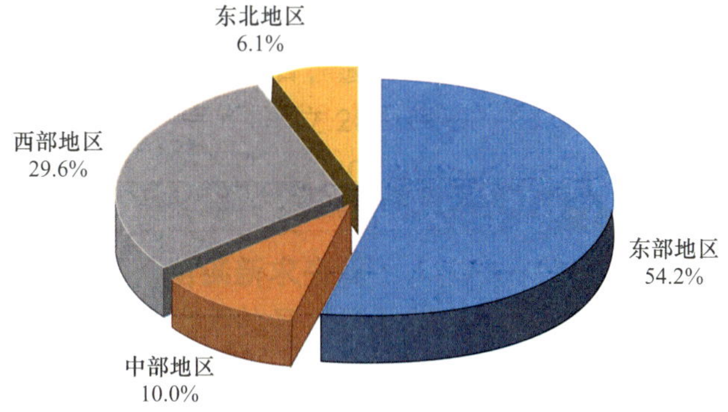

图3-4-2 2016年机场旅客吞吐量按地区分布

2016年中国境内机场完成货邮吞吐量1510.4万吨（图3-4-3），比上年增长7.2%。分航线看，国内航线完成974.0万吨，比上年增长6.1%（其中，内地至香港、澳门和台湾地区航线完成93.6万吨，比上年增长4.2%）；国际航线完成536.4万吨，比上年增长9.1%。

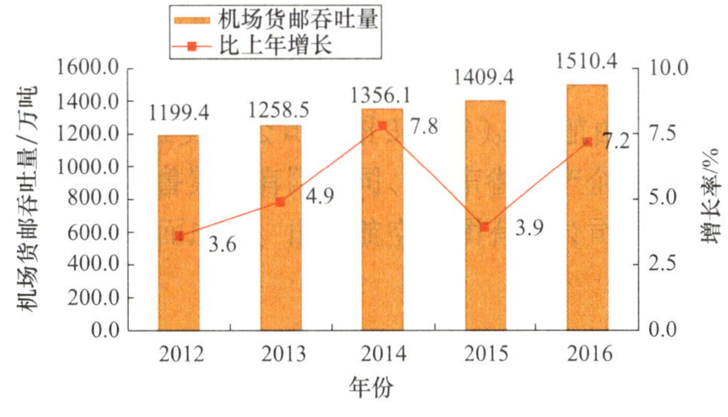

图3-4-3 2012～2016年民航运输机场货邮吞吐量

所有境内机场中，年货邮吞吐量10000吨以上的机场有50个，较上年净减1个，完成货邮吞吐量占全部境内机场货邮吞吐量的98.3%，其中，北京、上海和广州三大城市机场货邮吞吐量占全部境内机场货邮吞吐量的49.6%。年货邮吞吐量10000吨以下的机场有168个，较上年净增9个，完成货邮吞吐量占全部境内机场货邮吞吐量的1.7%。

国内各地区货邮吞吐量的分布情况是（图 3-4-4）：东部地区完成货邮吞吐量为 1131.37 万吨，东北地区完成货邮吞吐量为 53.10 万吨，中部地区完成货邮吞吐量为 95.45 万吨，西部地区完成货邮吞吐量为 230.49 万吨。

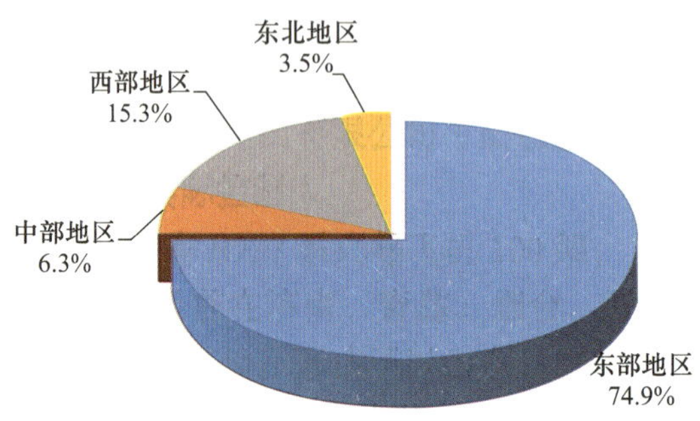

图 3-4-4　2016 年机场货邮吞吐量按地区分布

2016 年是中国经济和社会“十三五”规划的开局之年。自 2016 年后的未来 5 年，配合国家发展战略的实施，中国民航将建设京津冀、长三角和珠三角三大世界级机场群，民航运输机场将达到 270 多个。在此基础上，中国民航将着力打造基于功能定位的机场网、航线网和运行信息监控网三大网络公司。中国机场业将迎来一个全新的发展阶段。

（资料来源：2016年民航行业发展统计公报）

3.4.2　国内民航机场介绍

1. 国内枢纽机场

枢纽机场是指国际、国内航线密集的机场。旅客在此可以很方便地中转到其他机场。枢纽机场是能提供一种高效便捷、收费低廉的服务，从而让航空公司选择它作为自己的航线目的地，让旅客选择它作为中转其他航空港的中转港。枢纽机场既是国家经济发展的需求，也是航空港企业发展的需求。

（1）北京首都国际机场

1）基本信息。北京首都国际机场（以下简称“首都机场”），是“中国第一国门”，是中国最重要、规模最大、设备最先进、运输生产最繁忙的大型国际航空港，是中国的空中门户和对外交流的重要窗口。首都机场位于北京市区东北方向，地理位置处在顺义区，不过由朝阳区管辖，距离天安门广场 25.35 千米。

2）历史沿革。首都机场于 1958 年 3 月 2 日投入使用，是中华人民共和国时期首个投入使用的民用机场，也是中国历史上第四个开通国际航班的机场（前 3 个开通国际航班的分别是 1926 年的上海龙华机场、1937 年的昆明巫家坝机场及 1939 年的重庆白市驿机场)。

图 3-4-5　首都机场 T1 航站楼

首都机场目前拥有 3 座航站楼。机场建成时却仅有一座小型候机楼，称为机场南楼，主要用于 VIP 乘客和包租的飞机。1980 年 1 月 1 日，面积为 6 万平方米的一号航站楼（T1）及停机坪、楼前停车场等配套工程建成并正式投入使用。一号航站楼（图 3-4-5）按照每日起降飞机 60 架次、高峰小时旅客吞吐量 1500 人次进行设计。扩建完成后，首都机场飞行区域设施达到国际民航组织规定的 4E 标准。随着客流量的不断增大，一号航站楼客流量日趋饱和。重新规划的建筑面积达 33.6 万平方米，装备先进技术设备的二号航站楼（T2）（图 3-4-6）于 1995 年 10 月开始建设，并于 1999 年 11 月 1 日正式投入使用。二号航站楼每年可接待超过 2650 万人次的旅客，高峰小时旅客吞吐量可达 9210 人次。二号航站楼投入使用的同时，一号航站楼开始停用装修。2004 年 9 月 20 日，整修一新的一号航站楼重新投入使用，专门承载南航航班。2008 年春，配合首都机场扩建工程（T3）完工（图 3-4-7），一号航站楼封闭改造，南航转往二号航站楼运营。在一号航站楼改造完工后，海南航空集团（国内航线）旗下的海南航空公司、大新华航空公司、天津航空公司、金鹿航空公司（2010 年 5 月 4 日起更名为北京首都航空）取代南航成为一号航站楼的独家运营公司。自此，首都机场的硬件资源得以有效扩充，成为亚太地区首个，也是唯一一家拥有 3 个航站楼、3 条跑道、双塔台同时运行的机场，昂首跨入世界超大型机场行列。

图 3-4-6　首都机场 T2 航站楼

图 3-4-7　首都机场 T3 航站楼

作为欧洲、亚洲及北美洲的核心节点，首都机场有着得天独厚的地理位置、方便快捷的中转流程、紧密高效的协同合作，使其成为连接亚、欧、美三大航空市场最为便捷的航空枢纽。国航、东航、南航、海航等中国国内主要航空公司均已在首都机场设立运营基地。星空联盟、天合联盟和寰宇一家世界三大航空联盟也都视首都机场为重要的中转枢纽。随着日益完善的国际航线网络的形成，使得首都机场成为世界最繁忙的机场之一，每天有超过 90 家航空公司的 1400 个航班将北京与世界 223 个机场紧密连接。“中国第一国门”正朝着建设大型国际枢纽机场的目标大步迈进。

3）吞吐量排名。首都机场建成运营 50 多年来，伴随着历史的脚步，始终昂首向前。尤其是改革开放以来，随着中国经济的快速发展，并得益于北京得天独厚的政治、经济、文化和地理位置优势，首都机场的年旅客吞吐量从 1978 年的 103 万人次增长到 2002 年的 2715.97 万人次，以第二十六位的排名首次跻身国际机场协会世界前三十大最繁忙机场行列。2004 年，旅客吞吐量 3488.32 万人次，排名世界第二十位。2005 年，旅客吞吐量 4100.40 万人次，排名世界第十五位。2006 年，旅客吞吐量 4865.48 万人次，排名世界第九位，首次跻身世界前十大最繁忙机场行列。2010 年，旅客吞吐量 7395 万人次，仅次于美国亚特兰大哈兹菲尔德 - 杰克逊国际机场，排名全球第二位。首都机场从 2012 年开始，年旅客吞吐量正式迈入了 8000 万人次的新台阶。2014 年，首都机场连续 5 年稳居世界第二位，完成旅客吞吐量 8612.8 万人次，运营定期商业航班的航空公司共有 96 家，通航 54 个国家和地区的 111 个航点，国内通航 133 个航点，已构建成遍布全球的航线网络。2015 年，首都机场旅客吞吐量达到 8993 万人次，稳居全球第二位。

目前，北京大兴国际机场，又称北京第二国际机场已开工建设，北京新机场航站区总建筑面积 102 万平方米，超出首都国际机场 T3 航站楼的规模，按照设计目标，北京大兴国际机场 2025 年旅客吞吐量将达到 7200 万人次，飞机起降 62.8 万架次。根据 2016 年 7 月民航局相关文件，南航、东航等天合联盟的全部会员航空公司将搬迁至北京大兴国际机场。北京大兴国际机场将于 2019 年投入使用。

北京大兴国际机场位于北京市大兴区，以该机场为中心，未来将修建 4 条高速公路和 3 条轨道交通线。从北京大兴国际机场出发，1 小时内可以通达天津、唐山、保定等城市，2 小时内通达石家庄、秦皇岛、济南等城市，3 小时内可通达太原、郑州、沈阳等城市。

（2）上海浦东国际机场

1）基本信息。上海浦东国际机场（以下简称“浦东机场”）（图 3-4-8、图 3-4-9）位于中国上海市浦东新区的江镇、施湾、祝桥滨海地带，距市中心约 30 千米。现由上海机场（集团）有限公司进行经营管理工作。现往来于上海的大部分国际航班在浦东机场起降，而上海市的另一家机场——上海虹桥国际机场（以下简称“虹桥机场”）则以中国国内航线为主。

2012 年，浦东机场客运量位列国内机场第三位，而出入境客运量则为国内机场第一位，同时也是国内货邮运量第一大的机场。2012 年，浦东机场共保障飞机起降 361720 架次，完成旅客吞吐量 44880164 人次，货邮吞吐量 2938156.9 吨。2012 年 8

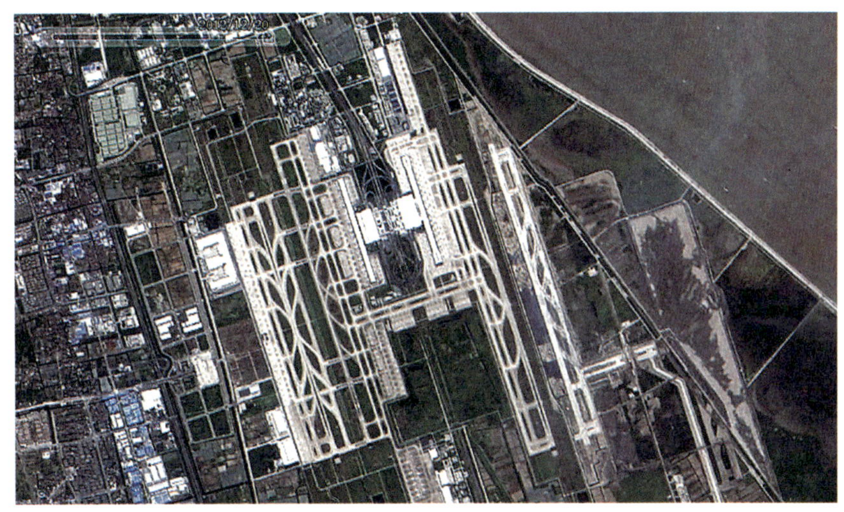

图 3-4-8 浦东机场卫星图

图 3-4-9 浦东机场 T1、T2 航站楼

月 9 日，浦东机场单日出入境客流量超过 9 万人次，为中国国内机场口岸之最。通航浦东机场的中外航空公司已达 48 家，航线覆盖 90 余个国际（地区）城市、62 个国内城市。

2015 年，浦东机场全年旅客吞吐量达到 6009.8 万人次，保障飞机起降近 44.9 万架次，货邮吞吐量 327.52 万吨。

2）历史沿革。

1997 年 10 月，浦东机场的一期工程建设全面开工。

1999 年 9 月 16 日，浦东机场正式通航投入使用。

2005 年 3 月 17 日，浦东机场第二跑道（16R/34L）正式投入使用。

2007 年 12 月 20 日，浦东机场第二航站楼工程通过竣工验收。

2008 年 3 月 13 日，浦东机场第三跑道（34L/16R17R/35L）正式投入使用。该跑道主要用于降落，但停靠在3W货机坪的重型航空器可以申请使用该跑道起飞。第一跑道（17L/35R）则主要用于起飞。

2008年3月26日，浦东机场第二航站楼和货运中心正式投入使用。

2009年8月，中央人民政府正式批准设立浦东机场综合保税区，区内实行与洋山保税港区相同的海关特殊监管等各项政策，其中包括营业税等方面的一系列优惠。

2013年1月1日起，浦东机场对45国公民实行72小时过境免签证政策。

2013年8月22日，国务院正式批准设立中国（上海）自由贸易试验区。试验区范围涵盖浦东机场综合保税区。

2015年3月28日，浦东机场第四跑道（16L/34R）正式投入日常运行，浦东机场也成为国内首个拥有4条跑道的机场。

目前，浦东机场第五跑道正在建设中，2017年7月份将投入使用。不过这条跑道未来将成为国产大飞机的试飞跑道。在建的第五跑道位于第四跑道以东1750米处，长3400米、宽45米，运行等级为4E级。

一号航站楼（T1）于1997年10月全面开工，1999年9月建成通航（图3-4-10）。T1建有80万平方米的机坪、有76个机位，货运库面积达5万平方米，同时，装备有导航、通信、监视、气象和后勤保障等系统，能提供24小时全天候服务。由主楼和候机长廊两大部分组成，均为3层结构，由两条信道连接，面积达27.8万平方米，到港行李输送带13条，登机桥28座；候机楼内的商业餐饮设施和其他出租服务设施面积达6万平方米。

图3-4-10　浦东机场T1航站楼内景

浦东机场一期工程改造工程完成后，能满足2008年第二航站楼投入使用前的运营需要，即具备年飞机起降30万架次、年旅客吞吐量3650万人次的保障能力。

T1航站楼于2012年末开始进行中转优化、航站楼扩建等改造工程，工程计划于2014年完工。

二号航站楼（T2）于2007年12月20日全面竣工验收，并于2008年3月26日投入使用（图3-4-11）。T2位于T1的东侧呈对称布置，由主楼、连廊、候机长廊和固定登机桥4部分组成，面积达48.55万平方米。其中，主楼长414米，宽138米，地下1层，地上3层；连廊长306米，宽60米，地上7层；候机长廊长1404米，宽41米，地下1层，地上4层；固定登机桥共42座。

图3-4-11 浦东机场T2航站楼内景

T2航站楼是一项超大型公共建筑工程，工程结构体量超大，共打桩6798根桩；下部为钢筋混凝土结构，钢筋和混凝土用量分别为6.93万吨和30余万立方米；上部为约3万吨的大跨度钢结构，屋面采用约19万平方米的压型彩钢板和约1.6万平方米的梭形天窗；四周玻璃幕墙约9.6万平方米；室内装饰大吊顶12.6万平方米，楼层金属吊顶15.2万平方米；墙面装饰2.5万平方米，主楼和连廊地面采用18万平方米的花岗石石材，候机长廊地面采用约12万平方米的地毯，固定登机桥采用1.8万平方米橡胶地板。

浦东机场目前建成有3个货运区：一期货运区建于T1的北面，配合T1航站楼各航空公司基地中心及货物中心，进行物流运转工作；东货运区建于T2的北面，配合T2航站楼各航空公司基地中心及货物中心，进行物流运转工作；西货运区建于第三跑道西侧，为规模及吞吐量最大的专属货运区，总建筑面积为37万平方米，并可配合位于机场南方的洋山港配合海空货运的运转，配合货运专用的第三跑道使用。

浦东机场目前正在建设卫星厅（图3-4-12），新增近机位105个，并采用捷运系统

图3-4-12 浦东机场卫星厅效果图

与航站楼主楼衔接。在建卫星厅计划于 2019 年上半年建成投用，届时浦东机场的年旅客吞吐量将达到 8000 万至 1 亿人次。预计 2035 年前，浦东机场还将在卫星厅的南面再建一个航站楼，也就是第三航站楼，届时浦东机场的年吞吐量将达到 1.2 亿人次。

随着客运量的持续增加，浦东机场已在规划第三航站楼，这座新航站楼将位于卫星厅南面，2035 年前建成后，整个浦东机场的年旅客吞吐量将达到 1.2 亿人次。届时，3 座航站楼、5 条跑道将形成浦东机场“第一航站区”。

更远的规划将延伸到 2040 年，浦东机场将在更东南方区域，填海建造“第二航站区”，或将再建 2 座新航站楼和 3 条新跑道，使得浦东机场到 2040 年旅客吞吐量达到 1.6 亿人次。

3）吞吐量排名。2012 年，在全球经济不容乐观的形势下，上海机场的航空客流量依托上海和长三角区域经济的稳步增长，再创历史新高。据初步统计显示，浦东机场和虹桥机场共保障飞机起降 59.67 万架次（其中，浦东机场为 36.18 万架次，虹桥机场为 23.49 万架次），同比增长 3.97%；完成旅客吞吐量 7870.84 万人次（其中，浦东机场为 4485.72 万人次，虹桥机场为 3385.12 万人次），同比增长 5.56%；完成货邮吞吐量 337.96 万吨（其中，浦东机场为 294.98 万吨，虹桥机场为 42.98 万吨），预计继续位居全球前列。2015 年，浦东机场和虹桥机场三大运输生产指标稳步增长，再创历史新高。2015 年，浦东机场和虹桥机场共保障飞机起降 70.58 万架次（其中，浦东机场为 44.92 万架次，虹桥机场为 25.66 万架次），同比增长 7.15%；完成旅客吞吐量 9909.8 万人次（其中，浦东机场为 6009.8 万人次，虹桥机场为 3909.0 万人次），同比增长 11.05%；完成货邮吞吐量 370.88 万吨（其中，浦东机场为 327.52 万吨，虹桥机场为 43.36 万吨），同比增长 1.6%。2015 年，上海两机场三大生产指标完成量均位居中国境内城市民航机场第一。目前，在浦东机场运营的航空公司最高达到 102 家，其中国际及地区 74 家，国内 28 家，共有通航点 222 个。

图 3-4-13 浦东机场一期货运区

随着浦东机场旅客吞吐量突破 6000 万人次、跻身全球客运前二十位，预计到 2020 年，有望进入全球城市机场群前列，年货邮吞吐量将持续巩固全球前三的地位（图 3-4-13、图 3-4-14）。浦东机场已经跨入竞争的新“朋友圈”，进入了浦东机场枢纽建设的攻坚期。

（3）广州白云国际机场

1）基本信息。广州白云国际机场（以下简称“白云机场”）是中国第三大城市广州的门户，广东省省会广州市的一座大型民用机场，国内三大航空枢纽机场之一，于 2004 年 8 月 5 日正式启用，地处广州市白云区人和镇和花都区新华街道、花山镇、花东镇交界处，距广州市中心海珠广场的直线距离约 28 千米。

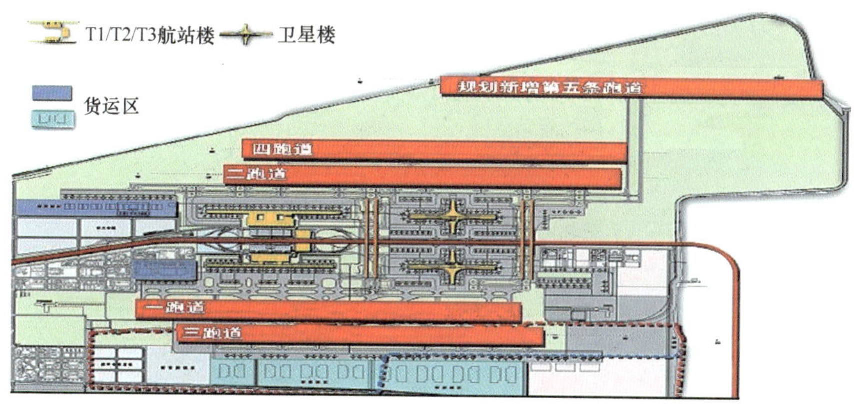

图 3-4-14　浦东机场规划图

2）历史沿革。白云机场原址位于广州市白云区白云山西侧，于1933年夏季建成（图3-4-15）。白云机场最初主要用于军事目的，后来才改建成民用机场。改革开放后白云机场发展迅猛，其旅客吞吐量和起降架次曾连续8年位居全国第一。但由于旧白云机场位于市区中心，经过数次扩建但仍远远无法满足需求，选择新址建设新机场势在必行。

图 3-4-15　旧白云机场

新机场的选址工作于1992年开始进行，经过多年准备，最终选址距市区北部28千米的花都区新华街道、花山镇、花东镇及白云区人和镇的交界处，占地规模比原机场大近5倍。新机场于2000年8月正式动工，耗资198亿元人民币，历时4年，于2004年8月2日竣工，并于同年8月5日零时正式启用，而服务了72年的旧白云机场也随之关闭。新机场也被称为“新白云机场”，以区别于旧机场，但这并非正式名称的一部分。这是我国首个按照中枢机场理念设计和建设的航空港。

全新白云机场的启用（图3-4-16），解决了对旧机场狭小、拥挤、靠近市区而扩建有限的争议，并消除了夜航的限制，得以24小时运作。

新白云机场一期航站楼经国际招标，选定了美国派森斯公司和佳拿公司的设计方案，来自美国的Mark Molen先生担任此项目的主设计师，并成为机场扩建项目所有概念设计及初步设计阶段的建筑设计负责人。由主楼、连接楼、指廊和高架连廊四大建筑结构组成，总面积达37万平方米，主楼共分为4层，包括地上3层及地下1层，其中第三层为出发大厅，第二层为商业层，第一层为到达和商业层，地下1层则通往地铁、停车场和机场酒店。候机楼分为A区和B区（离境旅客从主航站楼使用连接桥到对面的候机楼），A区负责国际与港澳台航班，以及南方航空公司以外的其他国内航班。B区则完全负责国内航班，主要为天合联盟的停靠区，即南航（含集团旗下的厦门航

图 3-4-16　新白云机场俯瞰及机场分布

空、重庆航空等）及东航（含旗下的上海航空）。到达旅客可以直接从候机楼抵达厅离开机场，无须到主航站楼（乘坐地铁需要到航站楼地下 1 层，停车场同样需要到地下 1 层）。

该方案外观立面造型重点突出了中央集中办票大楼，并且两侧 60 米连续跨街桥可将东西 450 米弧形连廊融为一体，最大限度地增加其立面长度，以便布置更多的近机位，方便旅客登机。各连廊又把航站区空间延伸入飞行区，形成统一机场整体。出港旅客自中央办票大厅南北两侧进入到办票柜台，步行距离不超过 70 米。出港旅客自办票柜台至登机门之间辅以各种旅客传送设备，最远步行距离不超过 200 米（图 3-4-17）。

图 3-4-17　白云机场航站楼内景

3）吞吐量排名。作为世界排名进步最快的机场之一，白云机场旅客吞吐量年年刷新纪录。2004 年以来，白云机场旅客吞吐量已经连续“三连跳”。由转场当年 2000 万人次，到 2007 年和 2010 年分别突破 3000 万人次和 4000 万人次大关，实现了每 3 年客流就以千万级的规模增长。2011 年白云机场旅客吞吐量达到 4504.03 万人次，居全国第二位，晋升全球机场客运量排名前二十强，客流增幅在全国三大机场中居于首位。2012 年，白云机场全年完成旅客运送 4830 万人次，同比增长 7.2%；起降航班架次达 37.3 万架次，同比增长 6.8%；货邮吞吐量 125 万吨，同比增长 6.4%。截至 2015 年 12 月 31 日，白云机场全年完成旅客运送 5520 万人次，同比增长 0.8%；起降航班架次达 40.7 万架次，同比增长 6%；货邮吞吐量 153.7 万吨，同比增长 5.7%。

2. 其他国内主要机场

（1）上海虹桥国际机场

上海虹桥国际机场位于上海市西郊，距市中心约 13 千米。虹桥机场只有中国国内航线及部分港澳台和日韩等航线，大部分国际航线由上海浦东国际机场负责。2012 年，虹桥国际机场客运量位列国内机场第四，出入境客运量亦为国内机场第四，同时也是国内货邮运量第六大机场。2012 年，虹桥机场共保障飞机起降 23.49 万架次，完成旅客吞吐量 3382.9 万人次，货邮吞吐量为 42.98 万吨。到 2015 年，虹桥国际机场共保障飞机起降 25.33 万架次，同比增长 1.3%；完成旅客吞吐量 3909.0 万人次，同比增长 2.9%；货邮吞吐量为 43.36 万吨，同比增长 0.3%。2013 年 1 月 1 日起，上海虹桥国际机场对 45 国公民实行 72 小时过境免签证政策。

虹桥机场始建于 1907 年，建成伊始是作为一个小型军用机场，并于中华人民共和国成立后于 1963 年年底进行了大规模的改建和扩建，该工程于 1964 年 4 月正式交付使用。1984 年 3 月，虹桥机场候机楼工程再度扩建，同年 9 月 30 日扩建工程完工。扩建后的候机楼，使用面积比过去扩大了 1 倍。1988 年，上海民航进行重大体制改革，实行政企分开，机场和航空公司分营，虹桥机场于同年 6 月 25 日起成为独立的经济实体。

1988 年 12 月，虹桥机场候机楼第三次扩建，于 1991 年 12 月 26 日完工。在浦东机场建成之前，虹桥机场一直是中国大陆最繁忙的机场。机场扩建前，拥有跑道和滑行道各 1 条，跑道（现第一跑道）长 3400 米、宽 57.6 米，停机坪约 48.6 万平方米，共有 66 个机位，候机楼占地 8.2 万平方米，拥有 15 个候机大厅、18 个贵宾室和 15 条行李传输系统。扩建后，第二跑道于 2010 年 3 月 11 日、T2 航站楼于同年 3 月 16 日建成启用。但需要注意的是，两个航站楼之间不直接连通，乘客在两个航站楼间往返需要借助短驳车或其他公交线路。

2006 年开始，虹桥机场 T2 航站楼作为虹桥交通枢纽计划的一部分开始进行建设，工程按照计划要求的 2010 年上海世博会前建成的目标，最终于 2010 年 3 月 16 日完成并投入使用（图 3-4-18）。

2014 年 12 月 20 日，虹桥机场 T1 航站楼全面改造工程正式开工（图 3-4-19）。由于现有设施已不能满足需求和功能定位，这次改造主要是提升质量，不涉及 T1 航站楼的功能定位调整。此次改造将历时 3 年，计划于 2017 年年底完工。其中一号航站楼的 A 楼和交通中心已于 2017 年 3 月 26 日先期完成并全新启用。全部改建工程待

图 3-4-18 虹桥机场交通枢纽规划图

图 3-4-19 虹桥机场 T1 航站楼改造后的效果图

竣工启用后，虹桥 T1 航站楼的候机面积将从现在的 8 万平方米增加到 13 万平方米，大大改善候机环境。T1 航站楼的此次改造，不涉及虹桥机场 T1、T2 两座航站楼的功能定位调整，不增加年旅客吞吐量设计能力。T1 航站楼的功能定位仍然是国际航班备降，为日本、韩国包机，港、澳、台航班及国内航空公司航班运行提供保障，年旅客吞吐量设计能力为 1000 万人次。

（2）成都双流国际机场

成都双流国际机场（以下简称“双流机场”）（图 3-4-20）位于四川省成都市双流县，是世界前 50 大繁忙机场、中国中西部最繁忙枢纽机场、西南地区最重要航空客货集散地以及西南空管局、民航西南管理局驻地。双流机场是前往拉萨贡嘎国际机场的最大中转机场，也是前往昌都邦达机场和林芝米林机场的唯一中转机场。

双流机场于 1993 年被国家批准为“国际口岸机场”，2000 年获“落地签证权”，是中国国际航空西南分公司、四川航空公司、中国东方航空四川分公司和成都航空公司的基地机场。截至目前，双流机场已开通 148 条国内定期航线和 67 条国际（地区）航线，是中国中西部地区最大的航空枢纽港，正致力于打造国家级航空枢纽和创建世界十佳机场。

双流机场占地面积约 100 万平方米，现有 2 条平行跑道，其中西跑道长 3600 米，

图 3-4-20 成都双流国际机场

宽 45 米，等级 4E，具备Ⅱ类着陆标准；东跑道长 3600 米，宽 60 米，等级 4F，按Ⅲ类 A 着陆标准建设，可供 A380 飞机起降。机场共有停机位 145 个。

双流机场拥有 2 座航站楼。候机面积达 50 万平方米，设有登机廊桥 74 条，安检通道 64 条，值机柜台 207 个，有完善的中转、购物、餐饮、娱乐等配套服务功能，建有五星级和三星级酒店配套服务设施，可满足年旅客吞吐量 5000 万人次。

目前，双流机场建有 3 座航空货运站，总面积为 10.7 万平方米，年货邮处置能力为 150 万吨。其中，建筑面积 55000 平方米的空港货运站是中国中西部最大、功能较完善的综合货运站，具备全天候通关能力。

双流机场 2000 年旅客吞吐量为 552 万人次，2005 年旅客吞吐量为 1389.96 万人次；2012 年旅客吞吐量为 3159.54 万人次，客运量居中国中西部机场第一位、全球机场前 50 位，货运量居中国大陆机场前 6 位、全球机场前 50 位，成为中国大陆第四大航空城。

2015 年，双流机场年旅客吞吐量首次突破 4000 万人次，达 4223 万人次，同比增长 12.1%；起降航班架次达 29.4 万架次，同比增长 8.7%；货邮吞吐量为 55.7 万吨，同比增长 2.1%。总体排名较 2014 年上升一位，仅次于首都机场、浦东机场和白云机场，成为中国大陆第四大繁忙机场。

（3）深圳宝安国际机场

深圳宝安国际机场（以下简称“深圳机场”）（图 3-4-21）是中国境内集海、陆、

图 3-4-21 深圳宝安国际机场新航站楼

空联运为一体的现代化国际空港，也是中国境内第一个采用过境运输方式的国际机场。深圳机场于 1991 年 10 月正式通航。截至 2013 年 6 月底，深圳机场共开通国内外航线 141 条，通航国内外 103 个城市，共有 9 家客货运基地航空公司。

自通航以来，深圳机场旅客吞吐量和货邮吞吐量高速增长，连续多年在全国保持第四大机场的地位。在客运方面，1996 年 12 月，深圳机场一跃成为国内第四大机场。2003 年，旅客吞吐量突破 1000 万人次，正式跨入全球百强机场行列。2007 年，深圳机场旅客吞吐量突破 2000 万人大关，跨入世界最繁忙机场行列。2011 年，深圳机场完成旅客吞吐量 2824.5 万人次，货邮吞吐量为 82.8 万吨，航班起降 22.4 万架次。在货运方面，2011 年 3 月，深圳机场被世界权威货运杂志《Air Cargo News》授予全球“年度最佳货运机场”奖，这是国内首个获得该荣誉的机场。

2015 年，深圳机场旅客吞吐量、货邮吞吐量、航班起降三大指标再次迈上新台阶。2015 年，深圳机场旅客吞吐量达到 3972 万人次，同比增长 9.5%；货邮吞吐量为 101.31 万吨，同比增长 5.2%；航班起降 30.54 万架次，同比增长 6.7%；三大指标同比快速增长。

2003 年起，深圳市政府就启动有关深圳机场扩建工程项目的前期工作。该机场扩建工程是深圳市重大交通设施项目，预计 2020 年工程完工后，保障能力为旅客吞吐量 4500 万人次，货邮吞吐量为 240 万吨，飞机起降架次为 37.5 万架次。

扩建新增的 T3 航站楼建筑总面积 45.1 万平方米，为现有候机楼面积的近 3 倍，分为航站主楼、十字指廊候机厅、远期卫星指廊 3 部分，共提供 76 个停机位，其中 62 个近机位。工程自 2010 年 2 月 25 日开工，主体工程 2012 年 11 月底完工，历时近 3 年。

第二跑道等级为 4F，长 3800 米，宽 60 米的滑行道各 1 条，已于 2011 年 7 月 26 日正式启用，可满足目前世界上最大型客机起降，其中包括空客 A380 客机。

（4）昆明长水国际机场

昆明长水国际机场（以下简称“长水机场”）是全球百强机场之一，是中国面向东南亚、南亚和连接欧亚的继北京、上海和广州之后的第四个国家门户机场，这也让长水机场成为中国西部地区唯一的国家门户机场。航站楼单体建筑面积世界第一，机场总建筑面积仅次于北京、上海、香港机场居全国第四、世界第五，其前身是昆明巫家坝国际机场。

截至 2012 年 6 月使用的昆明巫家坝国际机场建于 1922 年，是中国第二个民用机场（图 3-4-22），经过 3 次改扩建，航站楼设计容量 1037 万人次，但仅 2008 年巫家坝机场的客运吞吐量就达到了 1528 万人次，2011 年达到 2227 万人次，远远超出了现有航站楼设计容量，成为中国第七个吞吐量超过 2000 万的国际机场，机场运营压力巨大。而且巫家坝机场到昆明市中心直线距离仅 6.6 千米，是全国省会城市机场中距离市中心最近的机场，周围已被城市包围，不具备原地扩建的条件。因此，昆明市政府决定迁建一座全新的机场（图 3-4-23）。

图 3-4-22　昆明巫家坝国际机场

图 3-4-23　昆明长水国际机场

长水机场二期工程建设 T2 航站楼，于 2015 年开工，预计 2020 年前完成建设。并将新建 2 条跑道（共 4 条跑道），届时能够满足昆明长水国际机场年客流量 8000 万人次的运营。

2012 年 7 月 4 日，长水机场恢复所有航班之后，机场每天均起降航班 650 架次左右，其中国际航班 40 架次左右。日最高吞吐量达 12.15 万人次（2013 年 8 月 8 日），日最高起降航班数量为 799 架次（2013 年 10 月 6 日）。2015 年，在航班正常率持续保持在高位的情况下，航班快速放量、客货运输大幅增长，长水机场共保障航班起降 30.04 万架次，同比增长 11.0%；完成旅客吞吐量 3752.3 万人次，同比增长 16.4%；完成货邮吞吐量 35.54 万吨，同比增长 12.2%。

（5）西安咸阳国际机场

西安咸阳国际机场（以下简称“咸阳机场”）（图 3-4-24）是中国西北地区最大的

图 3-4-24　西安咸阳国际机场

空中交通枢纽，中国第五大机场，全国吞吐量第八大机场（2012 年），同时也是中国东方航空集团西北公司、天津航空西安分公司，海南航空集团长安公司、南方航空集团西安公司，深圳航空西安分公司、幸福航空的基地机场。机场位于西安市西北、咸阳市东北方向，陕西省咸阳市底张镇境内。

咸阳机场飞行区等级为 4F 级，可满足目前世界上载客量最大的 A380 客机起降，机场有 3 座航站楼，总面积为 45 万平方米；共计停机位 123 个，2 条跑道，可保证跨洋洲际飞行。2012 年旅客吞吐量突破 2342 万人次，航班起降架次 20.3 万架次，年货邮吞吐量达 17.5 万吨。到 2015 年年底，旅客吞吐量突破 3297 万人次，同比增长 12.8%；航班起降架次 26.71 万架次，同比增长 8.6%；年货邮吞吐量 21.2 万吨，同比增长 13.5%。

2012 年 5 月 3 日，咸阳机场二期扩建工程正式投入运营。工程总投资 97.57 亿元，包括新建一条长 3800 米、宽 60 米的跑道，飞行区技术等级为 4F 级；新建 27 万平方米的 T3 航站楼、8 万平方米的综合交通枢纽、2.5 万平方米的货运区，规划了 1.1 万平方米的贵宾区和 1.2 万平方米的集中商业区。登机桥 22 个，行李提取转盘 9 个、值机岛 4 个、安检通道 29 条，涵盖集成、离岗、航显等弱电系统 28 个，运行能力达到国际先进水平。

2016 年 11 月上旬，咸阳机场三期扩建工程预可行性研究报告评估圆满完成。咸阳机场的三期扩建工程将按照满足 2025 年旅客吞吐量 7000 万人次、货邮吞吐量 80 万吨、年起降 53.9 万架次的目标进行设计。建设内容主要包括新增 2 条跑道、北移北一跑道、新建 60 万平方米东航站楼及约 30 万平方米综合交通换乘中心，扩建西货运区，新建东货运区，新建航食用房，配套建设交通、市政能源等相关设施。咸阳机场三期扩建工程投资匡算约 430 亿元。工程整体计划 2018 年开工，2022 年竣工并投运。

（6）重庆江北国际机场

重庆江北国际机场（以下简称“江北机场”）（图 3-4-25）是中国民航区域性枢纽之一，位于重庆市东北部，距市中心 19 千米，于 1990 年 1 月 22 日建成投用，飞行区等级为 4E 级。目前，重庆江北机场拥有 2 条跑道（其中，第一跑道长 3200 米、第二

图 3-4-25 重庆江北国际机场

跑道长 3600 米）；两座航站楼共 20 万平方米（其中，国际楼 2 万平方米、国内楼 18 万平方米）；停机坪 76 万平方米，停机位 89 个，货库 9 万平方米。在西部地区率先实现双跑道、双航站楼运行，可满足波音 747-400 等大型客货机直航欧美的需要，可保障年旅客吞吐量 3000 万人次、货邮吞吐量 55 万吨、年飞机起降 26 万架次的运行需要。

近年来，江北机场运输生产快速增长，航线网络日趋完善，机场通达性大幅提升。目前，江北机场通航城市达到 120 个，其中国内 83 个，全国各省会城市及主要旅游城市全覆盖，国际及港澳台地区 37 个，主要通达东南亚、南亚、日韩、欧洲和北美。目前，江北机场拥有国际（地区）货运航线 18 条，通航城市 22 个，基本构建起重庆至欧洲、北美、中亚、东南亚等地较为完善的货运航线网络，对重庆产业结构调整、经济社会发展起到了积极的推动作用。

2006 年，江北机场旅客吞吐量突破 800 万人次，步入全国十大机场行列。2007 年旅客吞吐量实现 1000 万突破，2009 年旅客吞吐量突破 1400 万人次，稳居中国十大机场，成为世界 100 强机场之一。2012 年旅客吞吐量突破 2000 万大关，成功迈入增长新量级。同时，国际（地区）客货增长迅速，2012 年完成国际（地区）旅客吞吐量 85 万人次，国际（地区）货运 8.5 万吨。

2015 年全国机场生产统计公报发布，江北机场旅客吞吐量排名第九，全年旅客吞吐量 3240.2 万人次，同比增长 10.7%。；货邮吞吐量 31.9 万吨，同比增长 5.4%。；航班起降架次 25.5 万架次，同比增长 7.3%。

为满足快速发展的航空运输生产需求，江北机场于 2009 年启动东航站区及第三跑道建设工程，计划 2016 年建成、2017 年上半年投用。主要建设内容包括：新建一座 50 万平方米的 T3A 航站楼（图 3-4-26）；航站楼前新建集城际铁路、地铁、长途换乘中心、停车楼于一体的 30 万平方米综合交通枢纽；新建一条 3800 米的 4F 级跑道，可满足 A380 起降；新建 80 万平方米停机坪，新增停机位 94 个。将满足年旅客吞吐量 4500 万人次、货邮吞吐量 110 万吨、飞机起降 37.3 万架次的运输需求。届时，重庆机场基础设施资源将得到极大补充，成为中西部地区第一个实现 3 座航站楼、3 条跑道同时运行的机场，为重庆发挥“一带一路”战略支点作用和深度融入长江经济带建设提供重要战略支撑和坚实保障。

图 3-4-26　建设中的重庆机场 T3A 航站楼

（7）杭州萧山国际机场

杭州萧山国际机场（以下简称“萧山机场”）（图 3-4-27）位于浙江省杭州市东部，是中国重要的干线机场、国际定期航班机场、对外开放的一类航空口岸和国际航班备降机场，是浙江省第一空中门户。该机场于 2000 年建成运营，至今已成为华东第三，全国前十，世界百强机场。

图 3-4-27　杭州萧山国际机场

依托浙江省及周边地区充足的客货资源和旺盛的航空市场需求，萧山机场建成通航以来，运输生产迅猛增长，航线网络日趋规模。2007 年机场旅客吞吐量首次突破千万人次大关，开始跻身世界繁忙机场行列。2012 年旅客吞吐量更是达到 1911 万人次，共有 48 家中外航空公司，开通航线 190 余条，每周进出港航班 3200 多个。

2006 年 12 月 18 日，萧山机场与“全球最佳机场”——香港国际机场，进行战略性的全面合资合作，学习借鉴国际先进机场的管理经验，由此成为中国内地首家整体对外合资的机场。

为增强发展后劲，提升综合服务保障能力，萧山机场于 2006 年启动了二期扩建工程。2007 年 11 月 8 日，二期工程正式开工建设，以 2020 年为建设目标年，新建国际航站楼、第二国内航站楼和第二跑道，工程于 2012 年 12 月 30 日全部建成投运。

二期工程建成启用后，机场占地面积是原先的 2 倍；拥有 4E、4F 级跑道各 1 条，可起降目前世界上最先进的空客 A380 飞机；机场拥有 3 座航站楼，总面积达到 37 万平方米，是原先的 3.7 倍；机坪面积达到 90 万平方米，是原先的 2.6 倍；停机位数量、值机柜台数量和安检通道数量分别是原先的 3.7 倍、3.1 倍和 2.4 倍。机场流程更加合理，功能更加完善，设施更加先进，地面综合保障能力大为增强，可满足年旅客吞吐量 3300 万人次、货邮吞吐量 80.5 万吨、航班起降量 26 万架次的保障需求。

3.4.3　机场设施

机场除了飞行区外，还包括客货运输服务区，有的机场还包括机务维修区。飞行区是机场的主要组成部分，有跑道、滑行道，以及各种保障飞行的设施，如无线电导航设施（包括仪表着陆系统、雷达和灯光助航设施），气象自动观测系统及指挥系统等。在机场、飞行区及其邻近地区上空，为保证飞机安全起飞着陆，根据机场起降飞机的性能，规定若干障碍物限制面，这些限制面以上的空域称为净空区。

客货运输服务区，也称航站区，是为旅客、货物邮件运输服务的区域。区域内设施包括登机坪、候机楼、停车场等，其主体建筑是候机楼，也称航站楼。货运量较大的民航运输机场还设有专门的货运站或货运楼。

机务维修区，一般包括维修机坪、维修机库、维修工厂或维修车间、航空器材库等，为飞机、发动机、机上各种设施提供维修服务。

其他如航空油料的储存、供应和飞机的加油设施，机场的消防和急救设施，以及供水、供电、供热、污水污物处理、有线通信、地面交通等公用和市政设施，对每个民航运输机场都是必不可少的。

1. 飞行区

（1）跑道

跑道（图 3-4-28）是机场上长条形的土地，用来供航空器起飞或着陆。跑道可以是铺有沥青或混凝土，或者是平整过的草、泥或碎石地面。

图 3-4-28　机场跑道

1）跑道命名。大型机场通常有多条跑道。这些跑道会根据它们的磁方位角而被命名，其方位角同时指明了该跑道的使用方向，即使用跑道时航空器的运动方向。命名的原则是取跑道磁方位角的前两位数，每条跑道就以它所朝向的度数作为其编号。

为精确起见，采用 360° 的方位角予以表示。以正北为 0°，顺时针旋转到正东为 90°、正南为 180°、正西为 270°，再回到正北为 360° 或 0°；每一度又可分为 60′；每一分又可分为 60″。为了简明易记，跑道编号只用方向度数的百位数和十位数，个位数按四舍五入进入到十位数（图 3-4-29）。例如，一条指向为西北 284° 的跑道，它的编号就是 28，如果是 285°，编号就是 29。但是，不同方向的跑道可能有相同的编号，如方位角分别为 173° 和 169° 的两条跑道，它们都称为 17 号跑道。因此，“36 跑道”可以指

图 3-4-29　代表向北 340° 的视角方向起飞或降落的 34 跑道

方位角为 360°（向正北）的跑道；而“09 跑道”可以指方位角为 94°（向东）的跑道；“17 跑道”可以指方位角 168°的跑道。

因跑道可能双向使用，跑道对应的方位角也发生变化，所以就得有两个编号。双向方位角变化为 180°，所以只要将其编号上加或减 18，就能得到该跑道另一方向的编号。例如，一条正北正南的跑道，从它的北端向南看，它的编号是 18；从南端向北看，它的编号就是 36。跑道号都是两位数，如果第一位没有数就用 0 来表示。例如，咸阳机场跑道的方向是东北—西南方向，指向东北的方向为 50°，跑道号就是 05，相反方向是 230°，跑道号是 23。

如果机场有超过一条方向相同的跑道，它们便会在数字之后加以“L”“C”“R”来区别，分别代表左（left）、中（center）和右（right）。例如，“15L”“15C”“15R”指 3 条互相平行，方位角均为 150° 的跑道。例如，首都机场有两条平行的南北向的跑道，西边一条的跑道号是 l8R/36L，东边一条是 18L/36R。

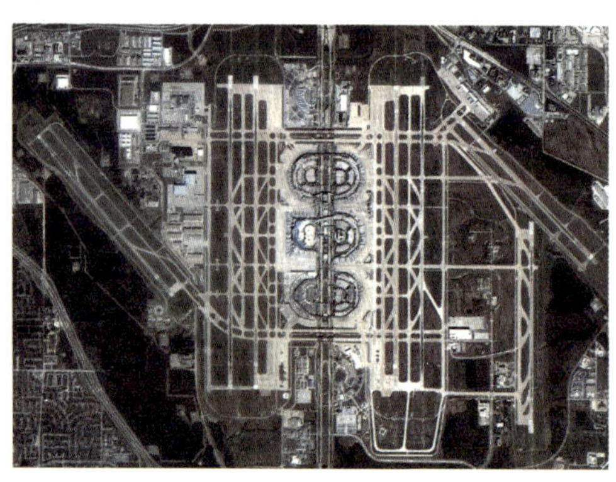

图 3-4-30 美国达拉斯（DFW）机场跑道

飞机在起飞及着陆时通常都需要逆风进行，这是为了在保证有足够升力的前提下尽量降低航空器的地速，即相对地面的运动速度，以便减少在跑道上的滑行距离。所以根据当地的常年气象条件，有些机场会建有多条不平行跑道，以便在不同季节的不同风向下都可以使用（如高雄小港机场，东西走向的跑道跟台湾盛行风向垂直）；对于只有一条跑道或多条平行跑道的机场，其跑道方向通常与当地盛行风向一致（图 3-4-30）。

知识链接

机场跑道方向的确定

飞机起降时，最关键的一点是避免侧向的来风。侧风很容易导致飞机出现横向的侧滑，偏离跑道的中心而出现事故。所以在建造机场时，跑道的走向应与当地的最常见风向平行。例如，我国很多地区最常见的风向是夏季的东南风和冬季的西北风，那么跑道的走向就以东南—西北向为最佳，以东北—西南向为最差。

（资料来源：民航资源网，http://www.carnoc.com）

2）跑道长度。跑道的长度取决于所能允许使用的最大飞机的起降距离、海拔高度及温度。海拔高度高，空气稀薄，地面温度高，发动机功率下降，因而都需要加长跑道。跑道的宽度取决于飞机的翼展和主起落架的轮距，一般不超过 60 米。

目前，全球最长的民用机场跑道在中国西藏昌都邦达机场，道面长度为 5500 米，其中的 4200 米满足 4D 标准，同时它也是海拔最高的跑道，其高度为 4334 米。

3）跑道标识。跑道上有各式的标志和记号。国际民航组织规定，跑道的标志必须是白色的，而对于浅颜色跑道可通过加黑边的方式来改善显示效果。部分常降雪地区的机场跑道，会使用橙色标志，以便与雪有所区别。这些标志通常包括：跑道名称、跑道中心线、跑道入口、着陆点、接地区、跑道边界线等。

4）跑道灯光（图 3-4-31）。第一套跑道灯光系统于 1930 年在克里夫兰市立机场（现称克里夫兰霍普金斯国际机场）开始使用。

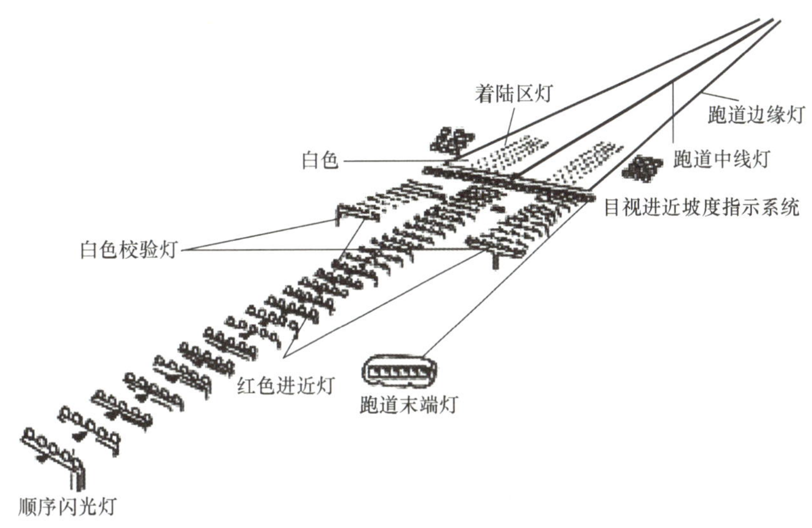

图 3-4-31　机场跑道灯光系统

现在，比较有规模的机场都会在跑道装设灯光系统（图 3-4-32），以让飞机在夜间升降。在空中观看，跑道灯光系统标示了跑道的轮廓。一条拥有灯光系统的跑道一般包括以下部分（部分或全部）：

① 跑道末端指示灯（runway end identification light，REIL），它是一对安装在跑道末端（左右各一）的灯光系统。灯泡可以是单向（面向进场航机）或全方向的闪灯。运作时，左右两个灯泡会同步闪烁。

② 跑道末端灯（runway end light），它是一列安装在跑道末端的灯光。在普通的跑道上，左右会各有 4 枚灯泡。在精确进场跑道上，则需安装至整条跑道的宽度。从进场的航机上看到的灯光是绿色，而在跑道上看到的灯光则为红色。

③ 跑道边缘灯（runway edge light），它是安装在跑道两侧的白色灯光。在精确进场跑道上，最后 610 米的跑道灯光

图 3-4-32　跑道灯光

按规定须转为黄色。滑行道边缘灯则为蓝色，以作识别。

④ 跑道中线灯系统（runway centerline light system，RCLS），它是以 15 米的间隔安装在跑道中线内（灯泡不能露出地面）的灯光系统。灯光主要为白色，但最后 305～914 米需转为红白相间，而在最后 305 米则需转为红色。

⑤ 着陆区域灯（touch down zone light，TDZL），它是安装在跑道中线两边的白色指示灯，左右两边每列 3 个灯泡，以标示着地区域。着地区域灯需安装在跑道的首约 914 米区域或至跑道正中央（以较少者为准）。

5）跑道附属区域。

① 跑道道肩。它是在跑道纵向侧边和相接的土地之间有一段隔离的地段，这样可以在飞机因侧风偏离跑道中心线时，不致引起损害。此外，大型飞机很多采用翼吊布局的发动机，外侧的发动机在飞机运动时有可能伸出跑道，这时发动机的喷气会吹起地面的泥土或砂石，使发动机受损，有了道肩会减少这类事故。有的机场在道肩之外还要放置水泥制的防灼块，防止发动机的喷气流冲击土壤。

跑道道肩一般每侧宽度为 1.5 米，道肩的路面要有足够强度，以备在出现事故时，使飞机不致遭受结构性损坏。

② 跑道安全地带。跑道安全地带的作用是在跑道的四周划出一定的区域来保障飞机在意外情况下冲出跑道时的安全。跑道安全地带分为侧安全地带和道端安全地带。

侧安全地带是由跑道中心线向外延伸一定距离的区域，对于大型机场这个距离应不小于 150 米，在这个区域内要求地面平坦，不允许有任何障碍物。在紧急情况下，可允许起落架无法放下的飞机在此地带实施硬着陆。

道端安全地带是由跑道端至少向外延伸 60 米的区域，建立道端安全地带的目的是为了减少由于起飞和降落时冲出跑道的危险。在道端安全地带中有的跑道还有安全停止道，简称安全道。安全道的宽度不小于跑道，一般和跑道等宽，它由跑道端延伸，它的长度视机场的需要而定，它的强度要足以支持飞机中止起飞时的质量。

③ 净空道。它是指跑道端之外的地面和向上延伸的空域。它的宽度为 150 米，在跑道中心延长线两侧对称分布。在这个区域内，除了有跑道灯之外不能有任何障碍物，但对地面没有要求，可以是地面，也可以是水面。

知识链接

机场飞行区等级

机场飞行区为飞机地面活动及停放提供适应飞机特性要求和保证运行安全构筑物的统称，包括：跑道及升降带、滑行道、停机坪、地面标志、灯光助航设施及排水系统等。通常直接使用机场飞行区等级指称机场等级。飞行区等级并不直接与机场跑道长度、宽度等同，而还与道面强度、道面摩擦力等相关，这些具体用道面等级序号 PCN 与飞机等级序号 ACN 指称。表 3-4-2 为国内机场飞行区等级。

表 3-4-2 国内机场飞行区等级

飞行区等级	最大可起降飞机种类举例	国内该飞行区等级机场举例
4F	空中客车 A380 等四发远程宽体超大客机	北京首都国际机场、上海浦东国际机场、广州白云国际机场、深圳宝安国际机场、杭州萧山国际机场、昆明长水国际机场、武汉天河国际机场、成都双流国际机场、西安咸阳国际机场、天津滨海国际机场、重庆江北国际机场、桂林两江国际机场
4E	波音 747、空中客车 A340 等四发远程宽体客机	石家庄正定国际机场、上海虹桥国际机场、南京禄口国际机场、南昌昌北国际机场、太原武宿国际机场、长沙黄花国际机场、厦门高崎国际机场、合肥新桥国际机场、郑州新郑国际机场、青岛流亭国际机场、呼和浩特白塔国际机场、福州长乐国际机场、常州奔牛机场、贵阳龙洞堡国际机场等
4D	波音 767、空中客车 A300 等双发中程宽体客机	西双版纳嘎洒国际机场、黄山屯溪机场、运城关公机场、东营永安机场等
4C	空中客车 A320、波音 737 等双发中程窄体客机	梅县机场、张家口宁远机场、扬州泰州机场、安庆天柱山机场、九江庐山机场、池州九华山机场、北京南苑机场等
3C	ERJ、ARJ、CRJ 等中短程支线客机	内蒙古乌海机场等

飞行区等级可以向下兼容。例如，我国机场最常见的 4E 级飞行区常常用来起降国内航班；最常见的 4C 级飞机（如空中客车 A320、波音 737 等）一般使用跑道长度一半以下（约 1500 米）即可离地起飞或使用联络道快速脱离跑道。在天气与跑道长度允许的情况下偶尔可在低等级飞行区起降高等级飞机。例如，我国大部分 4E 级机场均可以减载起降 4F 级的空中客车 A380 飞机，但这会造成跑道寿命降低，并需要在起降后人工检查跑道道面。

飞行区等级（表 3-4-3）用两个部分组成的编码来表示：第一部分是数字，表示飞机性能所相应的跑道性能和障碍物的限制；第二部分是字母，表示飞机的尺寸所要求的跑道和滑行道的宽度。因而，对于跑道来说，飞行区等级的第一位数字表示所需要的飞行场地长度，第二位字母表示相应飞机的最大翼展和最大轮距宽度。

表 3-4-3 飞行区等级划分

第一位数字		第二位字母		
数字	飞行场地长度 / 米	字母	翼展 / 米	轮距 / 米
1	小于 800	A	小于 5	小于 4.5
2	800～1200	B	5～24	4.5～6
3	1200～1800	C	24～36	6～9
4	1800 以上	D	36～52	9～14
		E	52～65	9～14
		F	65～80	14～16

增加跑道长度有利于在降落时气象条件不佳、刹车反推失效或错过最佳接地点的情况下避免冲出跑道，亦有利于在紧急中断起飞的情况下利用剩余跑道长度减速刹车。增加跑道宽度有利于在滑跑偏离跑道中心线的情况下有较大修正余地，避免飞机冲出跑道。

飞行区各项构筑物的技术要求和飞机的特性有关，我国采用航空民航标准(MH 5001—2000)《民用机场飞行区技术标准》加以规范。国际民航组织和中国民用航空局用飞行区等级指标Ⅰ和Ⅱ将有关飞行区机场特性的许多规定和飞机特性联系起来，从而对在该机场运行的飞机提供适合的设施。飞行区等级指标Ⅰ根据使用该飞行区的最大飞机的基准飞行场地长度确定，共分4个等级；飞行区等级指标Ⅱ根据使用该飞行区的最大飞机翼展和主起落架外轮间距确定，共分6个等级。跑道的性能及相应的设施决定了什么等级的飞机可以使用这个机场，机场按这种能力分类，称为飞行区等级。

（资料来源：民航资源网，http://www.carnoc.com）

（2）滑行道

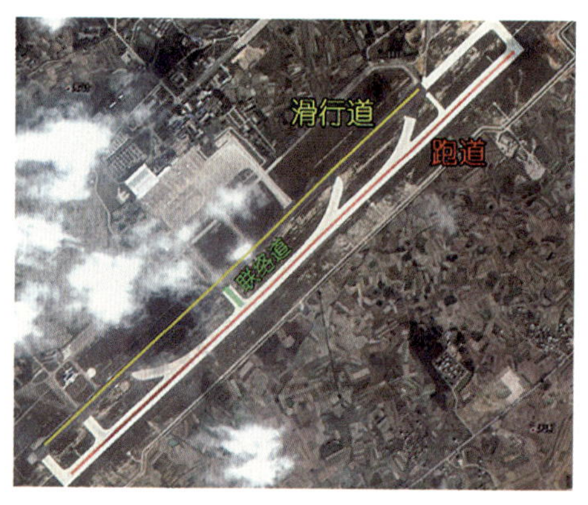

图 3-4-33 南宁吴圩机场跑道与滑行道

滑行道是机场内供飞机滑行的规定通道。滑行道的主要功能是提供从跑道到候机楼区的通道，使已着陆的飞机迅速离开跑道，不与起飞滑跑的飞机相干扰，并尽量避免延误随即到来的飞机着陆。此外，滑行道还提供了飞机由候机楼区进入跑道的通道（图 3-4-33）。

滑行道可将性质不同的各功能分区（飞行区、候机楼区、飞行停放区、维修区及供应区）连接起来，使飞机场最大限度地发挥其容量潜力并提高运行效率。

滑行道系统主要包括：主滑行道、进出滑行道、飞机机位滑行通道、机坪滑行道、辅助滑行道、滑行道道肩及滑行带。

主滑行道又称干线滑行道，是飞机往返于跑道与机坪的主要通道，通常与跑道平行。进出（进口或出口）滑行道又称联络滑行道（俗称联络道），是沿跑道的若干处设计的滑行道，旨在使着陆飞机尽快脱离跑道。出口滑行道大多与跑道正交，快速出口滑行道与跑道的夹角介于25°～45°，最好取30°。飞机可以较高速度由快速出口滑行道离开跑道，不必减到最低速度。出口滑行道距跑道入口的距离取决于飞机进入跑道入口时的速度（进场速度）、接地速度、脱离跑道时的速度、减速度以及出口滑行道数量、跑道与机坪的相对位置。出口滑行道数量应考虑高峰时运行飞机的类型及每类飞机的数量。一般在跑道两端各设置一个进口滑行道。对于交通繁忙的机场，为防止前面飞机不能进入跑道而妨碍后面飞机的进入，则通过设置等待坪、双滑行道（或绕行滑行道）及双进口滑行道等方式解决，为确定起飞顺序提供了更大灵活性，也提高了机场的容量和效率。滑行道和跑道端处的等待坪用标志线在地面上标出，这个区域是为了飞机在进入跑道前等待许可指令。等待坪与跑道端线保持一定的距离，以防止等待飞机的任何部分进入跑道，成为运行的障碍物或产生无线电干扰。

滑行道的宽度由使用机场最大的飞机的轮距宽度决定，要保证飞机在滑行道中心线上滑行时，它的主起落轮的外侧距滑行道边线不少于 1.5～4.5 米。在滑行道转弯处，它的宽度要根据飞机的性能适当加宽。

滑行道的强度要和配套使用的跑道强度相等或更高，因为在滑行道上飞机运行密度通常要高于跑道，飞机的总重量和低速运动时的压强也会比跑道所承受的略高（图 3-4-34）。

图 3-4-34　在滑行道上等待起飞的飞机

2. 客货运输服务区（航站区）

客货运输服务区是为旅客、货主提供地面服务的区域。其主体是候机楼，此外还有客机坪、停车场、进出港道路系统等。货运量较大的航空港还专门设有货运站。一般情况下，客机坪附近配有管线加油系统。

（1）候机楼

候机楼（passenger terminal），又称航站楼，为航空港内为旅客提供地面服务的主要建筑物。内设旅客服务设施、生活保证设施和行政办公用房等（图 3-4-35、图 3-4-36）。

早期航空运输企业在机场只建有一些简易房屋接待航空旅客。20 世纪 50 年代以来，航空旅客激增，客运业务繁忙的航空港陆续修建了规模宏伟、设备复杂、多功能的现代化候机楼。其主要设施有旅客服务设施、生活保证设施、行李处理设备和行政办公用房等。旅客服务设施有：航空公司售票、问讯柜台，登记客票、交运行李服务柜台，安全检查、出入境管理、海关检查、卫生检疫等柜台，有线广播设备，进出港航班动态显示装置和旅客登机设施（如登机口、旅客集中休息厅、登机桥、自动客梯、升降

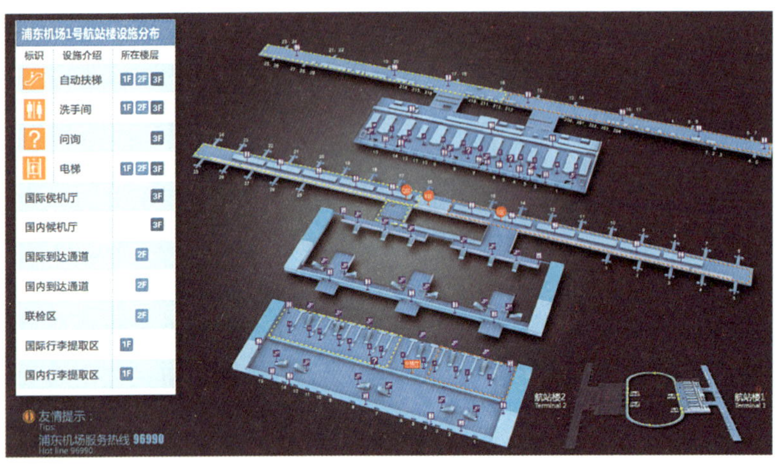

图 3-4-35 浦东国际机场 T1 航站楼布局

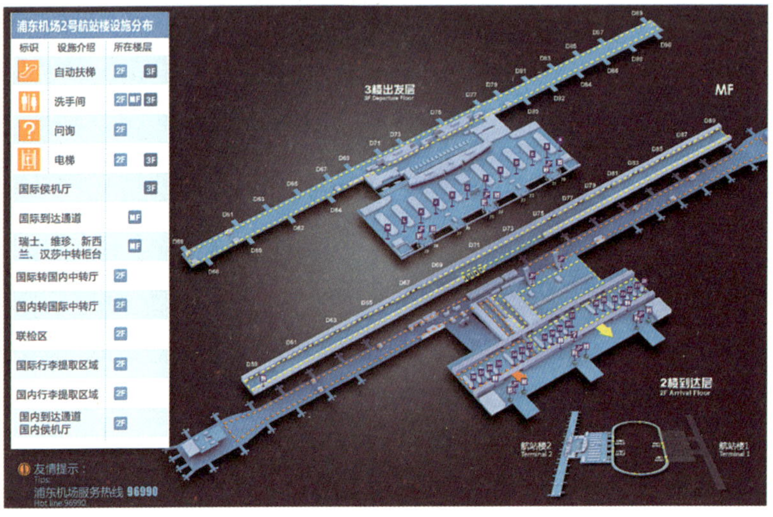

图 3-4-36 浦东国际机场 T2 航站楼布局

登机车、可移动的旅客休息室）等。

此外，还有为迎送旅客者使用的迎送厅、瞭望平台等设施。生活保证设施主要有：旅客休息室、游乐室、餐厅、酒吧间、食品饮料自动出售设备，以及其他公共设施，如银行、邮局、书报摊、售品部和旅馆及出租汽车预订柜台等。行李处理设备有行李分拣装置、行李车、传送带、行李提取柜台等。行政办公用房、航空公司业务用房等，根据业务需要设置，对旅客不开放。

目前，多数候机楼对进出港旅客采取立体隔离的办法，即将进出港旅客的行动路线分别安排在两个楼层内：对国际和国内旅客，则采取平面隔离的办法，即在同一层楼内，分别设置国际旅客和国内旅客的活动场所。

候机楼按登机口布局方式可分为前列式、廊道式、卫星式和综合式（图 3-4-37～图 3-4-40）。

图 3-4-37　前列式候机楼布局

图 3-4-38　廊道式候机楼布局

图 3-4-39　卫星式候机楼布局

图 3-4-40　综合式候机楼布局

前列式候机楼是沿候机楼前沿布置登机口和机位。这种形式是最简单的，即飞机停靠在候机楼外，沿候机楼一线排开，旅客出了登机门直接上机。它的好处是简单、方便，但只能处理少量飞机，一旦交通流量很大，有些飞机就无法停靠到位，造成延误。

廊道式候机楼是由候机楼的主楼朝停机坪的方向伸出一条或几条廊道，沿廊道的两侧布置机位，对正每一机位设登机口，是目前空港中使用比较多的一种登机口布置方式。芝加哥奥黑尔、伦敦希思罗、东京羽田等航空港的候机楼即属此种形式。这种登机口由候机楼伸出走廊，飞机停靠在走廊两旁，可停放多架飞机。走廊上通常铺设活动人行道，使旅客的步行距离减少。但是廊道式的候机楼，旅客到最末端的登机门用的时间比起始端的要长。

卫星式候机楼是在主楼之外建一些登机厅，用廊道与主楼连通。登机厅周围布置机位，设相应的登机口。首都机场一号候机楼即采用此种形式。在候机楼外一定距离设立一个或几个卫星厅，飞机沿卫星厅停入，卫星厅和候机楼之间有活动人行通道或定期来往车辆沟通。它优越的地方是卫星厅内可以有很多航班，各航班旅客登机时的路程和用去的时间大体一致，旅客在卫星厅内可以看到较多的航班信息。卫星厅式的缺点是建成后不易进一步扩展。

综合式候机楼是采用上述 3 种或其中两种形式而建造的候机楼。例如，巴黎奥利航空港南候机楼即属此种形式。

候机楼按其建筑物的布局可分为集中式和分散式两类。集中式候机楼是候机楼为一完整单元的建筑物，前列式、廊道式（图 3-4-41）、卫星式、综合式候机楼均属此类。分散式候机楼是每个登机口成为一个小的建筑单元，供一架飞机停靠，旅客乘登机摆渡车（图 3-4-42）可以直接到达飞机门前。建筑单元排列成一条直线或弧线，组成候机楼整体。

图 3-4-41 登机廊桥

图 3-4-42 登机摆渡车

旅客登机方式同候机楼的形式有密切关系。集中式候机楼多采用登机廊桥；分散式候机楼一般采用登机摆渡车和登机梯。登机摆渡车往返于候机楼和飞机之间接送旅客上、下飞机，有普通式和升降式两种。升降式登机摆渡车可以升到与飞机舱门相同的高度。登机梯有机上自备客梯和地面客梯两种，一般多在规模小的航空港使用。

（2）客机坪

客机坪（图 3-4-43）是供客机及为客机服务的车辆停放或活动及为完成客机起飞前的准备和到达后作业的场所。客机坪的构形及大小，主要取决于飞机数量、旅客登机方式及候机楼的构造。

图 3-4-43 宁波栎社机场客机坪

（3）货运站

货运站（图 3-4-44、图 3-4-45）含有货物的交运和提取、分拣、编码、储存、发

图 3-4-44 浦东机场西货站

图 3-4-45 浦东机场货机坪

送的设施和营运机构，货机坪上货物的装卸，站房和城市间的交通组织。它的主要功能是用精确的手段将需要运送的货物及时地装上航线上的飞机及从飞机上卸下到站的货物。要求从收货、分拣、编码、就位入库、输送到机位、装运起飞，或卸货、输出到货位入库、提货出库、交货、销号等一切程序和设施快速准确，布置十分紧凑。

其主要组成部分为：①货物收发分拣区，需要有完善的手续和程序控制，货场应有完善的起吊装置和传输线；②高架的集装箱和散件储存库；③管理和控制机构；④陆侧或市侧（货物航站靠城市的一侧）的交货、提货部分，包括装卸车装置、海关、边检、检疫、包装的检查和处置、特种货物的处置，和道路系统、铁路系统、水运系统连接的设施；⑤空侧（货物航站靠站坪的一侧）的装卸部分，包括货机坪、用装卸车装卸的机位和传送设施及从机头直接装卸的鼻入式站台和装置。

拓展阅读

浦东机场航站楼

浦东机场 T1 航站楼造型气势宏大，由主楼和候机长廊两大部分组成，均为三层结构，由两条通道连接，面积达 28 万平方米，到港行李输送带 13 条，登机桥 28 座；候机楼内的商业餐饮设施和其他出租服务设施面积达 6 万平方米。中间绿茵丛中有两条宽 54 米的连接通道，面积达 28 万平方米。航站楼全部采用大跨度钢结构屋架，楼内无一根立柱，是一个透明的大空间。作为安德鲁的设计作品，浦东机场的设计也非常独特，富有个性。大面积的绿地（约 350 万平方米）和碧波荡漾的水池（约 17 万平方米），衬托着轻巧、透亮的航站楼，像一只展翅欲飞的海鸥，寓意着上海航空事业的腾飞，也预示着 21 世纪上海经济的腾飞，给人以强烈的震撼力。航站楼的立面采用高透射、低反射的玻璃幕墙是其又一特色，并由于玻璃幕墙的通透性，更好地表达了立面造型空凌的动感，同时也使室内外空间相互交融，把室外绿色的生态环境引入室内，创造室内优美的候机环境。航站楼的平、剖面设计是典型的二层式布置，出发与到达的旅客被安排在不同的层面上，互不交叉、干扰。航站楼一分为二：一边是国际，另一边是国内，各自均有完整的运行体系。

2008 年 3 月 26 日，浦东机场 T2 航站楼正式投入运营，在为浦东机场增添一道亮丽风景线的同时，也为旅客演绎了“人性化”机场的新概念。T1 航站楼内旅客到停车库和轨道交通车站需要上下楼层，为使旅客换乘更加便捷，机场在 T2 航站楼的规划设计中，在 T1、T2 航站楼之间建设了一体化交通中心，到达旅客不用上下楼层就可以直接进入交通中心换乘。

T1、T2 航站楼出发层每隔 15 分钟有一班短途巴士，经由航站区循环立交桥运送旅客往返于两个航站楼的出发层。旅客也可以根据指示牌，直接在两个航站楼之间通过廊道和自动步道往返于 T1 廊道层和 T2 到达层。

T2 航站楼将传统的二层式结构改为“三层式”结构，自上而下分为国际出发层、国际到达层和国内出发到达混流层，将国内出发和到达放到同一楼层。

旅客中转流程的“三层式”布局，将国际出发与到达旅客被安排在不同层面上，互不交叉和干扰。而国内旅客出发与到达位于同一层面，是全国首个国内出发到达混流层，这样的布局，适应了上海国际航班波与国内航班波在时间上错开的特点，能够更好地满足航空公司中枢运作的需求，并且大大提高旅客中转效率。

T2 航站楼候机大厅有效利用自然光，显得宽敞明亮。出发大厅和候机大厅遍布了 138 个梭形天窗和遮阳膜，可根据不同季节和天气开启和关闭，既能隔离日照，又能引入自然光，还可以节约用电，为旅客营造了一个温馨舒适而节能环保的环境。

（资料来源：民航资源网，http://www.carnoc.com）

第4章 民用航空地理和航空气象

课前导读

本章介绍涉及民航运输业务的地理知识，通过阐述有关地球运动、航空区划、影响飞行的天气、时差知识等基本概念，使学生在学习相关航空运输地理课程之前，对这个领域有个初步的了解。

学习目标

知识目标

识记国际航协三大业务区的范围及其包含的主要国家；理解时差产生的原因及对飞行的影响；描述飞行时间的计算步骤；描述影响飞机起降和飞行的天气种类。

技能目标

能够根据资料进行飞行时间的计算。

4.1 自然地理常识和世界航空区划

4.1.1 自然地理常识

1. 地球的运动

（1）地球的自转

地球是一个椭圆球体。地球围绕自转轴自西向东自转，自转轴对着北极星方向的一端称为北极，另一端称为南极（图 4-1-1）。

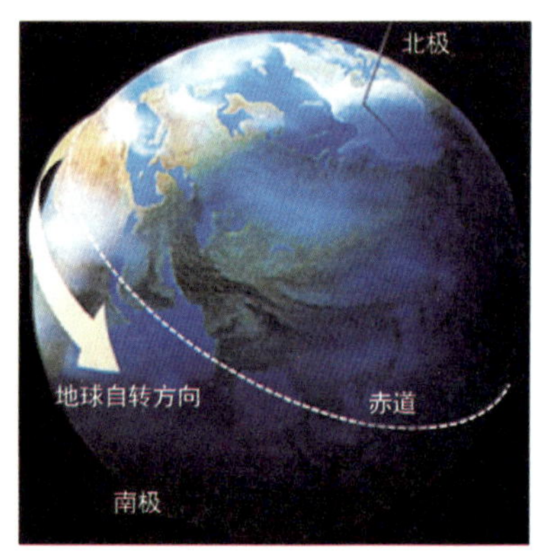

图 4-1-1 地球的自转

地球自转是地球的一种重要运动形式，自转的平均角速度为 7.292×10^{-5} 弧度／秒，在地球赤道上的自转线速度为 465 米／秒。一般而言，地球的自转是均匀的。

1）地球自转产生了昼夜更替的现象。向着太阳的半球是白天，背着太阳的半球是黑夜。

2）由于地球自转，地球上不同经度的地方，有不同的地方时；经度每隔 15°，地方时相差一小时。

3）物体水平运动的方向产生偏向。在北半球向右偏，在南半球向左偏。

4）对地球形状的影响。地球自转所产生的惯性离心力，使得地球由两级向赤道逐渐膨胀，成为目前略扁的旋转椭球体。

（2）地球的公转

地球的公转就是地球按一定轨道围绕太阳转动（图 4-1-2）。地球公转是一种周期性的圆周运动，像地球的自转具有其独特规律性一样，地球的公转也有其自身的规律。如果我们采用恒星年作为地球公转周期的话，那么地球公转的平均角速度就是每年 360° 。

1）地球公转形成了春、夏、秋、冬四季交替。

2）地球公转使南北半球季节正好相反。

3）地球公转使地球上出现热带、南温带、北温带，南温带、北温带形成了各地丰富的旅游资源。

2. 地球的经线和纬线

经线和纬线是人们为了在地球上确定位置和方向，在地球仪和地图上画出来的，地面上并没有画着经纬线。连接南北两极的线，称为经线。与经线相垂直的线，称为纬线（图 4-1-3）。纬线是一条条长度不等的圆圈。最长的纬线就是赤道。因为经线指示南北方向，经线又称为子午线。国际上规定，把通过英国格林尼治天文台旧址的那

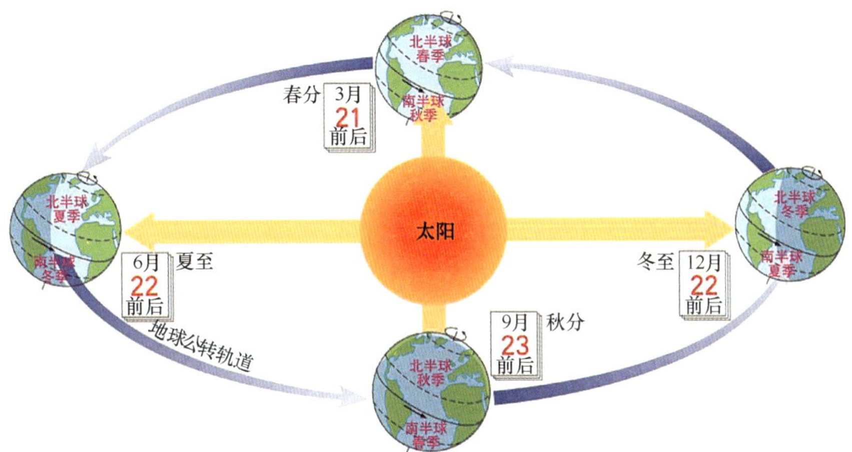

图 4-1-2　地球的公转

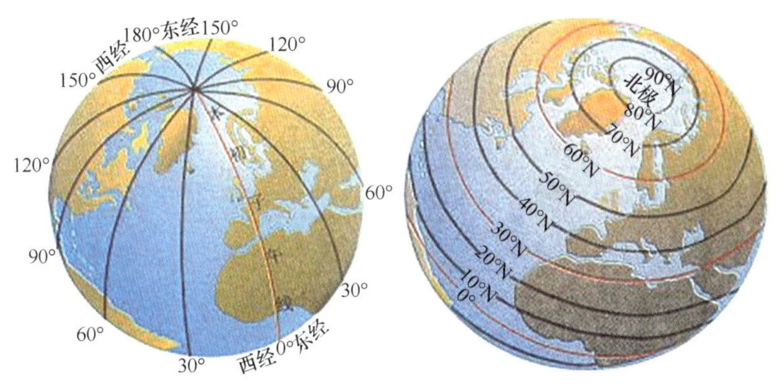

图 4-1-3　地球的经线与纬线

条经线，称为 0°经线，也称为本初子午线。在地球上，经线指示南北方向，纬线指示东西方向。

纬线是与地轴垂直的线，沿着东西方向环绕地球一周，所有的纬度都是平行的，并与经线垂直。其中，赤道是最长的纬线，纬度为 0°，整个地球沿着赤道向北各分为 90 份，每份为 1°。因此，南纬 90°是南极，北纬 90°是北极。我国首都北京位于北纬 39°纬线上。

经线是连接南北两极并垂直于纬线的弧线，地球表面任意两条经线的长度相等，并且相交于南北两极点。整个地球由本初子午线向东和向西分别分成 180 份，每一条经线都有其相对应的数值，也就是经度，每条经线之间相差 1°。我国首都北京就位于东经 116°经线上。

经线和纬线还可以把地球划分成几个不同的半球。像切西瓜一样，把地球沿赤道切开，赤道以北的半球称为北半球；赤道以南的半球称为南半球。

拓展阅读

地球的自转对飞行的影响

在中国和北美洲之间，乘飞机飞行，在同一条航线上，向东和向西的飞行时间会有很大的差别：基本上是向东的飞机比向西的时间短，有时差许多。向东的航班经常是提前到达；而向西的航班经常会晚到（图 4-1-4）。

东方航空 MU583 773　　飞行时长 12h5m
11月16日 13:00 PVG 浦东机场T1
11月16日 09:05 LAX 洛杉矶机场B

东方航空 MU578 773　　飞行时长 14h5m
11月20日 00:05 LAX 洛杉矶机场B
11月21日 06:10 PVG 浦东机场T1

图 4-1-4　上海至洛杉矶来回程航班时刻表

有的细心人可能想到：地球自西向东转，飞机向西飞，是迎着地球转动而来的；向东是去追赶地球转动的。所以，应当是向西飞行时间短才对呀。

这是什么原因导致的呢？简单地说，这是由于高空喷射激流导致的。

这个喷射激流是高空中快速流动的一道气流，也就是一道气体的“河流”。它通常位于对流层和平流层之间。高度大约在 7000～12000 米，纬度不同和季节不同，这个气流的高度和位置也会有所变化。

这个喷射激流在地球的南北半球各有两条，一般都是自西向东。当然，有时气流会分叉，或消失，甚至反向。在夏天时分，在西太平洋上就会出现一段西向的喷射激流。在青藏高原上空就会出现南北两条分开的喷射激流，并且它和亚洲的季风雨有很大的关系。

这个喷射激流产生的原因，简单地说是地球绕其轴自转，高空的气团因为惯性而导致的现象。大致说来，在北半球上，作水平运动的物体或流体，不论运动的路径如何，它总向运动路径的右侧偏；而在南半球，则向左偏。换一种说法是在地球这个转动参照系下，由于惯性的作用，在水平移动一段距离后，总是偏向右方。

这个现象对地面上的物体的影响不太明显，但对高空中大尺度的气团的运动就很明显了。这个激流的速度一般为 100～200 千米，有时会高达 400 千米。这个激流的速度会因不同季节而不同。向东飞的飞机进入这个激流中，使飞机相对地面的速度增加了许多。

飞机通常是从喷射激流的下方进入。有时飞机上产生很猛烈的颠簸，有时是遭遇这个喷射激流周围的强烈湍流的结果。从上海飞往洛杉矶的飞机，往返飞行路线不同，就是为了向东飞时好利用那个喷射激流而节省时间和能源。

这就是为什么有些飞机从亚洲向美洲比从美洲往亚洲飞行的时间短的根本原因。

4.1.2 国际航空运输协会分区与半球的划分

国际航协为了更好地协调世界各国航空运输企业的业务，根据相关国家之间航空运输的往来密切程度，将全球划分为 3 个区，即业务一区、业务二区和业务三区（图 4-1-5）。在每个区里还划分成若干次区。

1. 一区的构成

一般而言，一区包括西半球的全部，是指北美洲和南美洲大陆及其附属岛屿，格陵兰、百慕大、西印度群岛和加勒比海各岛屿，夏威夷群岛（包括中途岛和巴尔米拉岛）。

一区可划分为 4 个次区，分别如下。

1）北美洲次区。它主要包括美国、加拿大、墨西哥等国家。

2）中美洲次区。它主要包括伯利兹、洪都拉斯、危地马拉等国家。

3）南美洲次区。它主要包括阿根廷、秘鲁、巴西、乌拉圭、巴拿马、哥伦比亚等国家。

4）加勒比海岛屿次区。它主要包括安圭拉、巴巴多斯、古巴、海地、牙买加等国家。

2. 二区的构成

二区一般是指欧洲、非洲及其附属岛屿，阿森松岛和乌拉尔山以西的亚洲部分，包括伊朗。

二区也被分为 3 个次区，分别如下。

1）欧洲次区。它主要包括法国、德国、荷兰、英国、瑞士等国家。其中，包括地理属于亚洲的亚美尼亚、阿塞拜疆、格鲁吉亚、伊朗，地理属于非洲的阿尔及利亚、摩洛哥、突尼斯。

2）非洲次区。它分为中非、东非、南非、西非、印度洋岛屿、利比亚子区。

3）中东次区。它主要包括科威特、卡塔尔、叙利亚等国家。其中，还包括地理上属于非洲的苏丹、埃及。

3. 三区的构成

三区一般是指亚洲及其附属岛屿（除去已包括在二区的部分）、东印度群岛、澳大利亚、新西兰和太平洋中的岛屿（除去已包括在一区的部分）。

三区也被分为 4 个次区，分别如下。

1）南亚次大陆次区。它主要包括阿富汗、孟加拉国、不丹、印度、尼泊尔、巴基斯坦、斯里兰卡、马尔代夫等国家。

2）东南亚次区。它主要包括中国、新加坡、越南、菲律宾、泰国、马来西亚等国家。

3）西南太平洋次区。它主要包括澳大利亚、新西兰等国家。

4）日韩次区。它包括日本、韩国、朝鲜 3 个国家。

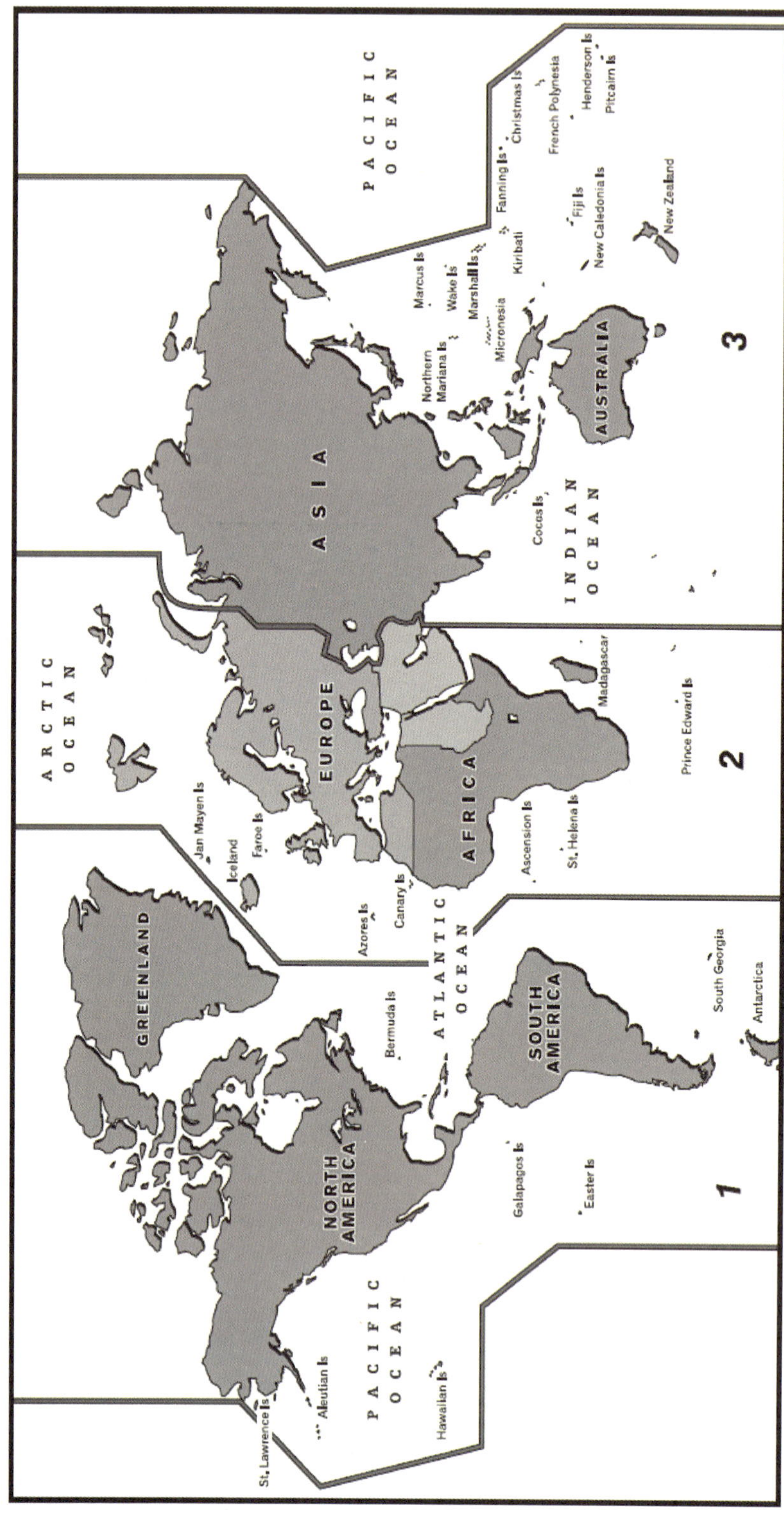

图 4-1-5 国际航协分区图

（图片来源：International Air Transport Association. 2015. Ticketing Handbook. Montreal-Geneva.）

4. 半球的划分

根据各个区的划分，国际航协又定义了半球的概念，即东半球（包括二区和三区）和西半球（只包括一区）。

4.1.3　国际民用航空组织对世界的航空区划

国际民用航空组织为了协调世界民航事务、制定航空技术国际标准以及统计分析世界民航的生产数据，将全世界分为北美洲、拉丁美洲及加勒比、欧洲、非洲、中东、亚太 6 大地区（图 4-1-6）。国际民航组织的年报及其出版的各种刊物，均以次航空区划作为参照，进行航空运输量统计和分析。

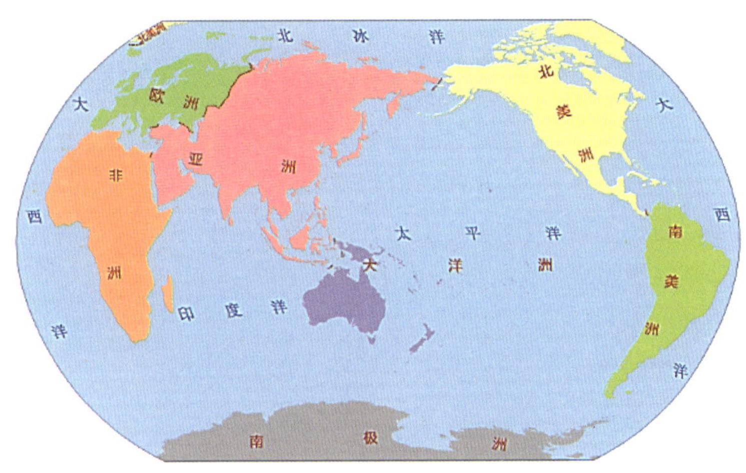

图 4-1-6　世界地图洲际分布图

4.2 时区与飞行

地球自转造成了经度不同地区的时刻也不同，当飞机跨越经度时，就产生了时刻上的不统一。目前，世界主要航线的分布呈东西向，沿这些航线飞行时，必然会跨越经度，因此，也就必须进行时差的换算。这个问题对安排航班，制订飞行计划和提高服务质量具有实际意义。此外，时差与飞行中昼夜长短的变化也会对机组人员的生物钟产生较大影响。

4.2.1　时差的产生及有关概念

1. 时区

我们知道，地球永不休止地自西向东自转着，我们感觉不到地球的转动，却看到太阳在东升西落，循环不已地运动着；而每一次循环，恰好是一个白昼和黑夜。所以，我们是这样来确定时间的：以太阳两次对准地球某一经线的时间间隔为一天（24小时），它实际就是地球对着太阳自转一周。由此，可以推算出，一小时是地球对着太阳自转 15° 的时间。所以整个地球按照经度共被划分为 24 个时区，时区划分时就以每 15° 经度为跨度标准划分为一时区。

2. 标准时间与时差

（1）标准时间

中央时区的中央经线为 0° 经线，此地的地方时被称为中央时区的标准时间。由于 0° 经线从英国伦敦的格林尼治天文台旧址通过，人们通称为格林尼治时间（Greenwich Mean Time，GMT）。各个时区的地方时都可以以格林尼治时间作为标准，并加以比较、换算，计算两地的时差。

（2）时差

随着地球自转，一天中太阳东升西落，太阳经过某地天空的最高点时为此地的地方时 12 点，因此，不同经线上具有不同的地方时。同一时区内所用的同一时间是区时（本区中央经线上的地方时），全世界所用的同一时间是世界时（0 度经线的地方时）。由地球的自转所引起，自转使得地球上经度不同的地区的地方时出现差异，两个地区地方时之间的差别称为时差。

各地的标准时间为格林尼治时间（GMT）加上或减去时区中所标的小时和分钟数时差。许多国家还采用夏令时（Daylight Saving Time，DST），比如美国每年 4～10 月实行夏令时，时间提前一个小时。

时差的计算方法为两个时区标准时间（即时区数）相减，差值就是时差，时区数值大的时间早。比如，中国是东八区（＋8），美国东部是西五区（−5），两地的时差是 13 小时，北京比纽约要早 13 个小时；如果是美国实行夏令时的时期，则相差 12 小时。

在国际时间换算表（表 4-2-1）中，不少国家在“Daylight Saving Time”一栏有数字，表示执行夏令时，“DST Effective Period”表示执行夏令时的时间。例如，在国际时间换算表中表示“Daylight Saving Time”为＋1，“DST Effective Period”为 4 月 2 日～10 月 28 日，则该国在当年的 4 月 2 日至 10 月 28 日期间执行夏令时。

表 4-2-1　国际时间换算表（部分）

国家 / 地区	标准时间	夏令时间	夏令时间执行日期
中国	＋8		
美国：			
东部时间	−5	−4	4 月 2 日～10 月 28 日
中部时间	−6	−5	4 月 2 日～10 月 28 日
山地时间	−7	−6	4 月 2 日～10 月 28 日
太平洋时间	−8	−7	4 月 2 日～10 月 28 日

夏　令　时

在夏季白昼较为漫长，为了节省电力并对白天加以充分利用，一些国家颁布法律把夏季的当地时间拨前一个小时或者多少分钟，使人早起早睡，减少照明能源，充分利用光照资源，达到节电的效果。这个变化了的时间称为“夏令时”，使用时有有效期的限制。我国曾于 1986～1991 年实行过夏令时。

3. 国际日期变更线

要想计算时差，还必须弄明白国际上对日界线的规定。假如有一个人从某地出发向东进行环球旅行，根据时区的换算，他每超过一个时区，便要将他的手表拨快一小时；反之，向西进行环球旅行的人，每过一个时区，他的手表便要拨慢一个小时。国际上规定，把东、西十二区之间的 180° 经线作为国际日期变更线，简称日界线。在日界线西侧的东十二区，在任何时刻，总比在日界线东侧的西十二区早 24 小时。也就是说，东、西十二区虽然钟点相同，但日期正好相差一天（图 4-2-1）。因此，飞机在飞过日界线时要改换日期，而钟点保持不变。自东十二区向东进入西十二区，日期要减去一天。例如，飞机于 12 月 4 日 8 时由东十二区进入西十二区，日期就要改成 12 月 3 日 8 时；反之，自西十二区向西进入东十二区，日期要加上一天。例如，飞机于 12 月 3 日 8 时由西十二区进入东十二区，日期就要改成 12 月 4 日 8 时。

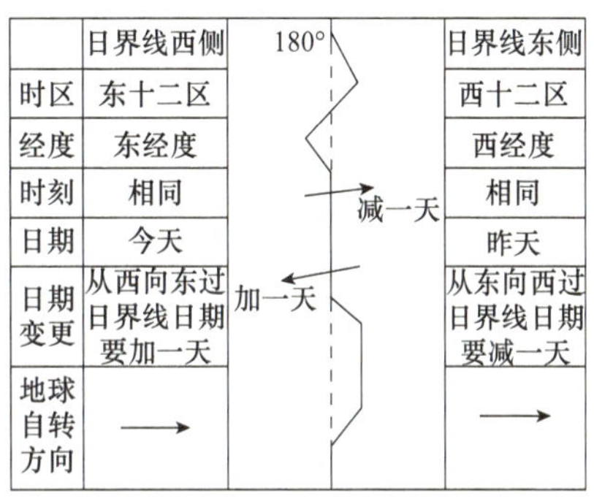

图 4-2-1　国际日期变更示意图

拓展阅读

时　差　病

我们乘坐国际航班，特别是跨越 4 个时区以上的飞行时，因为在短时间内改变甚至颠倒了昼夜的时间，而体内固有的昼夜节律一时转换不过来，导致生物钟被扰乱，会产生时差病。主要症状表现为食欲下降、疲乏无力、思维和反应能力迟钝、入睡困难等。

为了减轻这种跨时区的不适应，你可在出发前提前几天进行适应训练。如果向东飞行，则每天提前 1 小时入睡和起床；如果向西飞行，则每天推后 1 小时入睡和起床。将要跨越几个时区，就提前几天进行这种飞行前的适应训练。一上飞机，您最好把手表的时间调成要去国家的当地时间，根据那里的时间在飞机上有意识地调整自己的生物钟，这样可以使自己在到达目的地以后尽快适应当地的昼夜节律。

（资料来源：互动百科）

4.2.2 飞行时间的计算

在运输业务中，常常需要计算飞行时间，以安排旅客的旅行，或计算货物的在途时间。虽然，在民航计算机服务系统中，可以通过指令查询，但学习手工计算飞行时间是每个民航运输业务人员的基本功。

航班飞机时间的计算，大致可分为 3 个步骤。下面以航班 AF033 为例进行说明。

例： 航班 AF033，12 月 10 日 10:30 从巴黎出发，将于同日 11:55 到达蒙特利尔。请计算航班的飞行时间。

步骤一：查清始发地、目的地的当地时和标准时的关系。

巴黎：Paris：Standard Clock Time＝GMT＋1

蒙特利尔采用加拿大东部时区：Montreal：Standard Clock Time＝GMT－5

步骤二：将始发时间和到达时间换算成标准时间。

巴黎始发时间：GMT＝10:30－01:00＝09:30

蒙特利尔到达时间：GMT＝11:55＋05:00＝16:55

步骤三：计算到达时间和始发时间之间的差额，即飞行时间。

AF033，巴黎—蒙特利尔飞行小时：16:55－09:30＝7 小时 25 分钟

有的航班飞行跨越国际日期变更线，会出现日期上的前一天到达，或后一天到达，甚至后几天到达的有趣现象。这类航班在计算飞行时间时，需要用一天 24 小时的换算去调整。

例： 货机航班 NW904，12 月 10 日 15:15 从香港出发，航班有两个经停站，将于第二天 01:25 到达纽约。请计算航班的全程运输时间。

步骤一：查清始发地、目的地的当地时和标准时的关系。

香港：Hong Kong：Standard Clock Time＝GMT＋8

纽约：采用美国东部时区，New York：Standard Clock Time＝GMT－5

步骤二：将始发时间和到达时间换算成标准时间。

香港始发时间 10 日：GMT＝15:15－08:00＝07:15

纽约到达时间 11 日：GMT＝01:25＋05:00＝06:25 或 10 日 30:25（调整成同一天的时间）

步骤三：计算到达时间和始发时间之间的差额，即航班全程运输时间。

NW904，香港—纽约全程运输时间：30:25－07:15＝23 小时 10 分钟

4.3 航空气象与飞行

古人云："海阔凭鱼跃，天高任鸟飞。"其实这只是一种浪漫的想象。各类的飞鸟都有自己在空中飞行的活动范围。乌鸦与麻雀的活动范围不过几十千米，燕子、天鹅等候鸟可以按季节做长达几千千米甚至更远的迁徙，但它们的飞行高度和飞行路线几乎从来都是不变的。飞机的情况与鸟类有些相似，某些小型的通用飞机只在几百千米

的范围内活动，航线上的大型飞机可以在全世界范围内飞行，但是它们的飞行路线和飞行高度也是受限制的。事实上不管是鸟也好，飞机也好，谁也不能在天空中随心所欲地乱飞，除了有一定飞行高度外，还要受各种气象条件的制约。

4.3.1 大气层结构

地球被一层很厚的大气层包围着。大气层的成分主要有：氮气占 78.1%；氧气占 20.9%；氩气占 0.93%，还有少量的二氧化碳、稀有气体（氦气、氖气、氩气、氪气、氙气、氡气）和水蒸气。大气层的空气密度随高度而减小，越高空气越稀薄。大气层的厚度大约在 1000 千米以上，但没有明显的界线。整个大气层随高度的不同表现出不同的特点，分为对流层、平流层、中间层、暖层和散逸层，再上面就是星际空间了（图 4-3-1）。按照这个划分，飞机的活动圈层在对流层和平流层的范围之内，这两层的性质与特点，影响和制约着飞机的飞行活动。

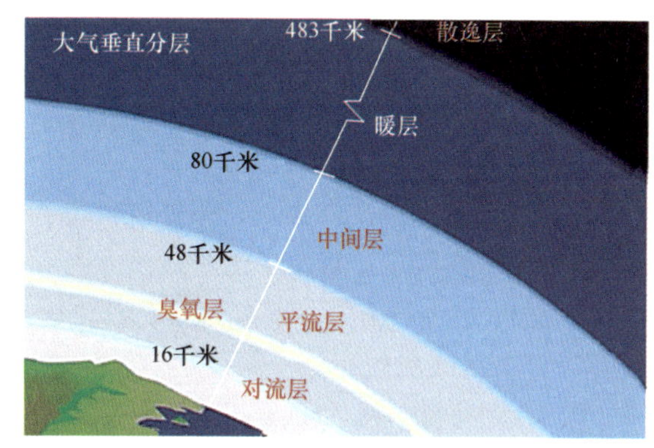

图 4-3-1 大气层结构

1. 对流层

对流层为深厚大气层的最底层，平均厚度约十几千米，低纬相对较厚，约 17～18 千米，高纬相对较薄，约 8～9 千米。它虽然是各层中最薄的一层，但却集中了大气质量的 3/4，整个大气中的水汽和杂质都集中于这一层。在飞行中遇到的各种复杂天气现象，云、雾、暴雨、雷电等都出现在这一层。对流层有以下 3 个明显特征。

1）气温随高度递减。在对流层中，大气的热能主要来自地面的长波辐射。平均每上升 1000 米就下降 6.5℃。

2）有强烈的对流运动，对流层因此而得名。由于气温随高度递减，造成对流，对流即指空气的垂直升降运动，正是由于空气的抬升，才造成大气中的云、雨、雷、电等危险天气的产生。

3）冷、暖、干、湿的水平分布不均。这种分布不均造成空气的水平运动，使得不同地区之间进行能量和水分的交换。在对流层中，由下到上，气流和天气现象的分布也有明显的差异。据此，又可以把对流层分为摩擦层、中层、上层及对流层顶。

自地面到 1～2 千米为摩擦层，该层受地面影响强烈，摩擦作用和滞流明显。层中水汽含量大，固体微粒多，雾、浮尘、低云等不利于飞行的天气频繁出现，气象要素的变化显著。从摩擦层顶至 5.5 千米称为中层。这层中的气象要素，如温度场、气压场、风场大致表征了整个对流层中的分布和变化趋势。因此，天气形势预报多以 5500

米上空的要素分布为依据。大气中的云和降水主要产生在这一层。5.5 千米至对流层顶称为上层，这一层基本不受地面影响，气温常年在 0℃以下。风速较大，中纬度（西风带）的风速经常在 30 米 / 秒以上。

对流层顶为对流层与平流层的过渡层。其主要特征是气温垂直递减率减小和湿度锐减，逐渐出现等温甚至逆温。这种气温的垂直结构抑制了对流层中的升降运动，水分热量的传输不能向平流层发展。使得对流层与平流层中的气象要素有明显差异。

2. 平流层

从对流层顶到 55 千米处，与对流层比较有以下明显不同。

1）气温随高度的增加而增加。平流层中大气的热能主要来自臭氧对太阳辐射的吸收，主要是对紫外线的吸收。

2）大气运动以平流为主，平流层因此得名，该层中气流相对平稳。

3）含水汽和杂质极少，云、雨现象几乎绝迹。

由此可见，平流层中没有强烈的对流运动，没有各种危险的天气现象，气流平稳、能见度好，是飞机航行的良好层次。

从以上对两个层次的分析来看，对流层上部和平流层内应该是飞行的理想层次。但由于一些因素的制约，目前平流层还没有被充分利用。一方面，飞机本身必须具备高空飞行的能力，而且随着高度的增加，空气逐渐稀薄，飞行对操纵的反应相对迟缓。这些缺陷只有通过飞机性能的提高才能解决；另一方面，由于行政区划的限制和空中管制的约束，大多数中、短程飞行都被限制在规定的层次中。

拓展阅读

各类飞机的活动范围

民航飞机的活动范围在对流层和平流层，从地面算起到约 18000 米高度之内。

1）没有增压的飞机和小型的喷气飞机：7000 米以下的对流层。

2）大型和高速的喷气式客机（有座舱环境控制系统）：在 7000～13000 米的对流层顶部和平流层。因为在这个高度，没有垂直方向的气流，飞机飞得平稳，而且由于空气稀薄，飞行阻力小，因而飞机可以以较高的速度飞行，节约燃油，经济性能好。

3）超音速飞机和一些高速军用飞机：高度可达 13500～18000 米。

（资料来源：民航资源网，http://www.carnoc.com）

3. 中间层

中间层是自平流层顶到 85000 米之间的大气层。该层内因臭氧含量低，同时能被氮、氧等直接吸收的太阳短波辐射已经大部分被上层大气所吸收，所以温度垂直递减率很大，对流运动强盛。中间层顶附近的温度约为 190 开；空气分子吸收太阳紫外线辐射后可发生电离，习惯上称为电离层的 D 层。

4. 暖层

暖层又称为电离层，是地球大气的一个电离区域。60 千米以上的整个地球大气层都处于部分电离或完全电离的状态，电离层是部分电离的大气区域，完全电离的大气区域称为磁层。也有人把整个电离的大气称为电离层，这样就把磁层看作电离层的一部分。大约距地球表面 100～800 千米。最突出的特征是当太阳光照射时，太阳光中的紫外线被该层中的氧原子大量吸收，因此温度升高，故称为暖层。

5. 散逸层

散逸层是暖层顶以上的外大气层，延伸至距地球表面 1000 千米处。这里的温度很高，可达数千度；大气已极其稀薄，其密度为海平面处的一亿亿分之一。

知识链接

大气物理参数

地球周围包围着一层大气，总重量大约有 5130 亿吨，形成大气压，每个平方米承受相当于 10 吨的压力。如果以海平面为标准，这个压力相当于 760 毫米汞柱。大气由各种气体组成，其中 78.09% 的体积为氮气，20.95% 的体积为氧气，剩下 0.96% 的体积为二氧化碳和臭气。大气压即相等于氧分压与其他所有气体分压的总和。大气的质量越近海平面越密集，大气压包括氧分压越大；海拔越高，大气压及氧分压相应降低，即海拔每升高 100 米，大气压下降 5.9 毫米汞柱，氧分压下降约 1.2 毫米汞柱（图 4-3-2）。

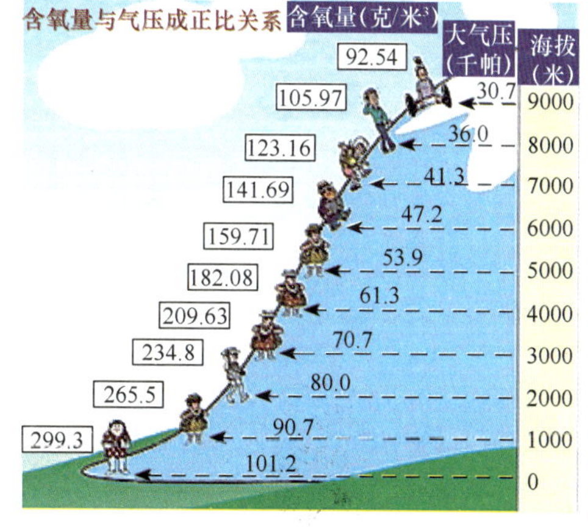

图 4-3-2　海拔高度与大气压力和含氧量的关系

1. 大气压力

大气压力随着高度的升高而减少，也随着温度的降低而减低。海平面的标准气压为 760 毫米汞柱。

2. 大气温度

一般我们使用摄氏温度（℃）来表示大气温度。在对流层，大气温度随着高度的增加而线性下降，大约每升高 1000 米，温度下降 6.5℃。到达平流层后温度基本保持不变，在 11000～26000 米的高度，空气温度基本保持在－56.5℃。

3．相对空气密度

我们通常用某一高度上的空气密度和海平面空气密度之比来表示空气密度的大小，这个比值称为相对空气密度。例如，11000 米高度的相对密度为 0.3，我们就很容易知道在这个高度空气的密度只有地面密度的 30%。

（资料来源：根据相关资料整理）

案例分析

偷渡男子命丧起落架舱

2007 年 7 月 19 日电，美国旧金山多家执法机构今天正在对一名藏匿在上海至旧金山美联航 858 班机上被冻死的偷渡者进行身份检验，目前尚未搜寻到任何线索。

当地时间 7 月 19 日上午 7 时 45 分左右，一架从上海起飞的美国联合航空公司波音 747 班机在旧金山国际机场降落。大约 1 小时后，机场检修人员进行常规检查时，在飞机驾驶室下部的前起落架收起处发现一具冻僵的尸体。

尸检人员随后对尸体进行初步检验，发现这位年约五旬的亚裔男子身上并未携带任何证件，无法了解其身份。这名男子身着六、七层衣服，包括两件夹克外套，身体无伤痕，其口袋里只有少量外币和一些药物。

尸检人员认定，该男子或是由于暴露在－40℃的高空而冻死，或是由于严重缺氧死亡。他们将提取的指纹交由有关部门，当地执法机构与移民局正在进行身份验证。尸体将于明日进行解剖。

中国驻旧金山总领馆对此事件表示关注。由于暂时无法验明死者的身份，领馆正与当地警察局保持密切联系。

图 4-3-3　波音 747 飞机前起落架舱

旧金山国际机场新闻发言人认为，这是一起偷渡事件。美国航空管理局发言人称，从 1947 年以来，共有 74 人通过藏匿在飞机中的方式偷渡进入美国，60 人死亡，其余成功。发生在旧金山国际机场的最近一次类似事件是八年前，一名偷渡者从英国飞往旧金山的航班中，躲在起落架（图 4-3-3）收起处，结果是冻死。

（资料来源：民航资源网，http://www.carnoc.com）

4.3.2　航行层

当飞机起飞后，升到一定高度开始水平飞行，水平飞行的层次有一定的高度范围。

如前所述，在对流层中、下部，各种天气现象频繁出现，对飞行不利。但在短程航线上，由于受距离、机型、空中管制等因素的制约，飞机仍需在这个层次内飞行。而在绝大多数中、远程航线上，航行层次在对流层上和平流层下部之间。

考虑到目前的飞行密度及技术因素，通常将 6000～12000 米划为高空飞行层，6000 米以下为中低空飞行层。在高空飞行层中，相向飞行的最小间隔为 300 米，同向飞行的高度层间隔为 600 米。

为了使不同方向的飞行安全有序，高度层的配备还与航路的航线角有关。按规定，当航线角在 0°～179°时，6600 米以上的同向高度层间隔 1200 米，5700 米以下的同向高度层间隔为 600 米。当航线角在 180°～359°时，6000 米以上的同向高度层间隔为 1200 米，6000 米以下的间隔为 600 米。

在低空飞行时，为了确保安全，要规定最低飞行高度。最低飞行高度与地形和障碍物有关。在平原地区，飞行必须高出航路上的最高障碍物 400 米以上，最高障碍物是指沿航路宽约 50 千米的带状区域内的制高点。而在山区，飞行要高出航路带上制高点的 600 米以上。

知识链接

客舱压力

飞机升空后，随着飞行高度的逐渐增加，周围的空气越来越稀薄，气压下降，温度也下降。在海拔 4000 米以上高空，人就有较严重的缺氧表现。到了海拔 6000 米的空中时，机外温度下降到零下 24℃，空气密度仅为地面的 53%，此时人能维持有效知觉的时间仅为 15 分钟。早期的飞机，驾驶员靠穿上厚厚的皮飞行服来抵御寒冷，但没有办法防御低气压。直到 1945 年以前，运输机的飞行高度都被限制在海拔 6000 米以下，通常只在海拔 600～4000 米的区间飞行。以后在飞机上添置了制氧设备或氧气瓶等，这些也只能在应急或特殊情况下使用，不能根本解决问题。直到 1947 年，涡轮压气机被装进飞机，它可以源源不断地给客舱提供相当于正常大气压的 80% 的空气。从此客机的飞行高度才突破海拔 6000 米的禁区达到 10000 米以上。这种增压后的气压相当于在海拔 2400 米高度的大气压力。这种客舱称为增压座舱。有人会问，为什么不把座舱内的气压调整到和海平面的气压一样呢？这是因为座舱内部的压力如果越高，飞机升到高空以后，机内机外的压力差也就越大，飞机结构所承受的压力也越大。目前客舱内设定的这个压力对于一般人来说没有什么不舒服的感觉，可是飞机结构受力却大为减轻，因此在制造飞机时就可以减轻飞机的结构重量。在飞机起飞和降落时，由于存在着近 2400 米高度差所导致的气压变化，乘客会感到耳朵内鼓膜疼痛不适，这种不适比较轻微，持续时间也短，乘客可以使用来回张嘴闭嘴的动作或者嚼点口香糖使耳鼓膜内外的气压平衡，以减轻这种症状。

（资料来源：中国民用航空局，http://www.caac.gov.cn）

拓展阅读

中国民航总局公布减缓航班空中塞车新方案

中国民航总局公布减缓航班“空中塞车”新方案，2007 年 11 月 22 日零点起，缩小 8400 米以上的飞行高度层垂直间隔，飞行层级从 7 层扩展到 13 层。

民航总局网站发布消息说，民航总局制定《中国民航实施缩小 8400 米以上飞行高度层垂直间隔方案》，确定我国新的飞行高度层配备标准：8400 米以下飞行高度层实行 300 米垂直间隔；8400～8900 米实行 500 米垂直间隔；8900～12500 米实行 300 米垂直间隔；12500 米以上仍然为 600 米垂直间隔。新飞行高度层垂直间隔配备方法自 2007 年 11 月 22 日零时起施行。

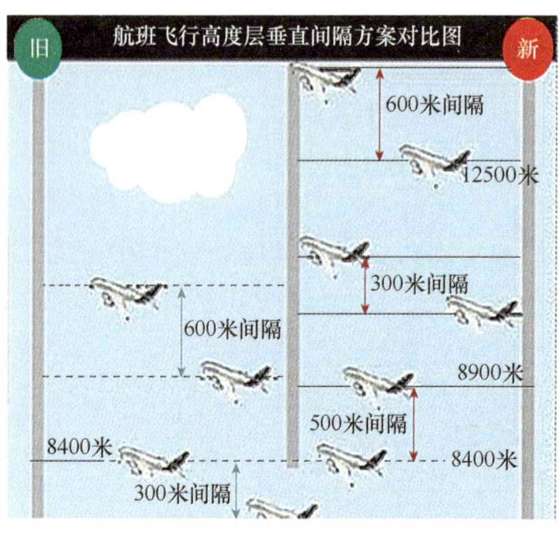

图 4-3-4　航班飞行高度层垂直间隔方案对比图

据民航业内人士说，飞行航路宽度是固定的，飞机不能并排飞，但可以在不同高度层上“叠罗汉”飞行，整个航路像“空中立交桥”，缩小飞行高度层的垂直间隔相当于增加立交桥层次，从原来的 7 层增到现在的 13 层，几乎让航班容量扩张了 1 倍（图 4-3-4）。

据了解，我国现行飞行高度层配备标准是在 20 世纪 50 年代确立的配备方法基础上，经过 1993 年和 2001 年两次改革形成，即在 8400 米高度以下飞行高度层实行 300 米垂直间隔，8400 米高度以上飞行高度层实行 600 米垂直间隔。这种配备方法在当时可以满足民航飞行需求，但近年来我国民用航空运输快速增长，运输机队规模扩大，机场起降架次和空中交通流量急剧增加，可用空域资源越发紧张，空中航班流量大大超过航路容量，不得不实行流量管制而造成航班经常性延误。

（资料来源：中国民用航空局，http://www.caac.gov.cn）

知识链接

航　路

为什么偌大的天空不能让飞机自由翱翔呢？原因有以下几方面：第一，各种飞机都具有不同的性能，适合这些飞机飞行的高度是不相同的。例如，大型喷气客机在起飞之后，必须迅速升高到 7000 米以上的高空，在这个高度上飞行既省油又飞得快，但最高不能超过 13000 米。再往上飞，它的发动机能力就不够了。中小型飞机的活动范围在 7000 米以下。超音速客机的飞行高度在 13000～

18000 米。第二，飞机不论在天上如何飞，最终必须回到机场上，飞机的活动以机场为中心。在机场的上空飞机的密度最大，有起飞的，有降落的，还有从上空通过的。在这种空中交通如此繁忙的空间内，如果飞机各行其是任意飞的话，必然会发生拥挤碰撞事故，历史也曾有过这样的事故记载。因此，在机场上空划出特定的区域，在这个区域中飞行的飞机必须严格遵守规定，按照空中交通管制员指定的路线飞行。第三，即使在远离机场的空域中，为了随时能掌握飞机的情况，给飞机驾驶员提供必要的气象、地形、导航等信息，以保障飞机安全飞行，飞机也必须在划定出的航路上飞行（图 4-3-5）。航路相当于地面上的公路，有一定的宽度限制。飞机在这样一条不宽的通道中飞行，必然要遵守一定的交通规则才行。为了保证军事航空对空域的需要，还要划出一定的空域作为禁区或军事管制区。这样一来，虽然天空很广阔，但留给民航飞机活动的空间就十分有限了。

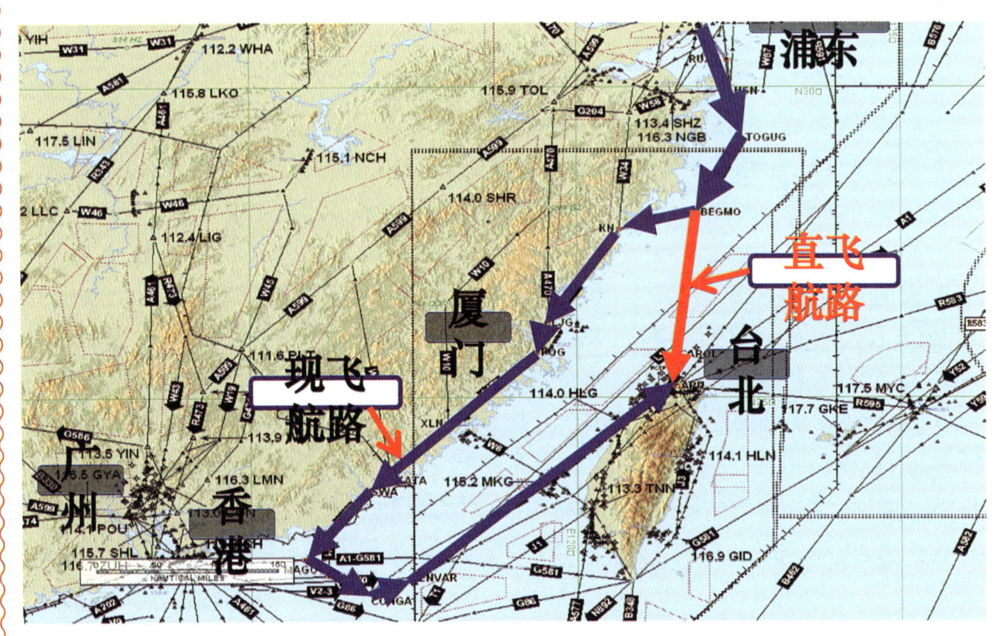

图 4-3-5 两岸三通前上海至台北的航路

（资料来源：中国民用航空局，http://www.caac.gov.cn）

4.3.3 气象要素对飞行的影响

风、能见度、云底高是机场最低运行标准的主要指标，不同的机场、不同的跑道、不同的机型、不同的机长都有不同的标准，只有在所有标准都符合最低运行标准时，飞机才能起飞或者降落。

1. 风

风是对飞行影响最大的气象要素，飞机起降方向的选择、航线的选择、航油携带量、飞机配载都必须考虑风向风速的影响，地面强风不仅影响飞机的起降，还会对停场飞机和地面设施造成破坏，甚至在万里无云的高空，风的变化也会使飞机出现颠簸乃至于强烈颠簸。

在气象上，地面风速大于 12 米 / 秒的风称为大风。机型不同，其所能承受的最大风速允许也不同。有地面大风时，往往产生乱流涡旋，从而影响飞行的稳定性能，加大操纵难度。尤其是侧风起降时，飞机起飞和着陆的操纵变得相当复杂。当侧风很大时，飞机难以保持平衡，大风使机身倾斜，有时使翼尖擦地，造成事故。风速强劲时甚至对停放的飞机也造成很大的破坏。在一定条件下，地面大风可伴有风沙、吹雪、浮尘等发生，致使近地面的能见度降低，从而影响起降。

知识链接

大侧风对飞行的影响

大侧风对飞行的影响不可忽视，其产生的气象条件也复杂多变，有可能是由于季节的转变，也有可能是因为雷暴的推进。对飞行员而言，最主要的是做好飞机的方向、位置、下沉率、推力等飞行状态控制和潜在风切变的处置。

飞机在出厂时一般都要经过验证侧风飞行，以验证飞机的抗侧风能力，给出最大验证侧风值。例如，波音 737-800 飞机的最大验证侧风为不带小翼 36 海里 / 小时（18.5 米 / 秒），带小翼为 33 海里 / 小时（17 米 / 秒）。然而，这一数值并不代表飞机的极限抗侧风能力，而是飞机经验证试飞时的最大侧风。一般各航空公司会考虑安全裕度，在运行时将本机型最大侧风数值限制为稍小于或等于厂家给出的验证侧风值。

以波音 737 飞机为例，其机组使用手册规定，在干跑道上允许的最大侧风分量是 30 海里 / 小时（15 米 / 秒）。波音公司所给限制值考虑了一定的安全裕度，实际上飞机的性能应大于对抗 17 米 / 秒正侧风的能力。因此，只要在公司规定的侧风标准下，从飞机性能上考虑可以保证飞机的安全起降，并有较大的安全裕度。如果该机场发布的侧风分量超过了此限制，飞机是不能在此机场落地的，机长必须终止进近或选择其他机场备降，否则将酿成空难事故（图 4-3-6）。

图 4-3-6 飞机降落时遇大风侧翻

在实际运行过程中，我们不仅要考虑风的大小，还不能忽视道面情况，道面干燥与道面积水时的侧风标准是不一样的。因此，是否符合侧风标准应根据跑道的道面情况而定。例如，波音 737 在湿跑道下的侧风限制为 12 米 / 秒，在刹车效应中等以下的侧风限制减为 7 米 / 秒。

（资料来源：http://www.sohu.com/a/71476847_362231）

2. 能见度

能见度是指具有正常视力的人，在当时的天气条件下，能够看清目标轮廓的最大距离（图 4-3-7）。能见度的好坏直接影响飞行的起降。低云、降水、雾、风沙、吹雪、浮尘、烟、霾等天气对机场产生视程障碍现象。在日常飞行活动中的“机场关闭”“机场开放”，能见度是其中气象条件之一。

图 4-3-7　晴天与雾天时首都机场塔台外的不同实景

雾是悬浮在近地表上空的大量水滴或冰晶。雾的厚度一般在几十米到几百米之间，雾滴悬浮在近地表上空，一方面影响空气的透明度，另一方面对灯光产生较强的反射。在过冷雾中飞行，也可产生机身积冰。因此，机场上空有浓雾时，将严重妨碍飞机的起降。

3. 云

云由飘浮在空中的大量水滴和冰晶组成。云有各种各样的形态，它反映当时的大气状态，还能预示未来的天气变化。不同的天气条件下，产生不同的云。云和飞行活动密切相关，云底高度在 500 米以下的云，生成和移动较快，短时间内可掩盖整个机场上空，使能见度迅速降低，它常常给飞行造成困难甚至危及安全。例如，云底高度很低的云层可妨碍飞机的起降；飞机在云中飞行，不但能见度恶劣，还可能遇到危及飞行安全的积冰、颠簸等天气现象。云中明暗不均，有时甚至使飞行员产生错觉。

4. 降水

降水是指液态或固态水从云中降到地面的现象。降水不但能使能见度降低，而且其附着于飞机和地表，对低空飞行及着陆都产生不利的影响。在空中，降水在座舱玻璃上造成流水或黏附雪花，使空中能见度更低。飞机如在过冷水滴的云层下飞行，会迅速结冰，危及安全。在大雨中飞行时，由于雨水的附着，改变机身表面形态，往往使升力减小，阻力增大，同时因大雨对机身的冲击，损失飞机的水平和垂直动量，使其在进近阶段过快失速，使飞机的空气动力减少甚至能使发动机熄火。在地面，降水附着在跑道上，地面摩擦力减小，使操纵困难。特别是跑道积雪、结冰时更为显著，影响跑道的使用。在快速滑行或突然刹车时，飞机可能偏离跑道。

5. 气温和空气密度

气温对飞机的飞行性能和航空经济效益的影响是多方面的，气温的差异导致密度差异，从而影响飞机的气动性能，对巡航速度、最大飞行速度、燃料消耗、飞机载荷、飞机升限、飞机起飞着陆的滑跑距离、飞机气压高度表和空速表示值等都会产生影响。例如，当飞机按气压高度表保持固定高度飞行时，巡航速度是随温度的升高而增加的；当气温高于标准大气温度时，空气密度变小，产生的升力也小，因而载重量减小；反之，当气温低于标准大气温度时，载重量增加；飞机的小时燃料消耗量随气温和气压降低而减小；若气温升高，机场海拔高度增高，即气压减小，空气密度减小，要获得同样的升力必须增大空速，同时空气密度减小，发动机功率减小，飞机增速减缓，因而使起飞滑跑距离增长；等等。

4.3.4 航空气象对飞行的影响

对飞行安全造成威胁的天气现象主要是雷暴、闪电、颠簸、积冰、低空风切变、火山灰云、台风等。

1. 雷暴

雷暴是一种强烈的对流性天气。雷暴出现时，多伴有雷电、暴雨、冰雹和大风。在雷暴中飞行时，云中强烈的乱流使飞机发生严重颠簸，甚至使飞机处于无法控制的状态；云中大量的过冷水滴会使飞机发生积冰；闪电能严重干扰无线电通信，甚至烧坏仪器；冰雹可能击穿飞机蒙皮；等等。在一般情况下，应避免在雷暴区飞行。夏季雷暴多，在云中飞行，遇到天气复杂多变，不仅要根据机载雷达来判断情况，同时还要请求地面气象雷达进行协助配合。

2. 闪电

闪电是自然界中强烈的、能量巨大的放电现象，一般在对流旺盛的积雨云中的电荷之间（或称云内闪）或云中电荷与地面电荷之间产生，云内闪出现的频率最多。当闪电出现时，伴有强烈的闪光和巨大的轰鸣声。闪电的长度最长可达数千米，温度可高达 28000℃，相当于太阳表面温度的 3～5 倍。其超强的电场强度可造成飞机导航和通信设备损坏。飞机在设计之初就考虑到雷击的问题，尽管飞机不能免于雷电的损坏，但雷电不能穿过机体伤害旅客。

3. 颠簸

飞行时的颠簸主要是由于空气不规则的运动（或称大气湍流），致使飞机出现上升或下沉的现象，是一种复杂的非线性过程，它们常以不同的尺度出现（图 4-3-8）。一些与大范围的急流运动相联系的季节性颠簸可以在飞行航路上限制数百公里的空域。轻度的颠簸带来的摇晃和震动也许只是让咖啡洒在旅客的衣服上，而严重颠簸则可使机翼受损，发动机脱落。颠簸一般在对流云中产生，但与对流云无关的晴空大气湍流（CAT）所产生的晴空颠簸，出现在 6000 米以上的高空居多，由于它不伴有可见的天气现象，目前气象观测和预报较为困难，飞行员也难以事先发现，严重威胁飞行安全。由于颠簸的发生存在一定的不确定性，而且伴随飞行的全过程，所以乘客最好全程系好安全带，以避免不测。

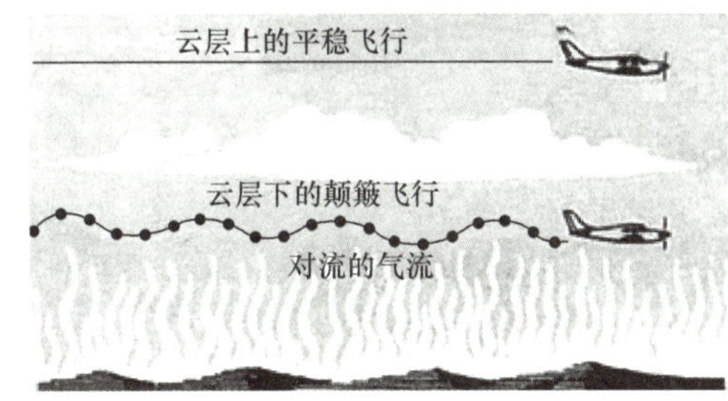

图 4-3-8　飞机颠簸

案例分析

南航航班被指自由落体下降数十秒，11 人受伤

2012 年 5 月 10 日 13 点 41 分，CZ3525 航班从广州白云机场起飞。气象预报显示，广州当时为中雨天气。

“起飞约半小时后，飞机突然下坠。”旅客 JANKS（微博）回忆，当时没有系安全带的旅客和正在派餐的空乘人员立即“飞了起来”，撞到客舱顶部天花板，“50 吨重的波音 B777 自由落体下降数十秒。”在此之前，飞机还经历了上下抖动和左右摇晃。急坠后，客舱内的杂物和饮料在空中乱飞。

根据南航的通报，第一次颠簸发生在航班起飞后的半小时左右。“正常情况下，飞机此时还没有进入平流层，距离地面的高度大约为 7000～8000 米。”一名资深飞行员分析。

图 4-3-9 飞机颠簸后的客舱

随即，又一次猛烈的下坠降临。巨大的冲力甚至让他感受到死亡的威胁。JANKS说，“后来，飞机猛地往上拉回，像重砸在地上。”在机上旅客拍摄到的现场图片中，报纸、面包、饮料杯……到处散落（图 4-3-9）。旅客和乘务人员的脸上满是惊恐。

有名乘务员左前臂擦伤，腰部扭伤。而机上，还有旅客出现骨折、头面部受伤的情形。有旅客提及，事发后，乘务员在客舱内巡查受伤旅客人数，并安抚大家的情绪。机组则向空管报告，要求上海虹桥机场提前派出救护车，以便在飞机降落后第一时间救治伤员。

有民航业内人士总结，飞机颠簸的原因，可能是在山区、高原、沙漠地区飞行，地形使空气受到阻力，造成空气垂直运动。此外，眼下雷雨较多，积云导致空气流动不稳定；而阳光照射也会使地面的空气受热膨胀上升，冷空气下降补充，形成空气对流而引起颠簸，中午飞行尤为明显。

还有一种名为风切变的天气现象。雷雨、冷锋、热雷暴等使空气产生上下对流运动，飞机经过时会产生强烈颠簸，严重时可导致飞行事故。

沪上一位资深机长介绍，现在的民航客机上，都有颠簸探测装置。但由于这种装置是通过对前方水雾浓度的监测来判断颠簸程度，因此在晴空万里时，就无法发挥明显的作用。“雷达也是一样，即便显示仪上没有前方云层提示，也可能存在乱流。”他说。航行过程中，也会遇到乱流区被云团遮挡使仪器不能监测到的情况。

（资料来源：搜狐网，http://www.sohu.com）

4. 积冰

飞机飞经温度在 0～4℃左右的云、冻雨和湿雪区时，飞机表面常会发生结冰的现象，称为积冰（图 4-3-10）。积冰主要由于飞机在云中或降水中飞行时，过冷却水滴碰撞机身后产生冻结而形成的，也可由水汽直接在飞机外表面上凝华而成。飞机积冰是否产生由 3 个临界变量决定：液态过冷水含量、温度和水滴的大小。冬季露天停放的飞机也可能形成积冰或表面结霜。积冰会改变飞机的动力性能，严重时会造成起落架收放困难和通

图 4-3-10 为即将起飞的飞机喷洒除冰液

信设备失灵等后果。不过，现在的民航飞机一般都安装有除冰装置，除少数恶劣情况下仍有积冰现象外，一般不会发生很大危险。但多数飞机在高速飞行和中、低空飞行时，仍有积冰现象的存在。

5. 低空风切变

低空风切变对飞行安全威胁很大，是构成飞机起飞、着陆的危险因素之一。尤其是飞机在近进着陆过程中，它对飞行安全的威胁尤为严重。

低空风切变是指在 600 米以下的空中，风向或风速变化都十分明显的风（图 4-3-11）。这种变化可分为 3 种基本情况，即水平风的垂直切变、水平风的水平切变及垂直风的水平切变。水平风的垂直切变是指水平风在垂直方向上风速或风向的改变；水平风的水平切变是指水平风在水平方向上风向或风速的改变；垂直风的水平切变是指垂直风在水平方向上的改变。

由于风切变的存在，当飞机遇到它时，空速将发生改变，从而使升力发生变化。力的平衡遭到破坏，会发生改变航迹和飞机姿态的现象。这种变化如果在高空发生，则可通过适当的操纵使飞机恢复到平衡状态。但在低空则来不及进行操纵调整，有可能造成飞机坠毁事故。

影响起降的低空风切变主要表现为水平风切变和垂直风切变。水平风切变主要因风速的变化影响升力，从而改变正常的起降航迹和飞机姿态。垂直风切变是指飞机从无明显的升降气流进入强烈的升降气流区域的情形。特别是强烈的下降气流，往往具有明显的猝发性，强度很强，会使飞机突然下沉，危害很大（图 4-3-12）。

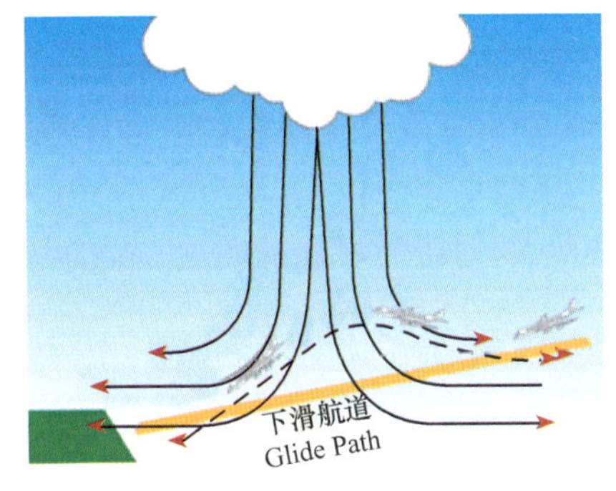

图 4-3-11 风切变示意图

图 4-3-12 飞机降落时遭遇风切变重着陆

案例分析

东航客机遭遇“空中杀手”

2005 年 4 月 21 日凌晨 4 时，在成都乘坐飞机回浦东的王轶，不得不从杭州打的回上海。他乘坐的原定于 20 日晚上 9 时 15 分在浦东降落的东航 MU5412，在降落时遭遇“空中杀手”——风切变，3 次试降没有成功。为了安全，在沪上空盘旋40多分钟的航班带着100多位乘客备降杭州萧山机场。

“机身摇晃得厉害，我们感觉非常不舒服。”王轶这么回忆当时的情况。“飞机在晚上9点就到了浦东上空，盘旋了一圈后无法降落。后来又降落两次也没有成功。”

22时15分左右，飞机在萧山机场顺利着陆。“当时就是一片欢呼声，毕竟在天上没有在地上感觉安全。就是降落在内蒙古，我也觉得开心。”王轶说。

其后，在飞机加油期间，一部分乘客拒绝再乘坐该架飞机回上海，主要是怀疑飞机有问题，另一部分乘客甚至要求坐大巴回来。

东航党委宣传办的孟姓工作人员在接受采访时表示，“遭遇低空‘风切变’是这次飞机备降杭州萧山机场的原因。”

风切变是飞机安全飞行的杀手。2000年6月22日，武汉航空公司运-7(B3479号）飞机执行恩施—武汉（汉口）航班任务。13时37分飞机从恩施起飞，因遭遇低空风切变，该机在武汉市汉阳区永丰乡四台村附近坠毁失事。机组4人，乘客38人全部遇难。

据事故调查：飞机在降落时遇上升气流，为保持着陆航向驾驶员推杆并收油门。当飞机进入强下降气流区，机头急速下俯，飞机快速下坠，驾驶员为保持高度而拉杆并加大油门。但由于离地面太近，飞机已无法及时拉起，坠地爆炸。

（资料来源：新浪网，http://www.sina.com）

6. 火山灰云

火山爆发时，喷发到高空的火山灰与大气中的水汽结合形成深灰色的云体，机上雷达与地基常规探测仪器都无法辨识，严重影响飞行的安全。火山灰能够对飞机的框架和表面造成磨损，磨损驾驶舱的窗户；火山灰还会污染空气压缩系统、油路系统、液压系统等设备；火山灰还会阻塞飞机的发动机，甚至可使飞机引擎熄火。火山灰还会对处于其下风方向的机场构成威胁，不仅影响能见度，还使机场的跑道、地面设备以及停机坪上的飞机都受到污染。

7. 台风

台风是中心附近最大持续风力12级（风速32.7米/秒）及以上的热带气旋。台风是热带洋面上的“特产”，经常发生在南、北纬度5°～25°的热带洋面上。台风总是伴有狂风暴雨，降雨中心一天之中可降下100～300毫米的大暴雨，甚至可达500～800毫米。台风中强烈的对流天气，会产生严重的颠簸、积冰、恶劣的能见度、强烈的阵风以及低空风切变等危险天气，严重威胁飞行安全。

8. 高空急流

高空急流是指高空中风速超过30米/秒的强、窄气流。高空急流的分布比较有规律。某些急流随季节的变化而南北移动。例如，我国的北支西风急流和南支西风急流，它们夏季北移，冬季南移。在我国南海地区上空还存在一条东风急流，在急流中风的水平切变和垂直切变明显，容易使气流产生扰动，从而造成飞机颠簸。逆急流飞行时，速度降低，燃料消耗大。横穿急流时，将产生很大的偏流，对领航计算和保持航线不利。如果掌握了高空急流的分布及其特点，则可利用急流，顺其飞行，增大速度，节省燃油，缩短航行时间。

9. 山地气流

气流过山时，因受阻被迫绕山和抬升，造成气流升降。越山后，往往又在背风坡造成乱流。由于山区地形和气候的复杂变化，还会产生动力乱流和热力乱流。当飞机飞越山地时，在迎风坡，飞机受上升气流的抬举而自动升高，在背风坡则受下降气流影响而自动下降。比较而言，背风坡对飞行更具危害性。在山区，飞机被迫下降时可能造成撞山事故，也可能被下降气流带入背风坡的涡旋中，使飞机难以操纵。此外，山地乱流也会对飞行造成较大影响，因此，在山地飞行时应尽量保持在安全高度之上。

案例分析

法航 447 航班的最后 4 分钟

2009 年 5 月 31 日傍晚，法航 447 自里约热内卢起飞后，在空中飞行了 3 个小时 40 分钟。强大的气流连续摇晃了飞机长达半个小时，大多数乘客都清醒着。突然，仪表显示外部温度上升了几摄氏度。可是，飞机正在海拔 11 千米飞行，温度绝不可能升高。错误的读数因飞机外的感应器上覆盖了厚厚一层冰晶所致。这些冰晶将探测器隔离起来，这正是灾难的开始。

在大西洋上空穿越雷雨云时，越来越多的冰扑向飞机，这个过程中，冰又毁坏了其他更重要的感应器，即铅笔形状的风速表（又称皮托管）。驾驶舱监视器上，一个接一个的警示灯亮起来。自动驾驶仪、自动引擎控制系统和飞行电脑也接连关闭。飞机仿佛遭遇中风。法航 447 的最后时刻开始了。当空速指示器失灵 4 分钟后，飞机坠入大海，导致机上 228 人全部遇难。

5 月 31 日夜晚，大西洋上空明月高悬，是相对理想的飞行天气。除了雷达之外，月光也能帮助驾驶员发现危险的云层，采取相应措施。在悲剧发生的晚上，其他飞机改变了飞行路线，绕过了多发雷暴的危险热带辐合带。只有法航 447 一头冲进了致命的风暴中，悲剧的种子可能在飞机起飞前就已经埋下。

（资料来源：民航资源网，http://www.carnoc.com）

4.3.5 航空气象服务

航空气象服务是指为航空活动提供的气象服务（图 4-3-13）。我国的航空气象服务是由单独的民航气象机构完成的。民用航空气象工作的基本任务是探测、收集、分析、处理气象资料，制作发布航空气象报告，主要有机场气象观测报告、机场预报、起飞预报、高空风预报、航路预报等。其中，机场预报是对机场区域的天气预报，主要内容有机场的云层高度、能见度和风速、风向、降水在24小时内的变化，为航空公司、空中交通管制部门、机场及其他与航空有关的部门及时、准确地提供民用航空活动所需的气象信息，为飞行安全、正常和效率服务。

图4-3-13 2017年5月18日13时的航路天气图

（图片来源：中国民航气象中心，2017-05-18-13）

1. 航空公司是航空气象服务的重要用户之一

为航空公司提供的气象服务包括信息服务和咨询服务，主要有以下两个方面。

1）为航空公司的运行控制部门提供气象信息。运行控制部门根据起飞、降落机场当时的天气情况、未来的天气变化以及航路上的天气状况等气象情报，制订或修改飞行计划，并在燃料的携带、飞机的配载等环节充分考虑气象因素，不仅为飞行安全保驾护航，而且为航空公司带来巨大的经济效益。

2）在飞机起飞前，为机组人员提供气象服务。飞机起飞前，机组人员必须了解天气情况，携带飞行气象文件。飞行气象文件包括起飞机场、备降机场及目的地机场的天气报告和预报，航路上的重要天气现象以及高空风和高空温度预报等多种航空气象服务产品。

2. 航空气象服务能为空中交通管理提供帮助

对于空中交通管理而言，准确、及时的气象信息可以帮助管制员更加合理地调配航班，更加合理地使用空域资源，最大限度地保证飞行的安全和效益。空中交通管理人员在实施空中交通管制服务时，必须对当前的天气状况和未来的天气变化有充分的了解。通过在塔台和终端管制区安装自动观测系统及气象雷达显示终端，向其提供机场地区的温度、气压、风向、风速、跑道视程以及云的分布情况；通过网络向塔台、终端管制区、区域管制中心、运行管理中心提供相应范围以及各自履行职责所需的航空气象信息。

3. 机场也是航空气象服务的重要用户之一

气象自动观测系统的使用显著提高了机场的运行能力。当机场受到天气的威胁时，航空气象部门将发布机场警报，便于机场管理部门及时掌握气象信息，并采取措施，减少大风、冰雹、雷暴等天气对机场大量的场外设施和停场飞机造成的危害，确保机场的正常运行。在沿海地区，当台风出现时，航空气象部门通过各种探测手段监测其移动和变化，及时向机场管理部门发布台风机场警报。在北方地区，机场气象部门会及时发布大雪机场警报，使机场管理部门得以合理安排除冰雪设备清除跑道和停场飞机的积雪积冰，以减少航班的延误时间。

另外，无论是新航线的开辟，还是新机场的选址建设，也都需要航空气象服务。当开辟新航线时，需要充分考虑该航线上盛行风向、对流层顶高度、高空急流等气象因素的影响，充分利用气象资源，选择最经济的飞行高度和航线，不但可以提高飞行安全系数，而且有助于提高航空公司的经济效益。当新建机场时，在机场选址、跑道方向确定和飞行程序设计时，都必须充分考虑当地的气象条件，趋利避害，以最大限度地提高机场的利用率。

第5章 空中交通管理

课前导读

同其他交通运输方式一样，空中交通也需要管理和服务，以保证安全和有序地运行。本章通过介绍空中交通管理的发展历程，及空中交通服务，使学生对空中交通管理有一个初步的了解。

学习目标

知识目标

理解空中交通管理对维护空中交通秩序，保障空中交通畅通，保证飞行安全和提高飞行效率的作用；描述空中交通管制单位的名称及其职责；识记空中交通管理的组成部分；识记空中交通服务的组成部分；描述交通管制服务的内容。

技能目标

能够运用所学的知识解释和分析相关案例。

5.1 空中交通管理概述

20 世纪 20 年代初，由于航空运输业的蓬勃发展，空中交通呈现出繁忙、无序的状态，因此出现了“空中交通管制”的概念。它是空中交通管理的雏形，而后空中交通管理还经历了空中交通服务、空中交通管理的发展演变阶段。

5.1.1 空中交通管理的发展

在航空活动开展的初期，由于飞机数量和飞行次数都很少，人们尚未建立空中交通管理的概念。随着商业飞行的开展，航空运输涉及的范围越来越广，为了安全和高效起见，要求飞行活动能按照一定的规则来组织进行，这就是空中交通管理。空中交通管理的发展大致经历了以下 4 个阶段。

1. 第一阶段：目视飞行规则

在 20 世纪 30 年代以前，当时飞机的飞行距离最多只有几百公里，而且只能在白天天气好的情况下飞行（图 5-1-1），管制员只是用红旗和绿旗来控制飞机的起飞和降落，但由于这种方式受天气和黑夜的影响，所以很快就由信号灯取代了旗子，处于机场最高位置的塔台也随后建立起来。

图 5-1-1　目视非仪表飞行

2. 第二阶段：以程序管制为核心的空中交通管制（1934～1945 年）

1934 年前后，飞机和机场都装备了无线电通信和导航设备，管制员通过无线电和驾驶员相互通话，可使驾驶员在看不到地面的情况下也能确定飞机的位置和姿态，从而增加了飞行的安全性。但是由于更加频繁的飞行活动，目视飞行规则已经难以满足需要。因此，各航空发达国家纷纷成立了空中交通主管机构，制定了使用仪表进行安全飞行的规则，并建立起全国规模的航路网和相应的航站、塔台、管制中心或航路交通管制中心。以程序管制为核心的空中交通管制（air traffic control，ATC）也在这一时期形成。

所谓程序管制是一种根据一系列事先协议好并公布的规定和程序对航空器的飞行活动实施管制的方式。空中交通管制员通常依据飞行计划、飞行员的位置报告、管制员之间的协调以及飞行进程单及时确定和掌握航空器的位置，通过无线电设备使用陆空通话为航空器发布指令和信息，合理安排航空器的飞行秩序，调整航空器之间的飞行间隔，按规定进行管制移交以便为航空器提供连续不断的管制服务。

近年来，我国越来越多的航路和终端区开始实行雷达管制，但是各空管单位对管制员程序管制能力的重视程度却丝毫不减。这是因为：一是我国国土幅员辽阔，雷达的覆盖范围始终有限，部分航路和机场仍然在实行程序管制；二是无论多先进的雷达系统都会有发生故障的可能，而良好的程序管制技能是应对此类特情的基础；三是程序管制训练有助于管制人员建立三维空间模型，掌握飞行冲突预先判断与处理的技能。因此，程序管制能力是每个管制员都必须具备的重要能力，是获得管制执照的必备条件。

3. 第三阶段：雷达管制、仪表着陆系统的使用

1945 年至 20 世纪 80 年代，第二次世界大战带来了航空技术的飞跃性进步，于 1945 年成立了国际民航组织。这个时期空中交通管理有两个重要的进展：一是在 20 世纪 50 年代中期，开始把战时发展起来的雷达技术应用于空中交通管制领域，随后出现了二次雷达系统；二是仪表着陆系统的出现，使用无线电信号引导飞机在能见度很低的情况下着陆，有力地保障了航班的准点率和提高了飞行的安全性，同时也使航空运输进一步摆脱了天气的限制（图 5-1-2）。

图 5-1-2　20 世纪 50 年代调度员在塔台上指挥民航飞机

拓展阅读

民航兰州管制区航路航线全面实施雷达管制

近日记者获悉，兰州管制区雷达覆盖范围内移交民航管制的航路、航线上全面实施雷达管制。这在兰州管制区乃至西北空管局空中交通管制史上具有里程碑意义。这次管制方式的变革实现了甘肃空管人多年的夙愿，实现了甘肃空管分局历史性的跨越。

民航甘肃空管分局兰州管制区横跨甘肃、青海、宁夏、陕西、内蒙古、新疆、西藏、四川 8 个省区，区域内有多条国际、国内重要航线，地理位置十分重要。

从以往的程序管制到雷达管制是民航管制手段上质的飞跃。程序管制和雷达

管制最明显的区别在于两种管制手段允许的航空器之间最小水平间隔不同。程序管制要求同航线同高度航空器之间最小水平间隔10分钟（对于大中型飞机来说，相当于150千米左右的距离），雷达监控条件下的程序管制间隔只需75千米，而雷达管制间隔仅仅需要20千米。允许的最小间隔越小，单位空域的有效利用率越大，飞行架次容量越大，越有利于保持空中航路指挥顺畅，更有利于提高飞行安全率和航班正常率。

（资料来源： http://news.sina.com.cn/o/2012-11-25/092625657322.shtml）

4. 第四阶段：空中交通管理取代空中交通管制

从20世纪80年代后期开始，这一时期的主要进展是电子技术的飞速发展、计算机在机载设备和空管地面设施上的广泛应用以及卫星系统在空管中的应用。随着卫星通信和定位技术的成熟，大范围对空中交通进行管理有了实现的可能。在20世纪80年代提出了空中交通管理（air traffic management，ATM）的概念，以取代空中交通管制。空中交通管制的目的只保证一次航班从起飞机场经航路到达目的地机场的间隔和安全，而空中交通管理则着眼于整个航路网的空中交通的通畅、安全和有效运行。因此，空中交通管制仅为空中交通管理的一个重要组成部分。从1985年开始，国际民航组织根据新技术的发展，组织了对未来航行系统（FANS）的研究和规划，标志着空中交通管理进入了一个新的发展阶段（图5-1-3）。

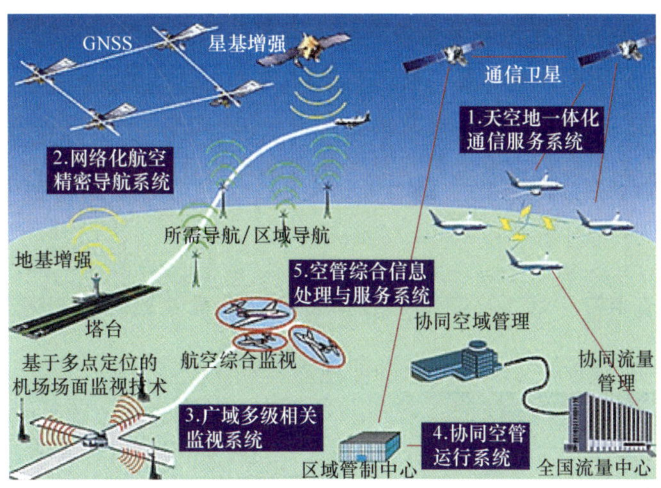

图5-1-3 现代空中交通管理系统示意图

5.1.2 空中交通管理单位

民用航空空中交通管理工作分别由空中交通管理单位实施，即塔台空中交通管制室（简称“塔台管制室”）；空中交通服务报告室；进近管制室（终端管制室）；区域管制室（区域管制中心）；民航地区管理局调度室（简称“管理局调度室”）；民航总局空中交通管理局总调度室（简称“总调度室”）。

各个空中交通管理单位履行下列职责。

1）塔台管制室负责对本塔台管辖范围内飞机的开车、滑行、起飞、着陆和与其有关的机动飞行的管制工作。在没有机场自动情报服务的塔台管制室，还应当提供飞机起飞着陆条件等情报。

2）空中交通服务报告室负责审查飞机的飞行预报及飞行计划，向有关管制室和飞行保障单位通报飞行预报和动态。

3）进近管制室负责一个或数个机场的飞机进、离场的管制工作。

4）区域管制室负责向本管制区内受管制的飞机提供空中交通管制服务，受理本管制区内执行通用航空任务的飞机以及在非民用机场起降而航线由民航保障的飞机的飞行申请，负责管制并向有关单位通报飞行预报和动态。

5）管理局调度室负责监督、检查本地区管理局管辖范围内的飞行，组织协调本地区管理局管辖范围内各管制室之间和管制室与飞机经营单位的航务部门之间飞行工作的实施；控制本地区管理局管辖范围内的飞行流量，处理特殊情况下的飞行；承办专机飞行的有关工作，掌握有重要客人、在边境地区和执行特殊任务的飞行（图 5-1-4）。

图 5-1-4 排队等待起飞的班机

6）总调度室负责监督全国范围内的有关飞行，控制全国的飞行流量，组织、承办专机飞行的有关管制工作并掌握其动态，处理特殊情况下的飞行，审批不定期飞行和外国飞机非航班的飞行申请。

5.2 空中交通管理的组成和空中交通管制的方式

空中交通管理主要分为空域管理、空中交通服务、空中交通流量管理 3 大部分，在时间和空间上分配的功能都不同，各尽其职，从而有效地维护和增强空中交通安全，维护空中交通秩序，保障空中交通畅通。

5.2.1 空中交通管理的组成

1. 空域管理

航空器飞行的空间称为空域。空域管理（air space management, ASM）的主要内容包括空域划分与空域规划。空域划分即飞行高度层规定和各种空中交通服务区域的划分。空域规划是指对某一给定空域，通过对未来空中交通流量需求的预测，根据空中交通流的流向、大小与分布，对其按高度方向和区域范围进行设计和规划，并加以实施和修正的全过程。

空域是国家的重要资源，由国家实行统一管理。我国用于民用航空的空中交通管制空域，分为飞行情报区、管制区、限制区、危险区、禁区、航路和航线。危险区、限制区、禁区是根据需要设立的特殊空域。我国民航将全国空域划分为 9 个飞行情报区，现有飞行情报区 8 个（图 5-2-1），26 个高空管制区，37 个中低空管制区及 3 个进近管制区和 100 多个机场飞行指挥区（图 5-2-2）。

图 5-2-1　我国民航飞行情报区示意图

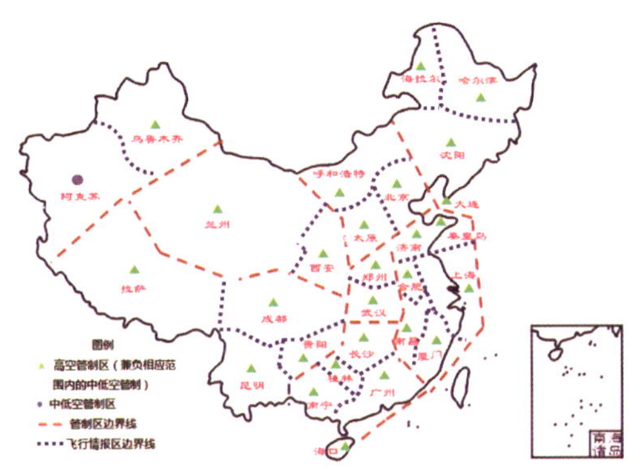

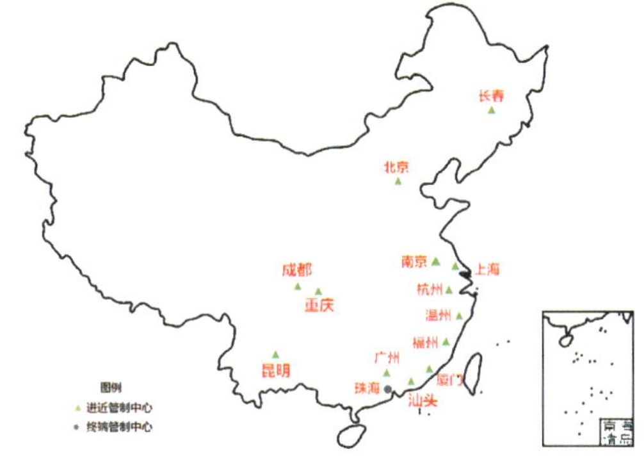

图 5-2-2　我国民航飞行管制区示意图

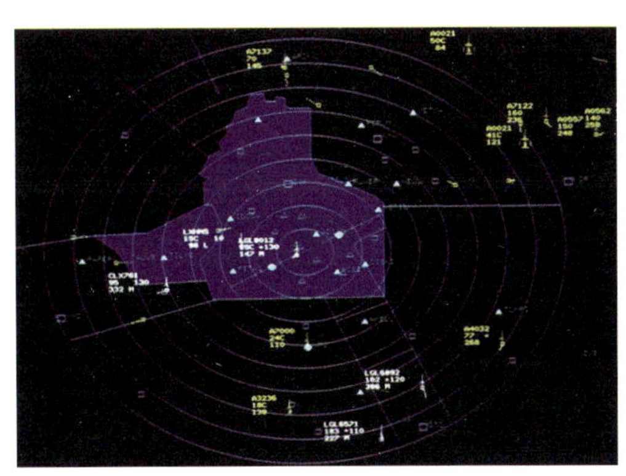

图 5-2-3　ATC 雷达显示

国务院、中央军委拟改革全国空中交通管制体制。第一步已完成京穗深和京沪航路移交民航管制指挥的试点；第二步在总结京穗深等航路管制指挥移交试点的基础上，按照国际民航组织的标准，划分空域，分期分批将全国航路（线）交由民航管制指挥；第三步实现空中交通由国家统一管制的目标，同时建立较完善的空中交通管制系统。

2. 空中交通服务①

空中交通服务（air traffic service, ATS）主要内容包括飞行情报服务（FIS）、空中交通管制（ATC）和告警服务（AL）。其中，空中交通管制是核心内容（图 5-2-3），它包括塔台管制、进近管制和区域管制，其主

① 后面会对空中交通服务进行详细讲述。

要任务是防止航空器与航空器相撞及在机动区内航空器与障碍物相撞，维护和加快空中交通的有序流动。飞行情报服务的任务是向飞行中的航空器提供有助于安全和有效地实施飞行的建议和情报。告警服务的任务是向有关组织发出需要搜寻援救航空器的通知，并根据需要协助该组织或协调该项工作的进行。

3. 空中交通流量管理

空中交通流量管理（air traffic flow management, ATFM）是指为防止和纠正在航路、机场区域内出现航空器过度集中超过规定限额的现象，必须对航空器的运行采取适当的控制措施。

（1）先期流量控制

先期流量控制是指在制定航班班期时刻表时和飞行前一日对非定期航班的飞行时刻安排时进行的限制和调整。

（2）飞行前流量控制

飞行前流量控制是在航空器起飞前，采用临时调整航空器起飞时间的办法，使航空器与航空器之间的飞行间隔符合管制规定。

（3）实时流量控制

实时流量控制是指航空器在飞行过程中，空中交通管制部门采取要求飞机在某地盘旋等待、改变飞行航线和飞行高度、调整飞行速度等措施，使航空器之间的横向、侧向和高度间隔符合规定标准，从而安全、有秩序地运行。

知识链接

相关术语

图 5-2-4　飞行高度层模拟图

1. 大中小型飞机在空中的活动范围

天上飞的航空器和马路上跑的汽车一样，也有自己的“交通规则”。机型不同，其航行高度也不同（图 5-2-4）。3000 米以下，一般是小型飞机的活动范围；3000 米以上，是大中型飞机的活动范围。所谓的“超低空飞行”是指距离地面或水面 5～100 米；“低空飞行”是指距离地面或水面 100～1000 米。以此类推，“中空飞行”是指距离地面或水面 1000～7000 米；“高空飞行”是指距离地面或水面 7000～12000 米；“平流层飞行”是指距离地面或水面 12000 米以上。飞机彼此间必须保持一定的垂直间隔，我国民航现行规定 6000 米以上高空飞行，垂直间隔为 600 米，以确保飞行安全和交通畅通。

2．飞行高度层

为有序组织飞行，为航空器飞行划设相对于海平面的飞行高度横面。根据我国航行规则，航线飞行的高度层配备如下。

真航线角在 0°～179° 范围内的，飞行高度层按照下列方法划分：

1）高度由 900 米至 8100 米，每隔 600 米为一个高度层。

2）高度由 8900 米至 12500 米，每隔 600 米为一个高度层。

3）高度在 12500 米以上，每隔 1200 米为一个高度层。

真航线角在 180°～359° 范围内的，飞行高度层按照下列方法划分：

1）高度由 600 米至 8400 米，每隔 600 米为一个高度层。

2）高度由 9200 米至 12200 米，每隔 600 米为一个高度层。

3）高度在 13100 米以上，每隔 1200 米为一个高度层。

等待空域通常划设在导航台上空。飞行活动频繁的机场，可以在机场附近上空划设：

1）距离地面最高障碍物的真实高度不得小于 600 米。

2）8400 米以下，每隔 300 米为一个等待高度层。

3）8400 米至 8900 米为一个等待高度层。

4）8900 米至 12500 米，每隔 300 米为一个等待高度层。

5）12500 米以上，每隔 600 米为一个等待高度层。

3．空域及其划分（部分）

飞行情报区：为提供飞行情报服务和告警服务而划设的范围空间。我国情报区主要是对外国飞机进出和飞越我国境内而划设的。

飞行管制区：为在本区内飞行的飞机提供空中交通管制服务而划设的范围空域，并在管制区内设区域管制中心。我国民航的飞行管制区分为 A、B、C、D（即高空管制、中低空管制、进近 / 终端管制、塔台管制）4 类空域。

航路：根据在该航路执行飞行任务的性质和条件，划分为国内航路和国际航路，是为保障航空运输飞行而划设的具有一定宽度的空中通道。它以连接地面导航设施之间的连线为中间线，规定有上限和下限高度和宽度，宽度一般为中间线两侧各 10 千米。

航线：飞机从某一机场飞往另一机场所遵循的空中路线称为航线（图 5-2-5）。

空中走廊：在机场飞行密集的地区空域为减少飞行冲突、提高飞行空间利用率，在机场区域内划设的宽度一般为 8～10 千米的空中通道。

禁航区：在国家陆地或领海上空禁止军民用航空器飞行的空域。在任何时间和任何飞行条件下，禁止飞机飞入的空域为永远性禁航区；在规定时间内禁止飞机飞入的空域为临时性禁航区。

限制区：在国家陆地或领海上空限制航空器只能在规定条件下飞行的空域。限制区包括飞行训练、炮射、靶场的区域。

危险区：在规定的时间内可能存在对飞行有危险活动而划设的空域。在主权

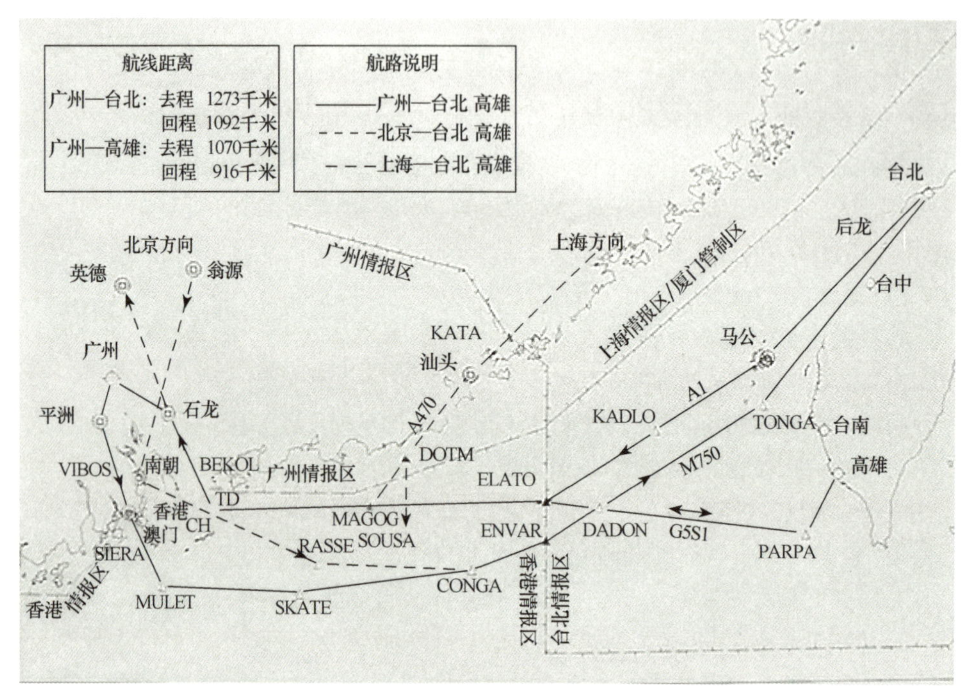

图 5-2-5 广州、北京、上海—台北、高雄空中航线图

空域或公海上空等非主权空域都可能设定危险区。

放油区：飞机（特别是大型飞机）起飞后由于各种原因不能继续飞行而要返回原来起飞的或邻近的机场，但又不能按飞机的起飞全重着陆而必须到划设的空域放掉多余的燃油。这个划设的空域称为放油区。

（资料来源：民航资源网，http://www.carnoc.com）

案例分析

拒绝执行空管指令 险些导致班机坠毁

2011 年 8 月 13 日，浦东机场因雷雨覆盖造成上海进近管制区内 20 架飞机盘旋等待。卡塔尔航空公司多哈至浦东的 QR888 航班，在等待过程中报告油量紧张，申请备降虹桥机场，并在备降途中申请优先着陆。管制员随即启动优先落地程序，按空中流量情况对 QR888 航班进行了优先安排（图 5-2-6）。

卡塔尔航空 QR888 航班机组接着报告仅有 5 分钟的续航能力（意指离剩下最后 30 分钟燃油还有 5 分钟），管制员立即要求空域中相关的航班进行避让。已建立航道的中国南方航空 CZ3525 航班立即做出了避让，而正在建立航道的吉祥航空 HO1112 航班称油量紧张拒绝执行管制员指令。在 QR888 航班机组发出遇险（MAYDAY 意：救命）呼叫、称油量不足再次请求优先着陆后，管制员又向 HO1112 航班发出避让指令，该机组仍拒绝执行指令。在整个事件中，管制员 7 分

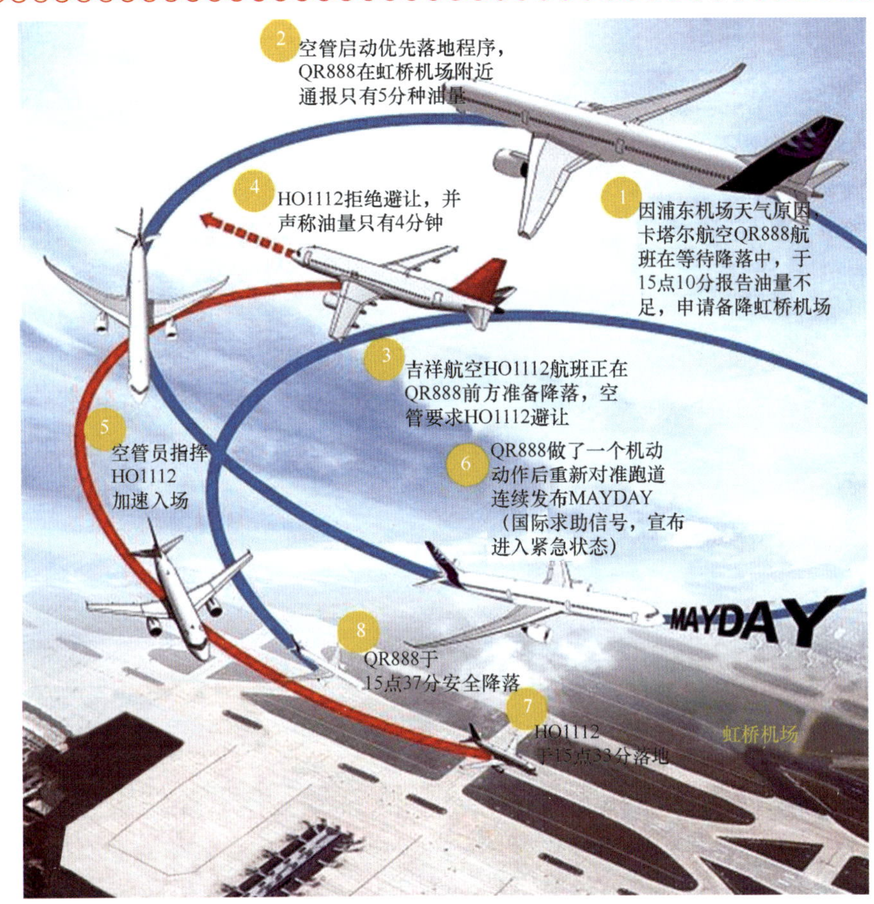

图 5-2-6　QR888 航班和 HO1112 航班降落示意图

钟内 6 次指令 HO1112 航班避让，但该机组均拒绝执行，迫使管制员采取其他措施指挥 QR888 航班安全落地。

经查实，吉祥航空 HO1112 航班落地后，剩余油量为 2900 千克。根据执飞该航班的 A320 机型性能手册，在保留剩余最后 30 分钟燃油情况下仍可等待飞行约 42 分钟。QR888 航班落地后的剩余油量为 5200 千克，根据执飞该航班的 B777-300ER 机型性能手册，在保留剩余最后 30 分钟燃油情况下仍可等待飞行约 18 分钟。

调查结果为这是一起严重违章行为，违反了《一般运行和飞行规则》等相关法规规章，吉祥航空当事机组违背了飞行员应有的职业操守。调查结果未发现卡塔尔航空 QR888 航班机组在此次事件中存在违章行为，但在预测燃油可用时间上存在不足。

（资料来源：根据相关资料整理）

5.2.2　空中交通服务

空中交通管制单位应当为飞行中的民用飞机提供空中服务，包括空中交通管制服务、飞行情报服务和告警服务。

1. 空中交通服务的组成

（1）空中交通管制服务

空中交通管制服务的任务是对飞机从起飞到着陆的全过程进行管理和控制，防止飞机之间、飞机与障碍物之间发生碰撞，确保飞行安全，维护空中交通秩序，提高飞行时间和空间的利用率（图 5-2-7）。空中交通管制服务是空中交通服务的主要工作，按照管制范围的不同，可将空中交通管制系统分为 3 部分，即区域管制、进近管制和机场管制。按照管制手段的不同，又可将空中交通管制系统分为程序管制和雷达管制。

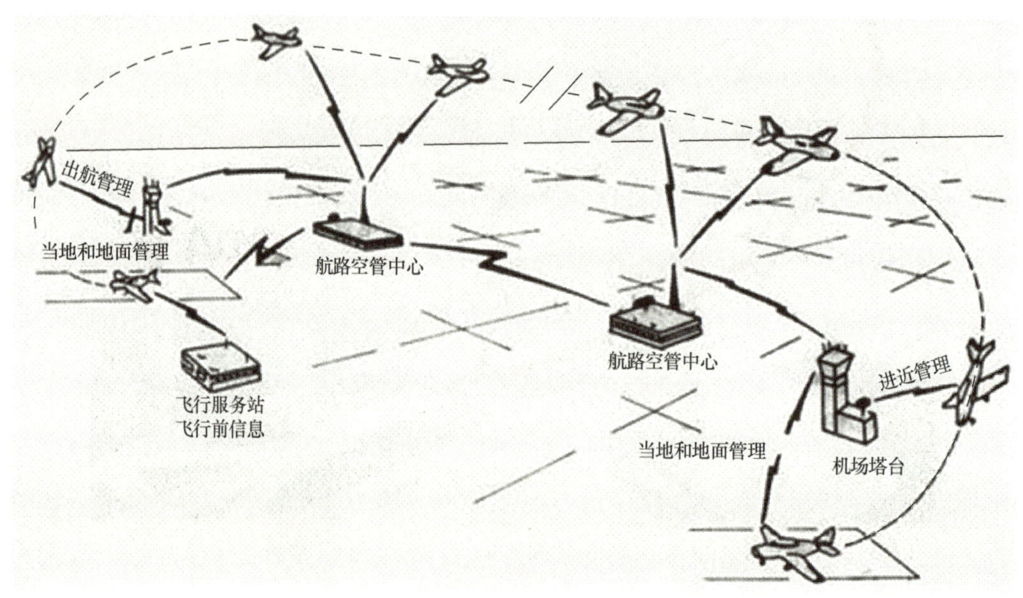

图 5-2-7　空中交通管制体系中的飞机飞行示意图

（2）飞行情报服务

飞行情报服务的任务是向飞行中的飞机提供有益于安全、能有效地实施飞行建议和情报的服务。其范围是：重要的气象情报；使用的导航设施的变化情况；机场有关设备的变动情况（包括机场活动区内的雪、冰或者有相当深度的积水情况）；可能影响飞行安全的其他情报。管制员自管制空域内对飞机提供空中交通管制服务的同时穿插提供飞行情报服务，空中交通管制服务和飞行情报服务是紧密联系在一起的。

（3）告警服务

告警服务的任务是向有关组织发出需要搜寻、援救飞机的通知，并根据需要协助该组织或协调该项工作的进行。凡遇下列情况，空中交通管制单位应当提供告警服务：没有得到飞行中的飞机情况而对其安全产生怀疑；飞机及所载人员的安全有令人担忧的情况；飞机及所载人员的安全受到严重威胁，需要立即援助。对空中发生特殊情况的飞机提供告警服务是管制员的职责之一。

2. 空中交通管制服务

空中交通管制是指由在地面的空中交通管制员协调和指导空域或机场内不同飞机的航行路线和飞航模式以防止航空器在地面或者空中发生意外和确保它们均可以运作顺畅，达至最大效率。除此之外，空中交通管制的系统还会提供如天气、航空交通流量、给飞行员通知（NOTAM）和机场特别安排等的资料以协助飞行员和航空公司等作出相应安排。

在机场范围内起落航线上为飞行提供的管制服务称为机场管制（图5-2-8），由机场管制塔台提供服务。这个区域主要使用目视飞行规则，管制的对象多是目视可见的飞机。对按照仪表飞行规则在仪表气象条件下起飞或降落的飞行所提供的服务称为进近管制，由进近管制室或终端控制中心提供该服务。航空器进入航路后，其空中交通管制服务由区域管制中心提供。

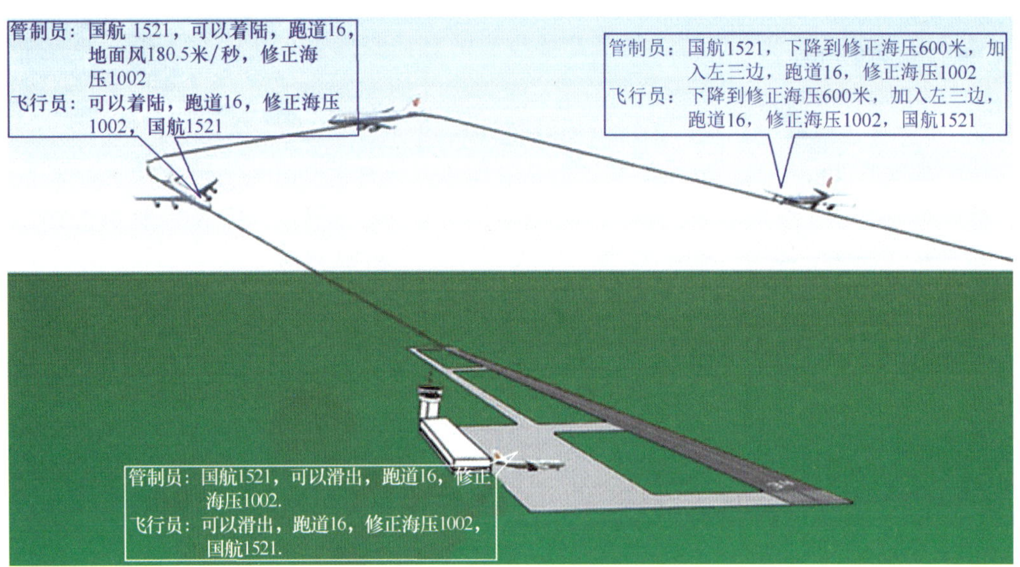

图5-2-8　机场空中交通管制示意图

（1）机场管制

机场管制由机场管制塔台（图5-2-9）对飞机在机场管制区的空中飞行、飞机的起飞和降落、飞机在机坪上的运动提供管制服务，这个区域主要使用目视飞行规则，管制的对象多是目视可见的飞机。近年来，机场地面监视雷达的使用使管制员的工作质量和效率有很大提高。

图5-2-9　机场管制塔台

机场地面交通管制员负责管制跑道之外的机场地面（包括滑行道和机坪）上所有飞机的运动。在繁忙机场的机坪上可能同时有几架飞机在运动，此外还有各种车辆、行人的移动，地面交通管制员负责给出飞机发动机启动许可、进入滑行道许可。对于到达的飞机，当飞机滑出跑道进入滑行道后，由地面管制员安排飞机运行至停机坪。

机场空中交通管制员的责任包括对飞机进入跑道后的运动以及按照目视飞行规则在机场控制的起落航线上的飞行实施交通管制。其任务是给出起飞或着陆的许可，引导在起落航线上准备起飞或者着陆的飞机，并且安排飞机的起降顺序，安排合理的飞机放行间隔，以保证飞行安全。

案例分析 

2016 年虹桥机场发生两飞机接近事件

2016 年 10 月 11 日中午，虹桥机场的两架东航客机在跑道上发生了冲突，险些酿成事故。12 日下午，中国民用航空局对事件进行了通报，经初步调查，这是一起“跑道侵入”事件，起因是塔台管制员的指挥失误。这个失误是怎么发生的？

1．险情回顾

两架东方航空的客机，一架正行驶在跑道上准备起飞，而另一架飞机却准备穿越同一跑道。据民航系统内部情况通报，上海飞往天津的 MU5643 航班已进入虹桥机场的 36L 跑道，中午 12:04，塔台指挥可以起飞。机组在确认跑道无障碍的情况下，执行起飞动作。在速度达到约 204 千米 / 小时左右时，机长发现另一架东航航班 MU5106，刚刚落地，正准备横穿 36L 跑道。机长立即让中间座观察员询问塔台，确认该飞机在穿越跑道。由于起飞状态的 MU5643 航班速度已达 240 千米 / 小时左右，机长决定拉起升空。最终，MU5643 航班从穿越跑道的 MU5106 航班上空飞越而过，两架飞机全程并无接触，飞机和机上乘客均平安无事（图 5-2-10）。

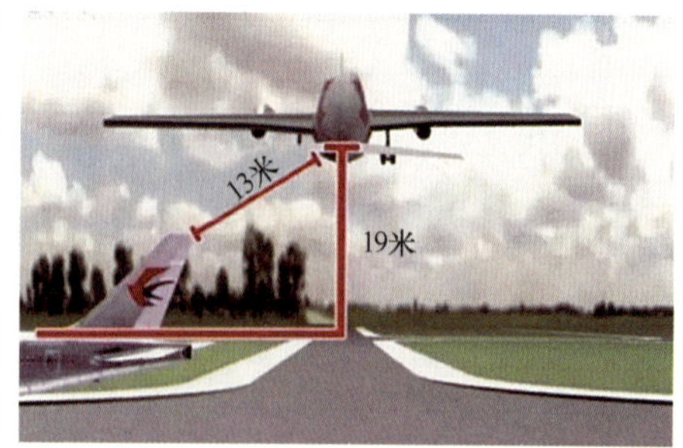

图 5-2-10 虹桥机场两飞机接近事件示意图

2．调查结果

因塔台管制员指挥失误造成“跑道侵入”。据了解，MU5643 航班为 A320 客机，准备穿越跑道的MU5106航班为A330客机。东方航空此前曾回应称：A320机组按空管指令飞行，发现飞行冲突，及时机动处置。事发后，由中国民用航空局、民航华东地区管理局共同组成的调查组，分别对事发相关人员进行了调查问询，调取通话录音、雷达录像，并对两架涉事飞机的飞行数据记录器、驾驶舱语音记录器进行了译码。经调查组连夜调查，初步判断，该事件是一起因塔台管制员指挥失误造成跑道侵入的不安全事件。

3. 并非首次

2008年，大连机场发生"跑道侵入"事件，之前也有发生。2008年4月30日，厦航（大连—杭州），与南航（大连—沈阳），在大连机场因跑道侵入发生飞行冲突，所幸人员、飞机均安全。

4. 什么是"跑道侵入"

"跑道侵入"也被称为"跑道入侵"，国际民航组织的定义是：在机场发生的任何航空器、车辆或人员误入指定用于航空器着陆和起飞的地面保护区的情况。根据国际民航组织和美国联邦航空局（FAA）的相关规定，跑道侵入危险等级可以划分为4个级别：A级为危害最严重的安全事故，此种情形下，基本上会发生飞机碰撞事故，一般不能够有效避免；B级为较为严重的安全事故，会增加可能碰撞的风险；C级为致使飞机发生碰撞的可能性较低；D级虽然也属于跑道侵入的范畴，但一般界定为没有引发安全事故的事件类型。

5. 此次虹桥机场属于哪个级别的事故

《航空知识》杂志主编王亚男介绍，这次的危险等级比较高，他认为应该接近B级标准。因为机长如果不采取紧急避让措施的话，很有可能两架飞机会造成直接相撞事故，后果难以预料。机长在起飞的过程中，飞机已经加速到110节，这时才发现前方有飞机正穿越跑道，这种条件下飞机无法做安全减速进行有效避让，必须采取紧急拉起的紧急避险动作。

6. 塔台指挥为什么会失误，可能原因有哪些

可能性一：时间安排不合理，两次指令过于紧密。王亚男表示，最大的可能性是塔台的指挥人员在给两架飞机指令的时序安排上过紧，即第一架飞机被授权进入滑跑起飞的程序，而在飞机离地前，塔台管制员又授权另一架飞机穿越跑道。在时间安排上不够合理，这显然是调度的失误。

可能性二：两架飞机不同的指令是否由不同的指挥人员发出，他们之间彼此的指令是否存在矛盾，这也是目前比较关注的问题。

7. 调查工作非常细致

为避免类似事件再次发生提供有效规避手段。王亚男表示，这次调查工作非常细致，对于所有在那个时间段内参与这几架飞机调配工作的工作人员的工作细节、流程，都会进行详细鉴定和检查。一是为了把整个事件的细节梳理清楚，更

重要的原因是要找出除了人为的失误，我们在指挥控制的工作流程细节上是否还有可改善之处，为避免类似事件再次发生提供有效规避手段。

（资料来源：央视网http://news.cctv.com/2016/10/13/ARTIGyv0ZxGvaIwGwNqOHpZp161013.shtml）

（2）进近管制

进近管制是针对按仪表飞行规则起飞和着陆的航空器所实施的管制，主要负责飞机的离场进入航线和进近着陆。进近管制是塔台管制和航路管制的中间环节，这个阶段是事故的多发区，因此，进近管制必须做好与塔台管制和航路管制的衔接，必要时还要分担他们的部分工作。进近管制向飞机提供进近管制服务、飞行情报服务和防撞告警。由于进近管制的对象是按仪表飞行规则飞行的飞机，因此进近管制主要是依靠无线电通信和雷达设备来监控飞机的（图 5-2-11）。

图 5-2-11 进近管制无线电通信和雷达

进近管制的范围称为进近控制区，它下接机场管制区，上接航路管制区。由于交接的需要，这几个区域之间有重叠的部分，进近管制的范围大约在机场 90 千米半径之内，高度为 5000 米以下。

（3）区域管制

飞行在航路上的飞机由区域管制中心负责提供空中交通管制服务，每一个区域管制中心负责一定区域上空航路、航线网的空中交通管理。区域管制所提供的服务主要是针对飞行高度 6000 米以上的在大范围内运行的飞机。

区域管制员的任务是根据飞机的飞行计划，批准飞机在其管制区内的飞行，保证飞行的间隔，然后把飞机移交到相邻空域，或把到达目的地的飞机移交给进近管制（图 5-2-12）。在繁忙的空域，区域管制中心把空域分成几个扇面，每个扇面只负责特定部分空域或特定几条航路上的管制。

图 5-2-12 区域管制中心

区域管制员依靠空地通信、地面通信和远程雷达设备来确定飞机的位置，按照规定的程序调度飞机，保持飞行的间隔和顺序。

5.2.3 空中交通管制的方式

当地面的空中交通管制员向飞机提供空中交通管制服务时，所采用的管制方式有两种，即程序管制和雷达管制。

在雷达被引入空中交通管制之前，管制主要是通过按照规定的程序通过无线电通信来完成的，因此称为程序管制。在引入雷达后，管制员的感知能力和范围都有了提高，并能及时精确地识别飞机位置，虽然在间隔距离上、情报的传递上有了很大的改进，但是在基本程序上并没有太大的变化，因此程序管制是整个空中交通管制的基础。

1. 程序管制

程序管制方式对设备的要求较低，不需要相应监视设备的支持，其主要的设备是地空通话设备。在某些飞行流量小、管制指挥设施不够先进的地区，或是明确规定要求提供程序管制服务的区域内，飞机之间使用的是程序管制间隔标准。管制员主要靠飞行计划、雷达标图和无线电守听掌握飞机位置，提供空管服务。这种标准要求飞机在不同的飞行情况下，管制员必须严格按照相应的程序、相应的间隔标准来指挥，不准有违反程序的行为。当雷达失效时，该方法也在雷达管制区内使用。

2. 雷达管制

雷达管制方式是用雷达手段向已被识别的飞机提供管制服务。它对管制员所使用的雷达设备提出了较高的要求。雷达管制就没有程序管制那么多的限制要求，雷达管制员根据雷达显示，就可以了解本管制空域雷达波覆盖范围内所有飞机的精确位置，因此能够大大减小飞机之间的间隔，使管制工作变得主动，管制人员由被动指挥转变为主动指挥，提高了空中交通管制的安全性、有序性、高效性。

西方发达国家较早采用雷达管制方式提供服务，而我国由于各种条件限制，只在飞行流量较大的北京、广州、上海等地区以及京广、京沪、沪广 3 条航路上实施了雷达管制。但随着民用航空事业的迅速发展，飞行量的不断增长，中国民航加强了雷达、通信、导航设施的建设，并协同有关部门逐步改革管制体制，在主要航路、区域已实行先进的雷达管制（图 5-2-13）。

图 5-2-13　雷达管制

拓展阅读

程序管制

管制员通过飞行员的位置报告分析、了解飞机间的位置关系，推断空中交通状况及变化趋势，向飞机发布放行许可，指挥飞机飞行。

飞机起飞前，机长必须将飞行计划呈交给报告室，经批准后方可实施。飞行计划内容包括飞行航路（航线）、使用的导航台、预计飞越各点的时间、携带油量和备降机场等。空中交通管制员将批准的飞行计划的内容填写在飞行进程单内。当空中交通管制员收到飞机机长报告的位置和有关资料后，立即同飞行进程单的内容进行比较，当发现飞机之间小于规定垂直、纵向和侧向间隔时，立即采取措施调配间隔。这种方法速度慢、精确度差，为了保证安全，需要对空中飞行设置很多限制条件，例如，当机型相同的两架飞机处于同航路、同高度时，它们之间需要10分钟的飞行时间间隔。这就造成在划设的空域内所能容纳的飞机较少。这种方法是我国民航管制工作在以往很长一段时间使用的主要方法。

（资料来源：http://baike.baidu.com/item/空中交通管制/1714784）

雷达工作原理

目前，在民航管制中使用的雷达种类为一次监视雷达和二次监视雷达（图5-2-14）。一次监视雷达发射的一小部分无线电脉冲被目标反射回来，并由该雷达收回加以处理和显示，在显示器上只显示一个亮点而无其他数据。二次监视雷达由地面询问机和机载应答机配合而成，采用的是问答方式。地面二次雷达发射机发射1030兆赫兹的询问脉冲信号，向机载设备发出询问；机载应答机在接收到有效询问信号后，产生相应的频率为1090兆赫兹的应答信号向地面发射。地面二次雷达接收机接收到应答机信号，经过计算机系统处理后获得所需的各种信息，并在显示器上显示出标牌、航班号、高度和运行轨迹以及一些其他的特殊编号。

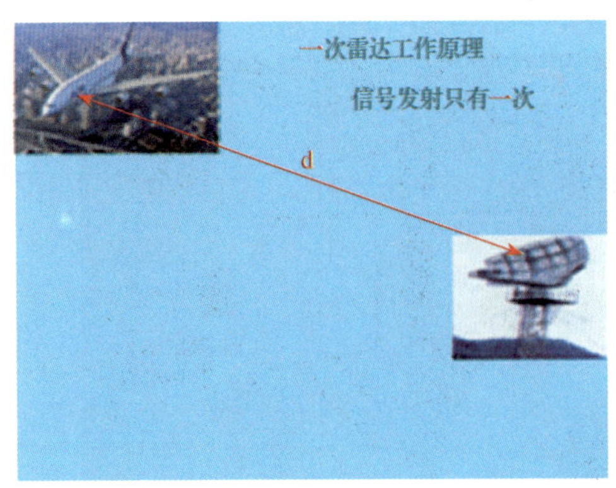

图5-2-14 一次雷达和二次雷达的工作原理

（资料来源：民航资源网，http://www.carnoc.com）

知识链接

盲　降

盲降是仪表着陆系统（instrument landing system，ILS）的俗称，是飞机进近和着陆引导的国际标准系统，它是第二次世界大战后于 1947 年由国际民航组织确认的国际标准着陆设备。通常由一个甚高频（VHF）航向信标台（图 5-2-15）、一个特高频（UHF）下滑信标台（图 5-2-16）和几个甚高频指点标组成。全世界的仪表着陆系统都采用国际民航组织的技术性能要求，因此任何配备盲降的飞机在全世界任何装有盲降设备的机场都能得到统一的技术服务。仪表着陆系统通常由一个甚高频航向信标台、一个特高频下滑信标台和几个甚高频指点标组成。

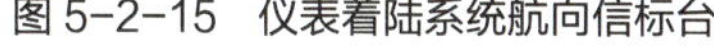
图 5-2-15　仪表着陆系统航向信标台

图 5-2-16　仪表着陆系统下滑信标台

盲降的作用是由地面发射的两束无线电信号实现航向道和下滑道指引，建立一条由跑道指向空中的虚拟路径，飞机通过机载接收设备，确定自身与该路径的相对位置，使飞机沿正确方向飞向跑道并且平稳下降高度，最终实现安全着陆（图 5-2-17）。在天气恶劣、能见度低的情况下显得尤为突出。它可以在飞行员肉眼难以发现跑道或标志时，给飞机提供一个可靠的进近着陆通道，以便让飞行员掌握位置、方位、下降高度，从而安全着陆。

根据盲降的精密度，盲降给飞机提供的进近着陆标准不一样，因此，按照国际民航业的统一标准，盲降共分为以下 3 类。

一类（CAT Ⅰ）盲降的天气标准是前方能见度不低于 800 米或跑道视程不小于 550 米，着陆最低标准的决断高度不低于 60 米。也就是说，一类盲降系统可引导飞机在下滑道上，自动驾驶下降至机轮距跑道标高高度 60 米的高度。若在此高度飞行员看清跑道即可实施落地，否则就得复飞。

二类（CAT Ⅱ）盲降的标准是前方能见度为 400 米或跑道视程不小于 350 米，着陆最低标准的决断高度不低于 30 米。同 CAT Ⅰ类一样，自动驾驶下降至决断高度 30 米，若飞行员目视到跑道，即可实施着陆，否则就得复飞。

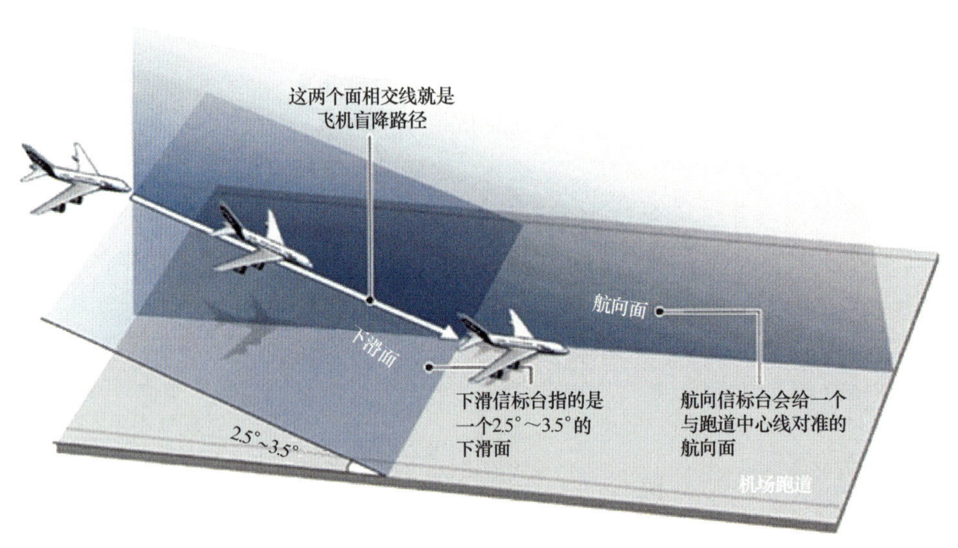

图 5-2-17　机场盲降系统示意图

三类（CAT Ⅲ）盲降的天气标准是指任何高度都不能有效地看到跑道，只能由驾驶员自行作出着陆的决定，无决断高度。

此外，三类（CAT Ⅲ）盲降又可细分为：三类A、三类B和三类C。

三类A（CAT Ⅲ A）的天气标准是前方能见度为200米、决断高度低于30米或无决断高度，但应考虑有足够的终止着陆距离，跑道视程不小于200米。

三类B（CAT Ⅲ B）的天气标准是前方能见度为50米，决断高度低于15米或无决断高度，跑道视程小于200米但不小于50米，保证接地后有足够允许滑行的距离。

三类C（CAT Ⅲ C）无决断高度和无跑道视程的限制。也就是说，在“伸手不见五指”的情况下，凭借盲降引导可自动驾驶安全着陆滑行。目前，ICAO还没有批准ⅢC类运行。原因之一是：暂时不知道飞机落地后，怎么找到联络道脱离跑道。

现在我国省（区）局级及以上机场和大部分航站都已装有盲降，新建和扩建的机场均装有双向盲降，其中只有北京首都国际机场（只有36右号跑道和01号跑道有二类盲降设备）、广州白云国际机场、上海虹桥机场、成都双流机场的盲降系统达到了CAT Ⅱ类运行标准，上海浦东国际机场的盲降设备达到了CAT Ⅲ，其余机场都按CAT Ⅰ类标准开放。厦门机场早期仅主降方向05号跑道开放CAT Ⅰ类盲降，1993年开始的机场扩建工程建设完成后，目前已开放双向CAT Ⅰ类盲降，其中主降方向05号跑道配备CAT Ⅱ类盲降设备，但现在按CAT Ⅰ类标准开放。首都机场使用的是CAT Ⅰ和CAT Ⅱ类盲降系统，但在安全保障方面与CAT Ⅲ类盲降系统没有区别。三种盲降系统的不同之处主要是技术层面。通俗来讲，

CAT Ⅰ类盲降系统是在 60 米高度采取手动驾驶，CAT Ⅱ类盲降系统是在 30 米采取手动驾驶，而 CAT Ⅲ类盲降系统的手动驾驶高度是 15 米，甚至安全自动驾驶，主要适用于大雾天气。成都双流机场于 2005 年正式启用 CAT Ⅱ类盲降系统，是继首都国际机场和上海浦东机场后，第三个启用该套系统的机场。2013 年 1 月 3 日，昆明长水国际机场受大雾影响，取消 440 个进出港航班，受此教训，之后几天昆明机场正式启用 CAT Ⅱ类盲降系统。

（资料来源：https://baike.baidu.com/item/仪表着陆系统）

第6章 民用航空运输知识

课前导读

民用航空运输具有远程、快速、方便、安全的特点，在现代化交通运输体系中具有不可替代的优势，在国际、国内的经济、政治、文化交往中发挥着越来越重要的作用。对民航运输常用知识的理解和掌握是学习后续专业课程的基础和前提。

学习目标

知识目标

说出航空运输业的特点；识记承运人、航线、航班、航段、班次等民航运输专业术语；描述民航旅客运输的流程；描述航空货物的运输过程。

技能目标

能够根据民航业务资料读懂班期时刻表中的各项信息。

6.1 现代运输业的分类、性质、特征和航空运输的特点

运输是指人和物的载运和输送，即在不同地域范围之间，以改变人和物的空间位置为目的，对人和物进行空间位移。随着社会生产力的发展，运输业已发展成为包括水上运输、公路运输、铁路运输、航空运输和管道运输这 5 种运输方式的综合系统。运输业是一种服务，是第三产业。它是国民经济中不可缺少的、独立的物质生产部门，是商品经济发展的产物。

6.1.1 现代运输业的分类

1. 水上运输

水上运输包括内河运输和海洋运输（图 6-1-1），以其历史悠久而有交通运输“祖先”之称。18 世纪曾在交通运输业生产中占主要地位。水上运输具有投资少、成本低、货运量大、占地少等优点，好的航道通过能力几乎可不受限制，通用性好，可作为大型、笨重和大宗长途货运的主要承担者。

图 6-1-1　大型集装箱海上运输

2. 公路运输

公路运输是在公路上运送旅客和货物的运输方式，是交通运输系统的组成部分之一，主要承担短途客货运输。现代所用运输工具主要是汽车（图 6-1-2）。因此，公路运输一般是指汽车运输。在地势崎岖、人烟稀少、铁路和水运不发达的边远和经济落后地区，公路为主要运输方式，起着运输干线的作用。

图 6-1-2　长达 77.8 米的大件运输“公路列车”

在中、短途运输中，由于公路运输可以实现“门到门”直达运输，中途不需要倒运、转乘就可以直接将客货运达目的地。因此，与其他运输方式相比，其客、货在途时间较短，运送速度较快。

目前，世界上最大的汽车是美国通用汽车公司生产的矿用自卸车，长 20 多米，自重 610 吨，载重 350 吨左右，但仍比火车、轮船少得多。由于汽车载重量小，行驶阻力比铁路大 9～14 倍，所消耗的燃料又是价格较高的液体汽油或柴油，因此除了航空运输，就是汽车运输成本最高了。

图 6-1-3 亚洲最大的武汉北铁路编组站

3. 铁路运输

铁路货物运输是现代运输主要方式之一，也是构成陆上货物运输的两个基本运输方式之一。它在整个运输领域中占有重要地位，并发挥着越来越重要的作用。

铁路运输由于受气候和自然条件的影响较小，且运输能力及单车装载量大，在运输的经常性和低成本性上占据优势，再加上有多种类型的车辆，使它几乎能承运任何商品，几乎可以不受重量和容积的限制，而这些都是公路和航空运输方式所不能比拟的（图 6-1-3）。

4. 航空运输

航空运输是使用飞机（图 6-1-4）、直升机及其他航空器运送人员、货物、邮件的一种运输方式。具有快速、机动的特点，是现代旅客运输，尤其是远程旅客运输的重要方式，为国际贸易中的贵重物品、鲜活货物和精密仪器运输所不可缺。

图 6-1-4 充满挑战和机遇的航空运输业

5. 管道运输

管道运输是用管道作为运输工具的一种长距离输送液体和气体物资的运输方式（图 6-1-5）。管道运输不仅运输量大、连续、迅速、经济、安全、可靠、平稳，而且投资少、占地少、费用低，并可实现自动控制，除广泛用于石油、天然气的长距离运输外，还可运输矿石、煤炭、建材、化学品和粮食等。管道运输可省去水运或陆运的中转环节，缩短运输周期，降低运输成本，提高运输效率。当前管道运输的发展趋势是：管道的口径不断增大，运输能力大幅度提高；管道的运距迅速增加；运输物资由石油、天然气、化工产品等流体逐渐扩展到煤炭、矿石等非流体。

图 6-1-5 全国最大的原油管道在山东日照全线贯通

6.1.2 现代运输业的性质

运输业既是从事旅客和货物运输的物质生产部门，同时也是公共服务业，属于第三产业。由于运输生产活动是运输生产者使用劳动工具作用于劳动对象，改变劳动对象空间位置的过程，因此，实现劳动对象的空间位移成为运输的基本效用和功能。通过改变劳动对象的空间位置，使其价值和使用价值发生变化。“公共服务”强调运输业在运输活动中的服务性质，即运输业必须以服务作为前提并向全社会提供运输产品。

6.1.3 现代运输业的特征

1. 运输业是一个不产生新的实物形态产品的物质生产部门

运输产品是运输对象的空间位移，用旅客人公里和货物吨公里计量。运输业劳动对象既可以是物，也可以是人，且劳动对象不必为运输业所有。运输业参与社会总产品的生产和国民收入的创造，但却不增加社会产品实物总量。

2. 运输业的劳动对象是旅客和货物

运输业的劳动对象是旅客和货物，运输业不改变劳动对象的属性或形态，只改变它的空间位置。运输业提供的是一种运输服务，它对劳动对象只有生产权（运输权），不具有所有权。

3. 运输是社会生产过程在流通领域内的继续

产品在完成了生产过程后，必然要从生产领域进入消费领域，这就需要运输。产品只有完成这个运动过程，才能变成消费品，运输与流通是紧密相连的，是社会生产过程在流通领域内的继续。

4. 运输生产和运输消费是同一过程

运输业的产品不能储存、不能调配，生产出来的产品如果不及时消费就会被浪费。运输产品的效用是和运输生产过程密不可分的，这种效用只能在生产过程中被消费。生产过程开始，消费过程也就开始；生产过程结束，消费过程也就结束。这一特点要求运输业一方面应留有足够的运输能力储备，以避免由于能力不足而影响消费者的需求；另一方面应对运输过程进行周密的规划和管理，因为运输过程出现的任何差错都无法通过对运输产品的“修复”而使消费者免受侵害或影响。

5. 运输业具有“网络型产业”的特征

运输业的生产具有“网络型产业”特征，它的场所遍及广阔空间。运输业的网络性生产特征决定了运输业内部各个环节以及各种运输方式相互间密切协调的重要性。

6. 运输业的资本结构有其特殊性

运输业的固定资本比重大，流动资本比重小，资本的周转速度相对较慢。

6.1.4 航空运输的特点

航空运输是现代最新科学技术及成果的综合应用，它是人类社会借助运输工具实现运输对象空间位置变化的有目的的活动。航空运输的主要特点如下。

1. 快速性

速度快是航空运输最大的优势和主要特点。涡轮螺旋桨和喷气式民用飞机的时速为500～1000千米，比海轮快20～30倍，比火车快5～10倍。航空运输是世界上最快的一种运输方式。随着时代的进步，时间的价值日益增大，利用航空运输节省时间，所创造的社会价值是难以估量的。由于现代社会对航空运输的需求与日俱增，从而使航空运输的发展速度居所有运输方式之首。

2. 机动性

在两地之间只要有机场及必备的通信导航设备就可开辟航线，不受高山、大川、沙漠、海洋的阻隔。因此，运输距离相对其他交通运输方式要短，而且可根据客货运量大小和流向变化及时调整航线及机型；还可以在短时间内完成政治、军事、经济上的紧急任务，如抢险救灾、医疗急救、近海油田的后勤支援工作等。

3. 准军事性

由于航空运输所具有的快速性和机动性，以及民航部门所拥有的机场、空地勤人员对军事交通运输的潜在作用，因而各国政府都视民航部门为准军事部门。一旦发生战争或紧急事件，军事部门可依据有关条例征用民用设施和人员，直至民航部门完全受军事部门的指挥。

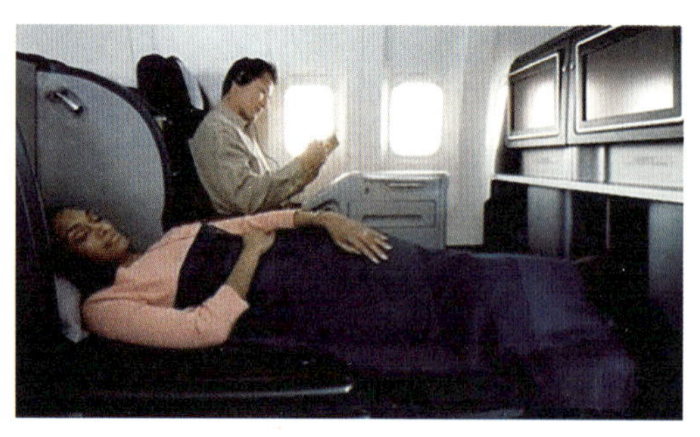
图6-1-6 舒适的飞机客舱环境

4. 安全舒适性

现代的民用航空飞机飞得高，不受低空气流的影响，飞行平稳舒适。20世纪70年代出现的宽体客机，客舱宽敞，噪声低，机内有娱乐餐饮设备，舒适程度大有提高（图6-1-6）。统计表明，航空运输的安全性高于铁路、海运，更高于公路运输。随着航空技术的发展，以及维修技术和空中交通管制设施的改进，航空运输的安全性正在不断提高。

5. 国际性

航空运输从一开始就具有国际性的特点。20 世纪 80 年代，随着世界航空运输相互依赖和合作关系的发展以及多国航空公司的建立，航空运输国际化的特点就更加明显了。国际化的目的是要使任何一位旅客、一吨货物或邮件，能够随时从世界上任何一个地方，方便、安全、经济、可靠地运送到另一个地方，这是航空运输对国际交往和人类文明为其他运输方式所不可替代的巨大贡献。

6. 运营成本高

飞机的载重量一般只有几百千克或几吨，即使大型的宽体波音 747 飞机，最大商务载重量也仅为 90 吨。同时，航空运输属资金和技术密集型行业，投资大、飞行的支出也大。因此，运营成本高，客货邮的运价贵。

另外，容易受气候条件影响、在短途运输中难以发挥优势等都是航空运输局限性的体现。在未来航空运输业的发展过程中如何扬长避短，充分发挥其优势，从而更好地造福于人类是民用航空永远追求的目标。

案例分析

成渝航线受高铁影响　开通 19 年后停航

1990 年重庆首次开通飞成都航线。2002 年川航开通“成渝快线”，曾用 50 座的小飞机打出了每年近 20 万人次客流量的市场，每天对飞 6 班，小飞机后来也被空客 A320 所取代，国航和南航加入竞争。

2003 年 1 月，成渝航线宣布“扩容”，每天执飞 18 班，同时将出行时刻调整为每小时发一班，以缓解航班紧张的状况。

2006 年，成渝“先锋号”动车组开行后，只用 3 个半小时就能到达重庆。不仅如此，“先锋号”动车组售价为 87 元，特快列车则售价为 51 元。而飞机票全价是 550 元，且折扣很少，淡季也在 7 折以上。一名经常来往成都和重庆的人士说：“虽然成都到重庆飞行时间只有 45 分钟，但从成都市区到双流机场最少要 30 分钟，在机场办理登机手续过安检又要一个小时，再加上下了飞机进重庆市区的时间，去趟重庆起码要花 3 个小时。”

2009 年 11 月，成渝航线在动车组和成渝大巴降价的双重影响下，在成都和重庆之间运行了 19 年的成渝航线今日将正式停航。业内人士表示，除成都外，重庆飞桂林、昆明、贵阳、长沙、西安、宜昌这些城市或许在不久的将来也将面临同样的尴尬。

（资料来源：http://cq.qq.com/a/20091116/000262.htm 节选）

拓展阅读

航空与铁路实现信息共享必将是一种双赢

航空和铁路，都是旅客出行的重要途径。火车与飞机，在大多数人眼中一直是以竞争对手的姿态出现，你能想象它们之间也会有“交集”出现吗？

10月13日，河南机场集团与郑州铁路局在郑州机场签订战略合作协议，双方确定：将在产品开发、信息共享、服务一体化等多个方面进行深化合作，共同打造“空铁联运”高端服务品牌。

河南机场集团是国内大型航空枢纽，目前郑州机场运营的客运航空公司达40家，开通客运航线162条，通航城市86个。2016年前9个月，郑州机场的旅客吞吐量就已经突破1500万人次，客运增速在全国千万级机场中名列第二位。

郑州铁路局地处全国铁路心脏地带的枢纽，随着郑州至徐州高速铁路开通运行，河南的“米”字形快速铁路网已经基本建成。如今高速铁路以较频密的发车率、较高的正点率、较大的运输量、安全性等优势，受到旅客的青睐。

竞争是相对的，怎样提升服务质量才是永恒不变的硬道理。当前，民众普遍追求高品质的生活质量，选择性价比高的出行方式也同样受到追捧，在可接受的价格内享受更好的服务是老百姓关注的重点。如果航空、铁路联手搭台，互惠互利，能够将其独有的优势发挥到极致，不仅是空铁双方受益，旅客也将是最大的受益者。

根据此次的合作协议，双方将在产品开发、信息共享、服务一体化等多个方面进行深化合作，共同打造“空铁联运”高端服务品牌；整合民航业和铁路信息资源，建设综合交通信息化服务平台，实现两种运输方式的信息采集、交换、共享和互联互通，为旅客提供实时、便捷的综合交通运输信息服务，研究推进航空餐食进入高铁市场，满足高铁旅客多样化配餐需求。积极推进机场与高铁的物流合作，在货源信息共享、货物分拨转运、快速集疏等方面深化合作，建立快速直达的高铁联运快件货物通道；建立应急救援联动机制，协同处理紧急突发事件，共同做好旅客转运保障工作。

竞争不忘合作，从先前的竞争对手到如今的合作伙伴，这次“空铁联运”信息共享可以说是铁路和航空敢为人先的一次尝试，在竞争的同时，双方各取所需，共同成长，在竞争中合作，在合作中竞争，最终实现双赢。希望越来越多的行业出现“空铁联运”现象，为广大百姓提供更多的选择和便利。

（资料来源：中华铁道网）

知识链接

航空运输的安全性

人们往往认为航空运输不安全，这是由于航空运输如果发生机毁人亡的大事故，损失惨重，另外还由于新闻媒体宣传的结果。实际上，随着航空器技术的不断提高，飞机的安全性能逐步改善，各国对航空器的适航性能有严格的管理制度。根据国际民航组织统计年报，1992 年，世界民航百万飞行小时事故次数，已从 1973 年的 0.28 下降到 0.10，每亿客公里的死亡人数从 1973 年的 0 .17 下降到 0.06。根据有些国家近年来的资料分析，每行驶 1.78 亿千米有一名火车乘客死于铁路事故，每行驶 5.35 亿千米有一名汽车乘客死于公路车祸，而每飞行 7.37 亿千米有一名旅客死于飞机失事。这些数字表明，与其他运输方式相比，航空运输是一种安全的运输方式。

（资料来源：民航资源网，http://www.carnoc.com）

黑　匣　子

空难事故发生后，飞机往往解体，甚至被烈火烧毁。人们到现场救援的时候，总是会寻找一个东西，这就是被誉为空难“见证人”的黑匣子（图 6-1-7）。它可以给调查人员提供证据，帮助他们了解事故的真相。

实际上，黑匣子是飞机上的记录仪器。一种是飞行数据记录仪。它能将飞机的高度、速度、航向、爬升率、下降率、加速情况、耗油量、起落架放收、格林尼治时间，还有飞机系统工作状况和发动机工作参数等飞行参数都记录下来。另一种是座舱话音记录仪。它实际上就是一个无线电通话记录器，可以记录飞机上的各种通话。这一仪器上的 4 条音轨分别记录飞行员与地面指挥机构的通话，正、副驾驶员之间的对话，机长、空中乘务员对乘客的讲话，威胁、爆炸、发动机声音异常，以及驾驶舱内各种声音。黑匣子能够向调查者提供飞机出事故前各系统的运转情况。因为空难发生在短暂的瞬间，有时飞行员和全部乘务员同时遇难，调查事故的原因会有很大困难，而飞行数据记录仪可以向人们提供飞机失事瞬间和失事前一段时间里，飞机的飞行状况、机上设备的工作情况等。座舱话音记录仪能帮助人们根据机上人员的各种对话来分析事故原因，以便对事故作出正确的结论。为了承受飞机坠毁时的猛烈撞击和高温烈焰，黑匣子的外壳具有很厚的钢板和许多层绝热防冲击保护材料。而且为了尽可能的安全，黑匣子通常安装在飞机尾部最安全的部位，也就是失事时最不易损坏的部位。在飞机坠毁时，黑匣子在 1100℃的火焰中能经受 30 分钟的烧烤，能承受 2 吨重的物体挤压 5 分钟，能够在汽油、机油、油精、电池、酸液、海水中浸泡几个月。总之，

图 6-1-7　打捞黑匣子

它能在许多恶劣的条件中安然无恙。就算这样的保护，仍然在有些空难中黑匣子遭到损坏，所以国际航空机构又规定了更加严格的标准，而且记录介质也从磁带式改进成为能承受更大冲击的静态存储记录仪，类似于计算机里的存储芯片。

其实，黑匣子并不是黑色的，为了便于人们搜寻，它被涂上了鲜艳的橘黄色，也许是人们觉得它里面存储的东西对飞机事故的鉴定意义重大吧，实在是太神秘了，所以使用了这样一个神秘的名字——“黑匣子”。

（资料来源：https://baike.baidu.com/item/ 飞机黑匣子 /4431275）

6.2 民用航空客货邮运输术语

为规范民用航空旅客运输业务，中国民航局依据相关法律法规，制定了中华人民共和国国家标准《民用航空旅客运输术语》（GB/T 18764—2002）和《民用航空货物运输术语》（GB/T 18041—2000）。它是民用航空客货邮运输业务的基础标准，是民航从业人员必须掌握的业务工具。

6.2.1 旅客运输术语

1. 承运人

承运人是指包括填开客票的航空承运人和承运或约定承运该客票所列旅客及其行李的所有航空承运人（图 6-2-1）。

图 6-2-1　实际承运人和填开客票的航空承运人

2. 航线

航线是指飞机从某一机场飞往另一机场所遵循的空中路线。一条航线的要素包括：起点、经停点、终点、航路、高度、宽度、机型以及班次、班期和时刻。航线就飞行地点而言，分国内航线、国际航线和地区航线。

（1）国内航线

国内航线是指飞机仅在一国国境内飞行的航空线路。其航线的起点、经停点、终点均在一国国境内。国内航线分为：干线、支线、地区航线。

1）国内干线。国内干线是指连接首都和各省会、直辖市或自治区首府所在地的航线，以及连接两个以上的省会、直辖市、自治区首府或各省、自治区所属的城市之间的航线。干线运输主要是满足大城市之间客货运输的要求。例如，北京—上海航线、上海—福州航线、上海—广州航线等。

2）国内支线。国内支线是指一个省、自治区内各城市间及相邻省、自治区各城市之间的航线。支线运输主要是汇集或疏散旅客和货物。例如，上海—烟台航线、上海—黄山航线、上海—温州航线等。

（2）国际航线

国际航线是指飞机飞行的始发地点、约定的经停地点和目的地点中有一个以上不在同一国境内的航线。例如，上海—东京航线、北京—上海—东京—旧金山航线。

（3）地区航线

地区航线是指根据国家的特殊情况，在一国境内与境外之间飞行的航线。在我国境内指一点或多点与香港、澳门等地区的一点或多点之间的航空运输线。

3. 航段

航段是指特定航班从旅客登机点到旅客到达点一个或一组顺序的航节，是在航线上各经停点、点与点之间的航程。

在一条航线上由于经停点数不同，导致航段数不同，有的航线由几个航段组成。如 MU5806 航班，上海—昆明—丽江；CA991 航班，北京—上海—温哥华—多伦多。有的航线只有一个航段，如 FM9449 航班，上海—昆明；CA1590 航班，上海—北京。

航线上经停点的多少是根据客货运输的要求和机型的运输能力而决定的。中小型飞机在飞行远距离航线时一般航段较多，有时为了提高飞机的载运量而增加经停点；有时为了解决运输生产的特殊情况临时停降或飞越，这些就是在一个航线上航段多少的原因。

4. 约定经停地

约定经停地是指除出发地和目的地以外，在客票中所列明或在承运人的航班时刻表中所公布的航班预定停留点（图 6-2-2）。

图 6-2-2 有经停点的航班信息

5. 中转点

中转点是指中转旅客换乘航班的地点（图 6-2-3）。

图 6-2-3 有中转点的航班信息

6. 航班

航班是根据班期时刻表，在规定的航线上，使用规定的机型，按照规定的日期、时刻进行的飞行。航班分为去程航班和回程航班。从基地出发的飞行为去程航班，返回基地站的飞行为回程航班。

（1）定期航班

定期航班是指按规定的航班、日期、时间，从事旅客、行李、货物和邮件运输的航班。

（2）不定期航班

不定期航班是指以不固定航班、时刻进行运输飞行的航班。

（3）国际航班

国际航班是指在国际航线上飞行的航班。

（4）国内航班

国内航班是指在国内航线上飞行的航班。

（5）直达航班

直达航班是指使用单一飞机在两点之间提供运输，即使中间经停，但不改变航班号的航班。

（6）续程航班

续程航班是指衔接上一航程的航班。

（7）航班班次

航班班次是指航班在单位时间内飞行的次数。通常以一周为计算单位（图 6-2-4）。

航空公司	航班号	出发机场	到达机场	出发	到达	机型	经停	飞行周期（星期）
厦门航空有限公司	MF8445	萧山国际机场	江北国际机场	07:35	11:00	737	1	1234567
中国国际航空公司	CA1759	萧山国际机场	江北国际机场	07:55	10:15	319	0	1234567
四川航空股份有限公司	3U8821	萧山国际机场	江北国际机场	08:30	10:30	320	0	1234567
四川航空股份有限公司	3U8914	萧山国际机场	江北国际机场	10:40	12:40	320	0	1234567
深圳航空公司	ZH9166	萧山国际机场	江北国际机场	11:55	15:40	320	1	1.3.5.7
中国南方航空(集团)公司	CZ3438	萧山国际机场	江北国际机场	12:20	15:50	738	1	1234567
中国国际航空公司	CA1761	萧山国际机场	江北国际机场	13:50	15:55	319	0	1234567
厦门航空有限公司	MF8425	萧山国际机场	江北国际机场	18:10	20:25	737	0	1234.67

图 6-2-4 班期时刻表

一个班次包括去程航班和回程航班。班次的多少依据运量的需要和运力的供给来确定。每周的班次反映某航线的航班密度，它是根据运量、运力、机型及效益等因素来决定的。

（8）航班号

航班号是按一定规则以航空公司代码加阿拉伯数字表示飞机飞行的航班编号。

我国国内航班号的编排是由航空公司的两字代码加 4 位数字组成。后面 4 位数字的第一位代表航空公司的基地所在地区，第二位代表航班基地外终点所在地区，其中数字 1 代表华北、2 为西北、3 为华南、4 为西南、5 为华东、6 为东北、8 为厦门、9 为新疆，第三、第四位表示航班的序号，单数表示由基地出发向外飞的航班，双数表示飞回基地的回程航班。以 CA1206 为例，CA 是中国国际航空公司的代码，第一位数字 1 表示华北地区，国航的基地在北京；第二位数字 2 表示西北，西安属西北地区；后两位 06 为航班序号，末位 6 是双数，表示该航班为回程航班。

再如 CZ3151，由深圳飞往北京，CZ 为南方航空公司的代码，第一位数字 3 表示华南地区，南航的基地在广州；1 表示华北，北京属于华北地区；51 为航班序号，单数为去程航班。

国际航班号的编排，是由航空公司代码加 3 位数字组成。第一位数字表示航空公司，国航为 9、东航为 5、南航为 3，后两位数字为航班序号，与国内航班号相同的是单数为去程，双数为回程。如 MU508，由东京飞往北京，是中国东方航空公司承运的回程航班。

7. 班期时刻表

班期时刻表是指将航空公司的航线、航班及其班期和时刻等按一定次序汇编成的图表或册子。

为了适应空运市场的季节性变化，根据飞行季节的不同和客货流量、流向的客观规律，各航空公司的有关业务部门每年两次制订航班计划，并将航线、航班及其班期和时刻等，按一定的秩序汇编成册，称为班期时刻表。一次为夏秋季班期时刻表，执行时间为 3 月下旬至 10 月下旬；另一次为冬春季班期时刻表，执行时间为 10 月下旬至来年 3 月下旬。

班期时刻表是航空运输企业组织日常运输生产的依据，也是航空公司向社会各界和世界各地用户介绍航班飞行情况的一种业务宣传资料。

6.2.2 货物运输术语

1. 货物

货物是指除邮件和凭“客票及行李票”托运的行李外，已经或将要用飞机运输的任何物品，包括凭航空货运单运输的行李（图 6-2-5）。

2. 航空邮件

航空邮件是指由邮件部门交由航空运输企业运输的邮件，主要包括信函、印刷品、邮包、报刊等（图 6-2-6）。

图 6-2-5　航空货物运输

图 6-2-6　航空邮件运输

3. 货物运输

货物运输是将货物从一地位移至另一地的过程。

4. 国际货物运输

国际货物运输是指货物、邮件的出发地、约定的经停地和目的地之一不在同一国境内的运输。

5. 国内货物运输

国内货物运输是指货物、邮件的出发地、约定的经停地和目的地均在同一国境内的运输。

6. 航空快递

航空快递是指具有航空快递经营资格的企业，使用专用快件标志，按托运人的要求，以最快的速度，门到门的服务，在托运人、承运人与收货人之间进行运输和交接货物的业务。

6.3 民航旅客运输与货邮运输概述

在首次使用飞机运输的 1918 年，开通的定期航班就是用于运输邮件的。在之后的很长时间里，航空公司收入的主要部分就是邮件的运输。直到第二次世界大战之后，由于飞机性能的提高及电信事业的发展，航空客运占了航空运输的主要部分。航空货运由于能耗大、运价高，在整个空运中占的比例较小。从 20 世纪 80 年代开始，由于经济的全球化发展以及产品的自动化和小型化，航空货运市场迅速发展起来，前景良好。

6.3.1　民航旅客运输概述

1. 旅客出发（图 6-3-1）

（1）国际旅客出发流程

1）办理乘机手续。前往所乘航班的航站楼，查看出发航班显示屏（图 6-3-2），确认办票时间及办票区（图 6-3-3），凭护照或相关证件换取登机牌，托运行李。

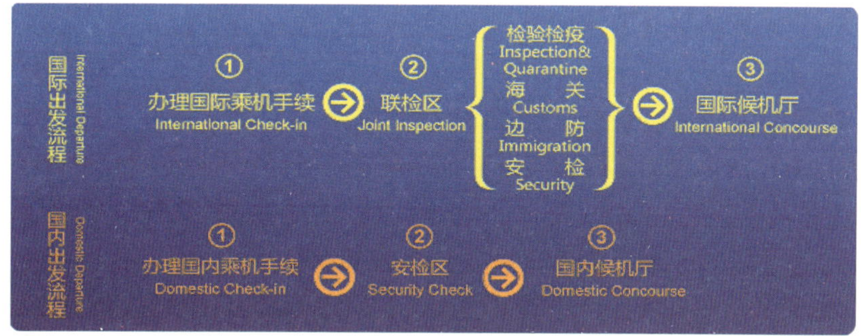

图 6-3-1　旅客出发流程

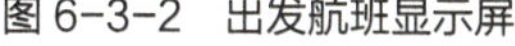
图 6-3-2　出发航班显示屏

图 6-3-3　值机岛

2）检验检疫检查。接受体温检测，如有发热、咳嗽、呼吸困难、呕吐、腹泻、急性皮疹、黄疸、淋巴结肿等症状，或携带动植物及其产品、微生物、人体组织、生物制品、血液及血液制品等，应主动向检验检疫部门申报及办理相关手续。

3）海关申报与海关检查。没有携带应向海关申报物品的，无须填写海关《申报单》，选择“无申报通道”（又称“绿色通道”）通关。如携带应向海关申报物品的，须填写海关《申报单》，选择“申报通道”（又称“红色通道”）通关，并主动向海关申报及办理相关手续。除按照规定享有免检和海关免于监管的人员以及随同成人旅行的16周岁以下旅客之外。

知识链接

旅客需向海关申报的物品范围

（一）进境旅客携带下列物品的，应在《申报单》相应栏目内如实填报，并将有关物品交海关验核，办理有关手续。

1）动、植物及其产品，微生物、生物制品、人体组织、血液制品。

2）居民旅客在境外获取的总值超过人民币5000元（含5000元，下同）的自用物品。

3）非居民旅客拟留在中国境内的总值超过2000元的物品。

4）酒精饮料超过1500毫升（酒精含量12°以上），或香烟超过400支，或雪茄超过100支，或烟丝超过500克。

5）人民币现钞超过20000元，或外币现钞折合超过5000美元。

6）分离运输行李，货物、货样、广告品。

7）其他需要向海关申报的物品。

（二）出境旅客携带下列物品的，应在《申报单》相应栏目内如实填报，并将有关物品交海关验核，办理有关手续。

1）文物、濒危动植物及其制品、生物物种资源、金银等贵重金属。

2）旅客需复带进境的单价超过5000元的照相机、摄像机、笔记本计算机等旅行自用物品。

3）人民币现钞超过20000元，或外币现钞折合超过5000美元。

4）货物、货样、广告品。

5）其他需要向海关申报的物品。

（三）禁止出境物品

1）列入禁止进境范围的所有物品。

2）内容涉及国家秘密的手稿、印刷品、胶卷、照片、唱片、影片、录音带、录像带、计算机存储介质及其他物品。

3）珍贵文物及其他禁止出境的文物。

4）濒危的和珍贵的动植物（均含标本）及其种子和繁殖材料。

（资料来源：根据中华人民共和国海关总署，http://www.customs.gov.cn 网站节选）

4）边防检查。填写《出入境登记卡》（中国公民免填），选择相应通道，并出示护照、登机牌、《出入境登记卡》接受边防检查。

5）安全检查。接受人身及手提行李安全检查。

6）进入候机区域。查看航班显示屏，确认乘坐航班登机时间和登机口，前往所在候机区办理登机手续。

（2）国内旅客出发流程

1）办理乘机手续。前往所乘航班的航站楼，查看出发航班显示屏，确认办票时间及办票区，凭机票和有效身份证件换取登机牌、托运行李。

2）安全检查。出示登机牌和有效身份证件，接受证件、人身及随身携带物品安全检查（图 6-3-4）。

3）进入候机区域。查看航班显示屏，确认乘坐航班登机时间和登机口，前往所在候机区（图 6-3-5）办理登机手续。

图 6-3-4　安检通道

图 6-3-5　候机区域

2. 旅客到达（图 6-3-6）

（1）国际旅客到达

1）登机口下机。

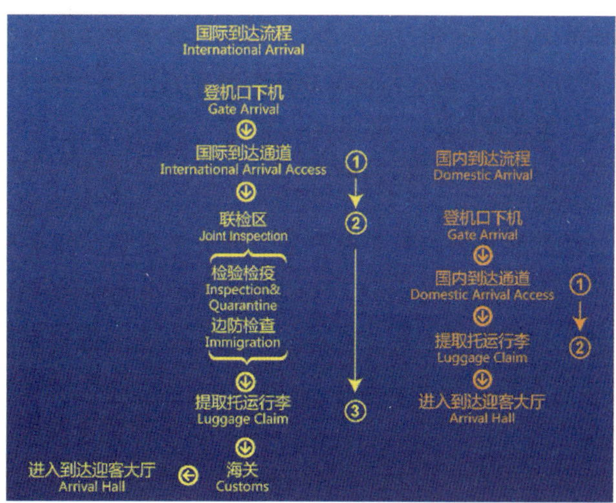

图 6-3-6　旅客到达流程

2）卫生检疫。
3）边防检查。
4）领取交运行李。
5）海关申报与海关检查。
6）进入到达接客大厅。

知识链接

中华人民共和国禁止进境物品

1）各种武器、仿真武器、弹药及爆炸物品。

2）伪造的货币及伪造的有价证券。

3）对中国政治、经济、文化、道德有害的印刷品、胶卷、照片、唱片、影片、录音带、录像带、计算机存储介质及其他物品。

4）各种烈性毒药。

5）鸦片、吗啡、海洛因、大麻以及其他能使人成瘾的麻醉品、精神药物。

6）新鲜水果、茄科蔬菜、活动物（犬、猫除外）、动物产品、动植物病原体和害虫及其他有害生物、动物尸体、土壤、转基因生物材料、动植物疫情流行的国家和地区的有关动植物及其产品和其他应检物。

7）有碍人畜健康的、来自疫区的以及其他能传播疾病的食品、药品或其他物品。

（资料来源：根据海关总署文件节选）

（2）国内旅客到达
1）登机口下机。
2）领取交运行李（图 6-3-7）。

图 6-3-7　行李提取

3）进入到达接客大厅。

6.3.2　民航货邮运输概述

1. 航空货物运输的特点

航空货物运输虽然起步较晚，但发展极为迅速，这与它所具备的许多特点是分不开的。这种运输方式与其他运输方式相比，具有其独特的优点。

（1）运送速度快

现代喷气式运输机时速一般都在 800～1000 千米，航空线路又不受地面条件限制，航程比地面短得多。运程越远，航空运输的快速特点就越显著。在“时间就是效益”的现代社会，节省时间就可以获得极大的经济效益和社会效益。

（2）安全准确

飞机航班有一定的班期，世界各航空公司都十分重视正点率，把它视为影响企业发展的重要因素之一，可以保证货物按时到达。航空运输管理制度也较完善，可以保证运输质量，减少破损率，被盗窃机会少，如果使用空运集装箱，则更为安全。

（3）手续简便

航空运输为了体现其快捷便利的特点，为托运人提供了简便的托运手续，也可以由货运代理人上门取货，并为其办理一切运输手续。而且货运代理人可以送货上门，实现“门到门”的运输服务，极大地方便托运人和收货人。

（4）节省包装、保险、利息和储存等费用

由于航空运输速度快，商品在途时间短、周期快，存货可相对减少，资金可迅速回收，从而大大节省贷款利息费用。加之航空货物运输中货损、货差较少，货物包装可以相对简化，从而降低包装费用和保险费用。

（5）运价较高、载量有限、易受天气影响

由于技术要求高、运输成本大等原因，航空运价相对较高。例如，从中国到美国西海岸，空运运价至少是海运运价的 10 倍以上。又由于飞机本身载重量、容积限制，其货运量有限，如最常见的 B747-200F 全货机的载重量为 90 吨，相比海运的几万、几十万吨载重量要小得多。而航班一旦遇到大雨、大风、大雾等恶劣天气，还可能导致货物的延误及损失。

但是由于航空货物运输的优点突出，可弥补运费高的缺陷，加之保管制度完善，货损、货差少，适于价值较高、运量小的货物运输。

知识链接

航空货运与客运的区别

航空货运与客运具有如下区别。

1）航空货运处理的货物类型多样，尺寸、价格、重量变化很大，因而运价复杂。

2）货物运送需要装箱、装卸、存储，这都需要较多的设施、场地和服务，而旅客运输中旅客是主动的，场地和服务人员相对较少。

3）货物运输一般要涉及发货人、收货人、运输公司、航空承运人、仓库、海关等多个参与方，而旅客运输主要是旅客和航空公司双方参与。

4）货运只要求按时到达，对运输线路和是否白天出发、到达没有什么要求，这样航空公司就可以在时限内灵活安排航班和航线以提高航班的载运率，而旅客运输原则上不能改变航班和运输路线。

5）航空货物运输的单向性很强，回程的货源有时是一个不容易解决的问题，而客运总的来说是双向的。

（资料来源：民航资源网，http://www.carnoc.com）

2. 航空货运的分类

航空货运按形式大致可以分为普通货物运输、急件运输、特种货物运输、包机运输、快递运输。

（1）普通货物运输

普通货物是指托运人没有特殊要求，承运人和民航当局对货物没有特殊规定的货物。这类货物按一般运输程序处理，运价为基本价格的货物运输。

（2）急件运输

急件运输是指必须在 24 小时内出发，收货人急于得到的货物。急件货物的运费率是普通货物运费率的 1.5 倍，航空公司要优先安排舱位运输急件货物。

（3）特种货物运输

用空运运输一些在运输上有特殊要求的货物，称为特种货物运输。如活动物、贵重物品、危险品等。

（4）包机运输

包机运输是指包机人和承运人签订包机合同，机上的吨位由包机人充分利用。

（5）快递运输

快递运输是指由承运人组织专门人员，负责以最早的航班和最快的方式把快递件送交收货人的货运方式。快递的承运人可以是航空公司、航空货运代理公司或专门的快递公司。运输的货物以文件、样品、小件包裹为主。快递的费用相对昂贵，一般按距离分档计价，除运费外还要加收中转费和地面运杂费。

知识链接

航空快递业

到目前为止，在全世界形成规模的，即能在 200 个国家和地区以上有网络并能作业的快递公司共有 6 家，即 DHL（敦豪货运）、FedEx（联合包裹公司）、UPS（联邦快递）、TNT（天地快运公司）、OCS（日本新闻普及株式会社）和依靠万国邮政联盟为基础的各国邮局，即 EMS（邮政速递）。

3. 货物的运送过程

（1）办理托运

各外贸公司及工贸企业在备齐货物，收到开来的信用证经审核（或经修改）无误后，就可办理托运，即按信用证和合同内有关装运条款，以及货物名称、件数、装运日期、目的地等填写《托运单》并提供有关单证，送交外运公司作为订航班的依据。

（2）安排舱位

外运公司收到托运单及有关单据后，会同中国民航，根据配载原则、货物性质、货运数量、目的地等情况，结合航班来安排舱位（图 6-3-8），然后由中国民航签发航空运单。

（3）装货、装机

外运公司根据航班，代各外贸公司或工贸企业往仓库提取货物送进机场，凭装货单据将货物送到指定舱位待运（图 6-3-9）。

图 6-3-8　货物配载

图 6-3-9　出仓装机

（4）签发运单

货物装机完毕，由中国民航签发航空总运单，外运公司签发航空分运单，航空分运单有正本 3 份、副本 12 份。正本 3 份，第一份交给发货人，第二份由外运公司留存，第三份随货同行交给收货人。副本 12 份作为报关、财务结算、国外代理、中转分拨等用途。

（5）发出装运通知

货物装机后，即可向买方发出装运通知，以便对方准备付款、赎单、办理收货。

第7章 国际航空组织与航空法律法规

课前导读

民航业的有关国际组织是协调和沟通政府间政策，直接或间接为从事国际航空运输工作的各空运企业提供合作途径，公平合理，尊重主权，解决实际运作中的困难和法律问题，保证全世界国际民用航空安全地、有秩序地发展，促进国际航行的飞行安全，正常和经济的航空运输。本章介绍了协调和管理国际航空运输的两大机构国际航空运输协会和国际民用航空组织，国际航空法体系及其代表法，国内民航法的发展和体系框架。

学习目标

知识目标

说出国际民航运输管理机构的作用；描述国际航空运输协会的宗旨和职能；描述国际民用航空组织的宗旨和目的；描述国际航空法的分类；说出《蒙特利尔公约》的有关内容及其对我国民航业的影响；描述各类航权的含义；说出我国民航业法律法规体系的发展概况；描述我国民航业法律法规体系的框架。

技能目标

能够区别不同的民航组织名称和职能，判断有关国际、国内航空法律法规及规章的作用。

7.1 国际民航运输管理机构

航空业在过去的百年来走过了一段漫长的道路。今天，任何时刻，都有千百架飞机在世界各地的天空中飞翔。国际航班的数目比 1945 年增加了 100 多倍。这种增长速度是其他领域难以比拟的。

航空业的成长扩展到今天这个规模，导致了建立监管部门以控制航班发展的必要性。

7.1.1 国际航空运输协会

国际航空运输协会（International Air Transport Association，IATA），简称“国际航协”，是一个由世界各国航空公司所组成的大型国际组织，其前身是 1919 年在海牙成立并在第二次世界大战时解体的国际航空业务协会，总部设在加拿大的蒙特利尔，执行机构设在日内瓦（图 7-1-1）。和监管航空安全和航行规则的国际民航组织相比，它更像是一个由承运人（航空公司）组成的国际协调组织，管理在民航运输中出现的诸如票价、危险品运输等问题。

图 7-1-1 国际航空运输协会标识

1. IATA 的成立

国际航协的前身是 1919 年在海牙成立并在第二次世界大战时解体的国际航空业务协会。1944 年 12 月，出席芝加哥国际民航会议的一些政府代表和顾问以及空运企业的代表聚会，商定成立一个委员会为新的组织起草章程。1944 年 4 月，各国航空公司在哈瓦那审议了协会章程，58 家航空公司签署了文件。1945 年 4 月 16 日在哈瓦那会议上修改并通过了草案章程后，国际航协成立。同年 10 月，新组织正式成立，定名为国际航空运输协会，总部设在加拿大的蒙特利尔。第一届年会在加拿大蒙特利尔召开。在全世界近 100 个国家设有办事处，280 家会员航空公司遍及全世界 180 多个国家。凡国际民航组织成员国的任一经营定期航班的空运企业，经其政府许可都可成为该协会的会员。经营国际航班的航空运输企业为正式会员，只经营国内航班的航空运输企业为准会员。1993 年，我国国航、东航和南航正式加入了国际航协。此后，我国其他航空公司也相继加入了该协会。

2. IATA 的宗旨

国际航协的宗旨是“为了世界人民的利益，促进安全、正常和经济的航空运输，扶植航空交通，并研究与此有关的问题”“对于直接或间接从事国际航空运输工作的各空运企业提供合作的途径”“与国际民航组织及其他国际组织协力合作”。

3. IATA的机构组成

（1）全体会议

全体会议是国际航协的最高权力机构，每年举行一次会议，经执行委员会召集，也可随时召开特别会议。所有正式会员在决议中都拥有平等的一票表决权，如果不能参加，也可授权另一正式会员代表其出席会议并表决。全体会议的决定以多数票通过。在全体会议上，审议的问题只限于涉及国际航协本身的重大问题，如选举协会的主席和执行委员会委员、成立有关的委员会以及审议本组织的财政问题等。

知识链接

国际航协年会

国际航协年会是全球航空业规模最大、规格最高的业界盛会。大会内容包括发布行业重要经济数据和发展状况、趋势，审议通过年度行业重大决策等。1945年10月，国际航协第一届年会在加拿大蒙特利尔召开。

2002年6月3日至4日，应我国东航的邀请，国际航协第58届年会在我国上海举行。这是国际航协有史以来第一次在中国举办世界航空峰级会议，也是中国民航运输企业第一次承办这一盛会。本届年会的主要议题有两个。第一个议题为：从生存到复苏。着重讨论两个问题：一是“重塑消费者信心”，主要讨论“9·11”事件后航空公司的安全保障和战争责任保险问题，并探讨新的议题；二是“提高财政活力”，主要讨论新的政府政策及如何提高航空公司应对意外金融冲击的恢复能力。第二个议题为：中国的航空市场。主要研讨中国加入WTO后的影响，演变（重组与兼并）中的中国航空市场及对未来发展的展望等。

2012年6月11日至12日，国际航协第68届年会在北京举行。此次是国际航协年会第二次在中国召开，由国航承办。会议发布了全球航空运输业的重要经济数据和发展情况、趋势预测，审议通过了年度行业重大决策，并以论坛形式对在中国开展业务、航空公司的未来、航空业的价值、公共媒体与航空、生物燃油的商业化等主题展开了深入探讨。来自全球的航空公司、机场、飞机制造商、航空服务商的首席执行官及代表等1000余名与会嘉宾参会，共谋全球航空运输业发展大计。

（资料来源：国际航空运输协会，http://www.iata.org）

（2）执行委员会

执行委员会是全会的代表机构，对外全权代表国际航空运输协会。执委会成员必须是正式会员的代表，任期分别为一年、二年和三年。执委会的职责，包括管理协会的财产、设置分支机构、制定协会的政策等。执委会的理事长是协会的最高行政和执行官员，在执委会的监督和授权下行使职责并对执委会负责。在一般情况下，执委会应在年会即全体会议之前召开，其他会议时间由执委会规定。执委会下设秘书长、专门委员会和内部办事机构，维持协会的日常工作。目前执委会有 30 名成员。

（3）专门委员会

国际航协分为运输、财务、法律和技术委员会。各委员会由专家、区域代表及其他人员组成并报执委会和大会批准。目前，运输委员会有 30 名成员，财务委员会有 25 名成员，技术委员会有 30 名成员，法律委员会有 30 名成员。

（4）分支机构

国际航协总部设在加拿大蒙特利尔，但主要机构还设在日内瓦、伦敦和新加坡。国际航协还在安曼、雅典、曼谷、达卡、中国香港、雅加达、吉达、吉隆坡、迈阿密、内罗毕、纽约、波多黎各、里约热内卢、圣地亚哥、华沙和华盛顿设有地区办事处。

4. IATA 的基本职能

国际航协的基本职能包括：国际航空运输规则的统一；业务代理；空运企业间的财务结算；技术上的合作；参与机场活动；协调国际航空客货运价；航空法律工作；帮助发展中国家航空公司培训高级和专门人员。

7.1.2 国际民用航空组织

国际民用航空组织（International Civil Aviation Organization，ICAO）是联合国的一个专门机构，1944 年为促进全世界民用航空安全、有序地发展而成立。国际民航组织总部设在加拿大蒙特利尔（图 7-1-2），制定国际空运标准和条例。

图 7-1-2 蒙特利尔的 ICAO 总部大厦

1. ICAO 的成立

国际民航组织的前身为根据 1919 年《巴黎公约》成立的空中航行国际委员会（图 7-1-3）。由于第二次世界大战对航空器技术发展起到了巨大的推动作用，使得世

图 7-1-3　国际民用航空组织标识

界上已经形成了一个包括客货运输在内的航线网络，但随之也引起了一系列急需国际社会协商解决的政治上和技术上的问题。因此，在美国政府的邀请下，52 个国家于 1944 年 11 月 1 日至 12 月 7 日参加了在芝加哥召开的国际会议，签订了《国际民用航空公约》（通称《芝加哥公约》），按照公约规定成立了临时国际民航组织（PICAO）。1947 年 4 月 4 日，《芝加哥公约》正式生效，国际民航组织也因之正式成立，并于 5 月 6 日召开了第一次大会。同年 5 月 13 日，国际民航组织正式成为联合国的一个专门机构。1947 年 12 月 31 日，“空中航行国际委员会”终止，并将其资产转移给“国际民用航空组织”。

2. ICAO 的法律地位

（1）国际民航组织是国际法主体

这种主体资格是由成员国通过《芝加哥公约》而赋予的。《芝加哥公约》第 47 条规定：“本组织在缔约国领土内应享有为履行其职能所必需的法律能力。凡与有关国家的宪法和法律不相抵触时，都应承认其完全的法人资格。”同时，《芝加哥公约》还详尽规定了国际民航组织作为一个独立的实体在国际交往中所应享有的权利和承担的义务。应该说，它已经具备了一个国际法主体所必须具有的 3 个特征，即必须具有独立进行国际交往的能力、必须具有直接享有国际法赋予的权利、必须构成国际社会中地位平等的实体。

（2）国际民航组织的权利能力和行为能力

国际民航组织的权利能力和行为能力主要表现在以下几个方面。

1）协调国际民航关系。努力在国际民航的各领域协调各国的关系及做法，制定统一的标准，促进国际民航健康、有序地发展。

2）解决国际民航争议。多年来，国际民航组织充当协调人，在协调各国关系上发挥不可替代的作用。

3）缔结国际条约。国际民航组织不仅参与国际条约的制定，还以条约缔约方的身份签订国际条约。

4）特权和豁免。国际民航组织各成员国代表和该组织的官员，在每个成员国领域内，享有为达到该组织的宗旨和履行职务所必需的特权和豁免。

5）参与国际航空法的制定。在国际民航组织的主持下，制定了很多涉及民航各方面活动的国际公约，从《芝加哥公约》及其附件的各项修正到制止非法干扰民用航空安全的非法行为，以及国际航空私法方面的一系列国际文件。

（3）国际民航组织是政府间的国际组织

国际民航组织是各主权国家以自己本国政府的名义参加的官方国际组织，取得国际民航组织成员资格的法律主体是国家，代表这些国家的是其合法政府。对此，《芝加哥公约》第 21 章作出了明确规定，排除了任何其他非政治实体和团体成为国际民航组织成员的可能，也排除了出现两个以上的政府机构代表同一国家成为国际民航组织成员的可能。

（4）国际民航组织是联合国的一个专门机构

1946 年，联合国与国际民航组织签订了一项关于它们之间关系的协议，并于 1947 年 5 月 13 日生效。据此，国际民航组织成为联合国的专门机构。该类专门机构指的是通过特别协定而同联合国建立法律关系的或根据联合国决定创设的对某一特定业务领域负有“广大国际责任”的政府间专门性国际组织。但它们并不是联合国的附属机构，而是在整个联合国体系中享有自主地位。协调一致是这些专门机构与联合国相互关系的一项重要原则。联合国承认国际民航组织在其职权范围内的职能，国际民航组织承认联合国有权提出建议并协调其活动，同时定期向联合国提出工作报告，相互派代表出席彼此的会议，但无表决权。一个组织还可以根据需要参加另一组织的工作。

3. ICAO 的宗旨和目的

国际民航组织的宗旨和目的在于发展国际航行的原则和技术，促进国际航空运输的规划和发展。具体表现在以下几个方面。

1）保证全世界国际民用航空安全、有秩序地发展。

2）鼓励为和平用途的航空器的设计和操作技术。

3）鼓励发展国际民用航空应用的航路、机场和航行设施。

4）满足世界人民对安全、正常、有效和经济的航空运输的需要。

5）防止因不合理的竞争而造成经济上的浪费。

6）保证缔约各国的权利充分受到尊重，每一缔约国均有经营国际空运企业的公平机会。

7）避免缔约国之间的差别待遇。

8）促进国际航行的飞行安全。

9）普遍促进国际民用航空在各方面的发展。

以上 9 条共涉及国际航行和国际航空运输两个方面问题。前者为技术问题，主要是安全；后者为经济和法律问题，主要是公平合理，尊重主权。两者的共同目的是保证国际民航安全、正常、有效和有序地发展。

4. ICAO 的机构

（1）国际民用航空组织大会

国际民用航空组织大会是最高权力机构，每 3 年举行一次。遇有特别情况时，经理事会召集或经 1/5 以上的缔约国向秘书长提出要求，可以随时举行大会特别会议。大会决议一般以超过半数通过。参加大会的每一个成员国只有一票表决权。但在某些情况下，如《芝加哥公约》的任何修正案，则需 2/3 多数票通过。

（2）国际民用航空组织理事会

国际民用航空组织理事会是向大会负责的常设机构，由 33 个理事国组成，由每届大会选举产生。每年举行 3 次例会。理事会下设航空技术、航空运输、法律、联营导航设备、财务和制止非法干扰国际民航 6 个委员会。理事国分为 3 类：第一类是在航空运输领域居特别重要地位的成员国；第二类是对提供国际航行设施做出突出贡献的成员国；第三类是区域代表成员国。

（3）国际民用航空组织秘书处

国际民用航空组织秘书处负责处理日常工作，由秘书长负责，保证各项工作的顺利进行。下设航空技术、航空运输、法律、技术合作和行政服务 5 个局，以及对外关系办公室等。1994 年 10 月 1 日，秘书处正式成立中文科。另外，该组织设西非和中非（达喀尔），南美（利马），北美、中美和加勒比（墨西哥城），中东（开罗），欧洲（巴黎），东非和南非（内罗毕），亚洲和太平洋（曼谷）7 个地区办事处。

5. 我国与 ICAO

我国是国际民航组织的创始成员国之一，1944 年 11 月 9 日签署了《芝加哥公约》，并于 1946 年 2 月 20 日交存了批准书，成为国际民航组织的创始成员国。1971 年 11 月 19 日，国际民航组织秘书长通知我国政府，国际民航组织第 74 届理事会通过决议，承认中华人民共和国政府的代表为中国驻国际民航组织的唯一合法代表。

1974 年 2 月 15 日，我国政府致函国际民航组织，承认《芝加哥公约》并从即日起恢复参加国际民航组织的活动。同时，对不定期飞行，我国声明需事先向我国政府申请，在得到答复接受后方能进入；对公约第十八章“争端和违约”的执行，以不损害我国主权为原则。

1974 年 9 月 24 日至 10 月 15 日，中国代表团出席了国际民航组织第 21 届会议并当选为理事国。国际民航组织理事会是国际民航组织的日常决策机构，共由 36 个理事国组成。其中，一类理事国有 11 个，由在航空运输方面占主要地位的国家组成；二类理事国有 12 个，由对提供国际民用航空的空中航行设施做出最大贡献的国家组成；三类理事国有 13 个，由代表世界各主要地理区域的国家组成。中国自 1974 年恢复参加国际民航组织活动以来，连续 10 次当选为国际民航组织二类理事国，并于 2004 年竞选成为一类理事国。同年 12 月，中国政府派出了驻国际民航组织理事会的代表。

2010 年 8 月 30 日至 9 月 10 日，国际民航组织国际航空保安公约外交大会在北京召开（图 7-1-4），大会通过的《北京公约》和《北京议定书》成为国际反恐公约中的重要组成部分，其意义深远。目前，在蒙特利尔设有中国驻国际民航组织理事会代表处。

图 7-1-4 ICAO 国际航空保安公约外交大会在京召开

2016 年 10 月 1 日，我国在加拿大蒙特利尔举行的国际民航组织第 39 届大会上再次高票当选一类理事国，这是自 2004 年以来中国第 5 次连任一类理事国。除中国外，德国、日本、意大利、澳大利亚、俄罗斯、巴西、美国、英国、法国、加拿大也同时继续当选一类理事国。

7.2 国际航空法

国际航空法是规范航空活动的一套规则，促使大气空间有效利用并使世界各国及其航空从中受益。从 1919 年《巴黎公约》出现后，航空法历经 80 多年的充实修正。时至今日，可以说没有航空法，就不可能进行正常的国际航空运输。

7.2.1 航空法的形成和分类

1. 国际公约的发展历程

1783 年法国的蒙戈尔菲耶兄弟热气球升空后，1784 年巴黎市政府就发布了一个放飞法令，这可以算作航空法的开始。但真正的国际航空法的开始应从 1919 年《巴黎公约》签订开始，此后 1929 年在华沙由航空法专家国际技术委员会制定的《统一国际航空运输某些规则的公约》(通称《华沙公约》)，规定了运输凭证和承担责任的一整套国际统一规则，成为国际上绝大多数国家承认的国际规则，为后来国际航空运输的发展奠定了基础。

1944 年芝加哥会议上制定的《国际民用航空公约》(通称《芝加哥公约》) 是国际民航界公认的宪章，是现行航空法的基本文件，它取代了以前和它相抵触的各种航空公约。《芝加哥公约》规定了民用航空的范围和实行措施，国际民航组织等基本内容，但不包括《华沙公约》所涉及的运输责任问题，因而这两个公约是并行的。由于第二次世界大战后航空运输业的巨大发展，《华沙公约》有很多地方已经不适应形势的发展，1948～1957年召集了多次国际会议来修订《华沙公约》，制定了多个协议，由于没有得到主要当事国的一致同意，这些协议被称为“议定书”只在有限范围内适用，其中影响较大的有《海牙议定书》（1955年）和《蒙特利尔议定书》（1975年）。20世纪50年代，机上犯罪开始出现，为了制止这种犯罪，1963年制定了《关于在航空器内犯罪和其他某些行为的公约》，被称为《东京公约》。但这个公约由于批准国家数目少而未能生效。20世纪60年代末，恐怖主义冲击全球，劫机事件接连发生，1970年海牙《制止非法劫持航空器公约》和1971年蒙特利尔《制止危害民航安全非法行为公约》，这几个公约奠定了处理民航飞机上处理不法行为的法律基础。

2. 国际航空法分类

1）第一类是以《芝加哥公约》为主，称为航空公法，处理民用航空有关国家之间及国际关系和事物。

2）第二类是处理在国际航空中承运人和乘客及货主之间责任的法规，称为航空私法，其以《华沙条约》为核心，包括其后对该条约修改的各项议定书。

3）处理航空器上的犯罪行为称为航空刑法。以《东京条约》及随后的《海牙公约》和《蒙特利尔公约》为代表。

7.2.2 《芝加哥公约》

1944年11月1日至12月7日在美国芝加哥召开了国际民用航空会议。会议由美国发起，对55国发出了邀请，正式参加会议的一共有52个国家。当时的中国政府派代表团参加了会议。

芝加哥会议是国际民航历史上的一次十分重要的会议，它总结了自1919年巴黎公约后25年的国际航空经验，讨论了第二次世界大战后国际航空和国际航空运输的发展问题，会议制定了《芝加哥公约》。

《芝加哥公约》统一并取代了原来在国际上并存的两个公约——《巴黎公约》和《哈瓦那公约》，再一次确认了国家领空的主权原则，对国际航空的航行安全也作了许多规定，它对第二次世界大战后国际民用航空的发展，具有积极的意义和影响。根据《芝加哥公约》建立的国际民用航空组织自1947年4月4日成立以来做了大量的工作，成为国际民航界最重要的国际组织之一。

7.2.3 《华沙公约》和华沙体系

《华沙公约》的全称为《统一国际航空运输某些规则的公约》。1929年9月12日签订于波兰华沙。这一公约主要规定发生飞行事故之后的赔偿责任，1933年2月13日起生效。

该公约共分5章41条，对国际航空运输的定义、运输凭证和承运人责任做出了明确的规定。公约规定：在发生事故损失时，只有假定承运人是有过失时承运人才承担责任。如果承运人证明他没有过失，或已经采取一切必要措施或不可能采取措施来避免事故的发生时，承运人就不负责任。采用这种方法的赔偿制度称为过失责任制，又称为主观责任制。该公约还规定对每一旅客的责任限额为 12.5 万金法郎，大约相当于 1 万美元，对行李、货物的损失或丢失，每千克赔偿限额为 250 金法郎。

《华沙公约》第一次明确规定了承运人的责任限额和责任条件，奠定了国际司法在这个方面的基础。

自 1929 年《华沙公约》签订后到 1975 年，在这近半个世纪中，先后对《华沙公约》进行了 7 次修改或补充。1955 年 9 月 28 日签订的《海牙议定书》修改了《华沙公约》，把对旅客的赔偿责任限额提高了 1 倍，改为 25 万金法郎，相当于 2 万美元。1975 年 9 月 25 日签订的《1～4 号蒙特利尔附加议定书》，规定“特别提款权”（国际货币基金组织于 1969 年 9 月创立的一种记账单位）和原来的金法郎共同作为赔偿的计算单位。这些修改和补充有的已经生效，有的还没有生效。国际上把《华沙公约》及其随后的 7 个修改或补充共 8 个文件统称为华沙体系。

华沙体系统一了国际航空运输的某些规则（包括定义、运输凭证、责任赔偿、管辖权等），是迄今国际航空运输上的重要法典。

除了华沙体系外，国际上还有一个《蒙特利尔协议》，这是 1966 年若干航空公司间签订的一个协议并经美国民航委员会批准，适用于与美国有关的国际航空运输客运业务。该协议采用严格责任制，即不管承运人有无过失，或过失是否有意，承运人都应根据公约规定的责任限额负责，而这一责任限额在任何情况下都是不可突破的。该协议的赔偿限额为 5.8 万美元（不包括法律费用）或 7.5 万美元（包括法律费用）。

7.2.4 《蒙特利尔公约》的有关内容及对我国民航业的影响

认识到《华沙公约》和其他有关文件在统一国际航空私法方面做出的重要贡献；认识到使《华沙公约》和相关文件现代化和一体化的必要性；认识到确保国际航空运输消费者利益的重要性，以及在恢复性赔偿原则的基础上提供公平赔偿的必要性；重申按照《芝加哥公约》的原则和宗旨对国际航空运输运营有序发展以及旅客、行李和货物通畅流动的愿望，《华沙公约》的所有当事国确信国家间采取集体行动，通过制定一项新公约来应对国际航空运输某些规则的一致化和法典化是获得公平利益平衡的最适当方法。于是，在 1999 年的加拿大蒙特利尔外交会议上，通过了《统一国际航空运输某些规则的公约》（以下简称 1999 年《蒙特利尔公约》）。

1999 年《蒙特利尔公约》已于 2003 年 11 月 4 日正式生效。公约的生效，将取代已适用 70 多年的《华沙公约》及修正其的系列公约、议定书，从而使规范国际航空运输的法律制度走向完整、统一，展现在我们面前的是一个全新的法律框架。目前，已有 32 个国家批准或加入了公约，包括航空运输大国美国等。我国已于 1999 年签署了公约，并从 2005 年 7 月 31 日起在我国正式生效。

在客运责任制度层面上，公约引进了一种全新的“双梯度”责任制度，即两级责任制。首先纳入《1971年危地马拉议定书》的责任规则，对于赔偿限额在10万特别提款权（SDR）之内的人身伤亡赔偿，不论承运人有无过错，都应当承担责任，除非是由于旅客自己的原因造成的，这是第一梯度。在这一梯度上是客观责任制。在第二梯度下，如果索赔人提出的索赔额超出10万特别提款权，承运人证明自己没有过错或者证明伤亡是由于第三人的过错造成的，承运人不承担损害赔偿责任；否则，承运人必须承担责任。在这一点上，可以说是与《华沙公约》的过错推定责任制是相同的。但在任何情况下，索赔人都必须举证，证明其提出的索赔就是其遭受的实际损失。同时，10万特别提款权只是一个限额，实际损失低于10万特别提款权的，根据旅客遭受到的实际损失予以赔偿。

首先要明确的是，这里讲影响，是指对我国经营国际航线的航空公司，或者说从事国际航空运输的企业。公约在我国的生效，从表面上看，加重了我国航空运输企业的责任，因为公约对客运和货运均实行严格责任制，并且与原华沙体制相较，对旅客的赔偿限额大幅度提高，由《海牙议定书》的20000美元或者1966年《蒙特利尔协议》的75000美元提高到10万特别提款权（约合美元15万左右，人民币125万左右），并且《蒙特利尔公约》还规定了无限额的赔偿。但这只是从表面上看，那么实质上是怎样的呢？实际上，我国经营国际航线的航空运输企业所承担后果的赔偿责任，早已突破了1966年《蒙特利尔协议》规定的75000美元。首先，如果发生空难，造成旅客死亡，航空运输企业赔偿给遇难者的金额远非75000美元。因为在这种情况下，往往是航空公司与遇难者家属协商，实际的赔偿额最少也在几十万到上百万元人民币。如果没有造成旅客死亡，则按实际损失赔偿，各种费用加起来（如医疗费、误工费、交通费、精神抚慰费等）也可能超出75000美元。

该公约对我国的生效，对于我国航空运输企业，有其不利的一面，但我们更应看到其有利的一面，即有利于我国航空运输企业的发展和参与国际竞争。

知识链接

欧盟“第261/2004号条例”

欧盟于2004年2月17日公布了保护旅客权利的新规定，即“关于航班拒载、取消或延误时对旅客补偿和帮助的一般规定”（简称“第261/2004号条例”）。该条例于2005年2月17日起生效，取代1991年制定的“欧盟关于定期航空运输拒载补偿制度的一般规定”（简称“第295/91号条例”）。

欧盟261号条例首次在国际性立法中强化了对旅客权利的保护，规定了航空承运人的关怀义务；在对旅客提供有效的、全方位的保护的同时加重了承运人的责任；对国际航空运输承运人责任制度产生了一定的影响，产生了国际上的示范效应。

欧盟261号条例相比295/91号条例在数量和内容上增加不少，主要有以下几个方面。

1．将旅客的权利扩大到所有种类的航班

直到现在，占有航空市场相当部分的不定期航班，被排除在外。而新条例将定期航班和不定期航班都包括其中。实际上，随着旅游业的发展，包机运输不能说是占据了航空运输市场的半壁江山，但其在航空运输市场的份额在逐年增加，因此，将包机运输等不定期运输纳入其中、统一规定。这样，一方面，使条例的规定更加周全和完备；另一方面，也使在包机运输中因延误等原因引起的纠纷有法可依。

2．提高了补偿数额，明确了补偿方式

新条例从两方面完善了第 295/91 号条例的规定：一是从航程上，将原先的以 3500 千米为界划分成两个档次，细化为 1500 千米以内、1500 千米以上欧盟境内的飞行、1500～3500 千米的飞行、除上述 3 种情况的其他飞行 4 个档次；二是从补偿金数额上，将原先的 150 欧元、300 欧元两种变更为 250 欧元、400 欧元和 600 欧元 3 个档次。这样，更加有利于对旅客权利的保护。

新条例规定，补偿金可以以现金、银行电子转账、银行汇票或银行支票的形式支付，也可以通过与旅客的协议，以旅行凭证和 / 或其他的方式支付。如果违背旅客的意愿拒载，运营承运人应立即赔偿旅客。

有一点需要说明的是，拒载分自愿拒载和非自愿拒载，自愿拒载的旅客不在其内。

3．将补偿金的适用范围扩大到航班取消

不仅在发生拒载时应支付补偿金，而且将其扩大到航班取消。根据条例第 5 条关于航班取消的规定，航空公司或旅行社取消航班，旅客享有 3 个方面的权利：①退票或变更；②免费的食宿；③支付补偿金。除非旅客在航班预定的离开时间两周之前就接到取消航班的通知，或旅客被安排了与原航班在时间上非常接近的航班。

4．明确规定了支付补偿金的例外情形

在航班取消的情况下，如果承运人事先履行了告知义务，并给旅客变更了旅程，则不支付补偿金。如果运营承运人证明航班取消是由于不可避免的特定情势所引起，即使采取了所有可合理要求的措施也不可避免，则运营承运人不承担第 7 条规定的支付补偿金的义务。

5．明确规定了承运人的告知义务

新条例专门规定了承运人的告知义务，并且对告知的地点、方式都做了明确规定。同时，运营承运人拒载或取消航班，应给受其影响的每位旅客提供一份包含本条例补偿金和帮助内容的书面通知。运营承运人也应向延误至少两小时的旅客提供同样内容的通知。另外，对于盲人和视力受损的旅客，条例规定以合适的其他方式来告知。

尽管以 IATA 为代表的航空承运人认为该规定与 1999 年《蒙特利尔公约》相矛盾，但是受欧盟 261 号条例的影响，美国和加拿大先后制定了类似的旅客权利保护法规，规定了特定情况下承运人不可豁免的关怀义务及对这种关怀权利的通知义务，使得关怀义务的立法发展迈进了一大步。欧盟261号条例有助于各国国内法的趋同和完善，起码对于目前在立法上存在缺陷的航班拒载、取消和延误领域，建立起较为统一的规范。同时，也弥补了现有公约在这方面的不足。

（资料来源：董念清. 2004. 欧盟关于航班拒载取消延误时对旅客补偿的规定. 中国民用航空,（7）: 33-35）

7.2.5 关于航行权的双边协议

与一般的交通运输比较，空中运输牵涉的环节众多，而且往往被认为与国家尊严相关，因此深受各国政府的重视。国际公约的制定为现代航空交通运输网络中最重要的环节——航权，奠定了被各国政府广为接受的基础。

经过多年发展，9种空中业务权中的第一至第五航权已广为各国承认，而第六至第九航权仍受争议（图7-2-1）。

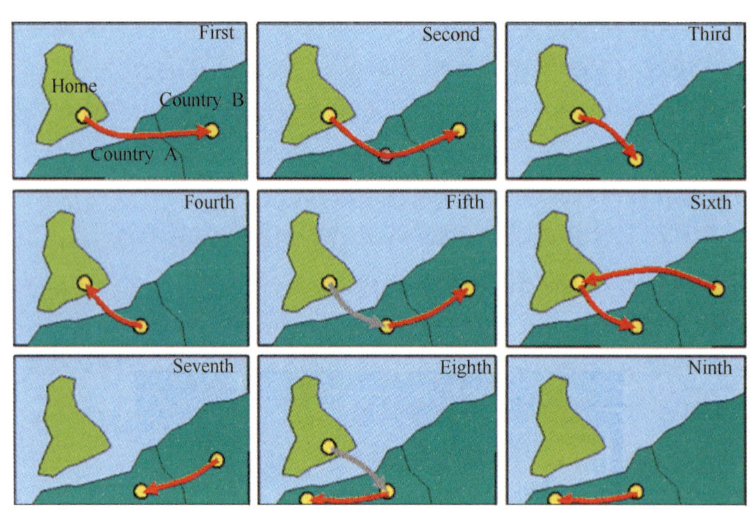

图7-2-1 9种空中业务权（航权）

1. 第一航权

第一航权：领空飞越权。一国或地区的航空公司不降落而飞越他国或地区领土的权利。例如，北京—纽约，中途飞越日本领空，那就要和日本签订领空飞越权，否则只能绕道飞行。

2. 第二航权

第二航权：技术降落权。一国或地区的航空公司在飞至另一国或地区途中，为非营运理由而降落其他国家或地区的权利，诸如维修、加油。例如，上海—芝加哥，由于飞机机型的原因，不能直接飞抵，中间需要在安克雷奇加油，但不允许在安克雷奇上下旅客和货物。

3. 第三航权

第三航权：目的地下客权。某国或地区的航空公司自其登记国或地区载运客货至另一国或地区的权利。例如，北京—东京，日本允许中国民航承运的旅客在东京进港。

4. 第四航权

第四航权：目的地上客权。某国或地区的航空公司自另一国地区载运客货返回其登记国或地区的权利。例如，北京—东京，日本允许旅客搭乘中国民航的航班出境，否则中国民航只能空载返回。

5. 第五航权

第五航权：中间点权或延远权。某国或地区的航空公司在其登记国或地区以外的两国或地区间载运客货，但其班机的起点与终点必须为其登记国或地区。也就是说，第五航权是要和两个或两个以上的国家进行谈判的。以新加坡航空公司的货机为例，它执飞新加坡经我国厦门、南京到美国芝加哥的航线，并在厦门、南京拥有装卸国际货物的权利。

6. 第六航权

第六航权：桥梁权。某国或地区的航空公司在境外两国或地区间载运客货且经其登记国或地区（此为第三及第四航权的结合）的权利。例如，伦敦—北京—首尔，国航将源自英国的旅客运经北京后再运到韩国。

7. 第七航权

第七航权：完全第三国运输权。某国或地区的航空公司完全在其本国或地区领域以外经营独立的航线，在境外两国或地区间载运客货的权利。例如，伦敦—巴黎，由德国汉莎航空公司承运。

8. 第八航权

第八航权：国内运输权。某国或地区的航空公司在他国或地区领域内两地间载运客货的权利（境内经营权）。例如，东京—北京—成都，由日本航空公司承运。

9. 第九航权

第九航权是指上述第八航权分为连续的和非连续的两种，如果是“非连续的国内载运权”即为第九航权。例如，北京—成都，由大韩航空公司承运。

案例分析

从韩亚航空空难事件看中美航权分配

韩亚航空悲剧性的空难让人唏嘘。国内不少民众对于大量中国旅客搭乘由韩国飞往美国的航班感到不解。但除了国内航空公司和机场的价格、服务和效率等问题外，航权的限制也是国内旅客不得不选择转机的原因之一。

实际上，韩国、日本和我国香港一直以来都是我国内地乘客前往北美的主要中转地点。原因是相比于直航模式，利用枢纽机场汇聚客流的中转模式可以通过提高上座率的方式提升航空公司的运营效率、降低运营成本。因此，一般情况下，对时间不敏感，但对价格敏感的乘客往往会选择中转航班。由此可见，中转航班的价格低于直达航班是十分正常的情况。

不过，国内航空公司执飞的直达洲际航线，特别是北美航线的经营方式却仍是个十分值得研究的问题。目前，我国直接飞往北美的航线基本上集中于北京、上海和广州。而这 3 座城市又属于 2004 年中美航权谈判所划定的第一区域，在这个区域中的机场，要增加中美直航航班的限制十分严格。

目前，第一区域中的美方航权已经用完，而中方航空公司申请的航权数量并不多，仍有相当多的航权没有转变成真实的航线。中方航空公司积极性不高的主要原因在于，品牌和服务等方面与美国的航空公司相差大，导致头等舱、商务舱（以下简称“两仓”）上座率远远低于美国公司。而国际长航线的主要盈利来源就是两仓，中方航空公司两舱客源的不足，导致中方中美航线盈利能力不如美方。

国内三大航空公司盈利能力一般，增加中美航线的意愿就不强烈；国内其他航空公司又缺少适合中美航线的飞机；而美方公司已没有航权；第一区域外的航点吸引力又弱，这就导致了中美直航航线的数量增长趋于停滞。

由于中美间人员往来需求的持续高速增长，国内航空公司不需要费太大的精力就可以获得较高的上座率，航空公司就没有动力通过提供良好的服务吸引中转客流。而且航线数量的停滞在一定程度上限制了运力的增加，有利于维持机票价格，因此国内航空公司也就缺乏提升自身效率的意愿。

反观韩亚航空，其服务通达中国许多二线城市，而且其飞往美国的航班远远多于国内航空公司，乘客可选择余地很大，再加上仁川机场出了名的优质转机服务。中国航空公司在中美航线上缺乏竞争力的原因就显而易见了。

（资料来源：民航资源网，http://www.carnoc.com）

7.3 中国民航法及相关规则

7.3.1 中国民航业法律法规体系的发展

我国民用航空法律框架的形成经历了比较长的时期。自新中国成立以来，我国民航业的法规体系逐步得以完善，特别是改革开放以来，民航法规体系建设得到了长足的发展（图 7-3-1）。

在我国民航业建设初期，在运输服务工作方面，参照“两航”的规章拟定了一些规章制度。由中苏两国合营的中苏民航公司的各项运输业务规章，都搬用了苏联民航的一套。1955 年中苏民航撤销后，中国民航局仍以苏联经验为主，对包括运输服务等各项规章制度进行了多次修订。20 世纪 50 年代后期，对《中国民航国内旅客、行李及货物运输暂行规则》和《国内业务手册》《危险品运输规定》再次进行了修改。但是改革开放前，受限于国民经济整体落后的现实情况，民用航空基础薄弱，发展缓慢，国家出台的法律法规极少。

图 7-3-1　某航班上的法制宣传活动

拓展阅读

20 世纪五六十年代出台的部分民航法律法规

1950 年 11 月 1 日，中央人民政府革命军事委员会颁布《中华人民共和国飞行基本规则》，中国民航局公布《外国民用航空器飞行管理规则》。

1951 年 4 月 24 日，中央财经委员会颁布《旅客意外伤害强制保险条例》。

1951 年 5 月 24 日，政务院公布《进出口飞机、机员、旅客、行李检查暂行通则》。

1962 年中国民航总局成立条例办公室，集中人力编写各业务系统的工作条例和细则。

1965 年年底，中国民航总局颁发实行《中国民用航空运输业务工作条例》。同时还草拟了国内和国际客货运输规则以及客运、货运、服务和事故的处理等工作细则。但未能正式公布实施。直到 1977 年以后，才逐渐开始颁布实行一些民用航空规章。

（资料来源：根据相关资料整理）

1980 年 2 月 12 日，邓小平同志对当时的中国民用航空局负责人说：“民航局由国务院直接领导，这是一个重大的改革。民航一定要企业化，这个方针已经定了。”1980 年国务院、中央军委发布了《关于民航管理体制若干问题的决定》，规定自 1980 年 3 月 15 日起，民航局不再由空军代管，归属国务院；民航局是国家民航事业的行政机构，统一管理全国民航的机构、人员和业务，逐步实现企业化的管理。这就是民航史上著名的“军转民”，为我国民航业的发展奠定了坚实基础。我国民航业的法规体系也开始逐渐发展完善，在随后的几年内出台了一系列有关安全的行政法规。

1987 年开始，民航总局按照政企分开、航空公司与机场分设的原则，在原民航成

图 7-3-2 《中华人民共和国民用航空法》

都管理局进行了以管理局、航空公司、机场三者分立为主要内容的改革试点。管理体制上的转变要求相应法律法规配套跟进。20 世纪 80 年代末 90 年代初，我国加强了对适航标准的规范，如《中华人民共和国民用航空器适航管理条例》等，对规范航空公司、机场的运营起到重要作用。

进入 20 世纪 90 年代以来，民航法规开始走向系统化。1995 年 10 月 30 日，第八届全国人民代表大会常务委员会第十六次全体会议通过了《中华人民共和国民用航空法》(以下简称《民航法》)，并于 1996 年 3 月 1 日起施行(图 7-3-2)。《民航法》的颁布实施，对民用航空器国籍、民用航空器权利、民用航空器适航管理、航空人员、民用机场、空中航行、公共航空运输企业、公共航空运输、通用航空、搜寻援救和事故调查、对地面第三人损害的赔偿责任、对外国民用航空器的特别规定、涉外关系的法律适用、法律责任等民航涉及的各方面问题都做了规定。《民航法》作为民航系统为维护国家的领空主权和民用航空权利，保障民用航空活动安全和有秩序地进行，保护民用航空活动当事人各方的合法权益，促进民用航空事业的发展，提供了重要的依据。

此后，中国民航法制体系建设步入了崭新的阶段和蓬勃的发展。一方面，通过规范计量标准，进一步提高飞行安全；另一方面，不断鼓励科技创新，加速民航信息化建设。此外，随着环境的变化，1997 年 1 月出台了《关于修订和废止部分民用航空规章的决定》，对部分不适应民航业发展的规章条款予以修订或废除，使民航业法规体系与时俱进，为民航业的发展保驾护航。

进入 21 世纪以来，民航规章无论从数量，还是涉及范围，都相对之前有了较大发展。其中仅 2005 年，颁布施行民航规章就相当于 20 世纪 90 年代 10 年间 80% 的量。内容涉及方方面面，从飞行安全管理到服务质量监督，从政府行业管理到企业依法经营，从保证企业合法权益到维护旅客货主利益，把这些关系都纳入法制的轨道，逐渐建立起一套完整的民航法规体系，用法律法规引导、推进和保障民航业的改革和发展。

纵观民航法规体系的发展，民航法规体系始终坚持以保障安全为中心。在民航法规体系的建设过程中，将安全保障的法律法规作为体系建设的中心，无论是哪一个效力等级的规范性文件，就其数量和内容而言，安全管理内容都始终占主要地位。此外，前期行政法规占多数，并逐渐过渡到以民航规章为主，近十年来，行政法规占比仅为 5%，相较 20 世纪 80 年代，94% 的都为行政法规，临时的行政指导法规比例大大下降，反映出法律法规管理的常规化、成熟化。

未来，中国民航局将坚持科学发展观，不断完善民航法规体系：欧美民航发展水平较高，我们有必要吸收借鉴其法律法规的有益成分，为我所用。民用航空市场国际性强，国际民航组织颁布的大量公约、协定、标准，我们要逐步与之接轨，使我国航空公司在国际竞争中，能够与外国同行站在同等的平台上竞技较量；我国民航产业正处于成长期，发展速度较快，改革持续深入，安全管理理念、手段不断创新。法规体系建设必须做到与时俱进，紧跟行业发展的特点，做好立改废，及时推陈出新，不断丰富完善；在民航法规体系中，与安全相关的技术法规占了较大比重，因此，民航法规体系体现出专业性和技术性强的特点。在飞标、适航管理等领域，就存在大量技术标准性质的规章。

7.3.2　我国民航业法律法规体系的框架

根据法律的效力等级，从纵向层次上对民航法规体系可分为法律、行政法规、民航部门规章及国际条约。法律是由全国人大及其常委会制定的规定，其效力高于其他法规和规章。目前我国民航业最主要的法律是 1996 年施行的《民航法》，它规定了我国民用航空业的基本法律制度，是制定其他民航法规规章的基本依据。行政法规和行政法规性文件是指国务院根据宪法和法律制定或批准的规范民用航空活动的规定。比如，《飞行基本规则》《民用航空器适航管理条例》《民用航空安全保卫条例》等。民航部门规章是指国务院民用航空主管部门根据法律和国务院的行政法规、决定、命令，在本部门的权限范围内制定发布的规定。它在民航法规体系中内容最广、数量最多，涉及民用航空活动的方方面面，是民航主管部门实施行业管理的重要依据。国际条约尽管并非国内法，但我国缔结或者参加的民航国际条约对于我国的民用航空活动仍有约束力，其效力甚至还要高于法律，如《国际民用航空公约》。

目前，我国已初步形成了由 1 部法律（《民航法》）、27 部行政法规和行政法规性文件以及 130 部现行有效规章组成的多层次的民航法律法规体系框架（图 7-3-3）。

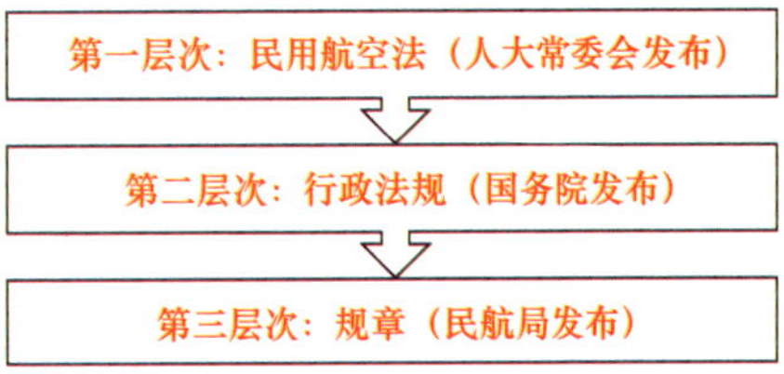

第一层次：民用航空法（人大常委会发布）

第二层次：行政法规（国务院发布）

第三层次：规章（民航局发布）

图 7-3-3　民航法律法规体系的框架图

1．第一层次：法律

我国有关民用航空的法律主要包括以下两个方面。

1）规范民用航空活动的专门法律，即《民航法》。该法既是我国民用航空主管部门对民用航空实施管理的基本法律依据，也是从事民用航空活动的单位和个人所应遵守的基本法律。它在我国民用航空法律体系中处于最重要的地位。

2）内容涉及民用航空活动的其他法律。例如，《中华人民共和国刑法》中关于民用航空活动中关于刑事犯罪的规定；《中华人民共和国海关法》中关于运输工具进出境的规定；《中华人民共和国环境保护法》中关于航行中的航空器的环境保护的有关规定。这些法律的有关规定是从事民用航空活动所必须遵守的，也是我国民用航空法律体系的组成部分。

拓展阅读

《中华人民共和国民用航空法》简介

《中华人民共和国民用航空法》于1996年3月1日起施行。这是新中国成立以来第一部规范民用航空活动的法律，是我国民用航空发展史上的一件大事。我国《民航法》的颁布，对维护国家的领空主权和民用航空权利，保障民用航空活动安全和有秩序地进行，保护民用航空活动当事人各方的合法权益，促进民用航空事业的发展，提供了强有力的法律保障。例如，在保护民用航空活动当事人各方的合法权益方面，《民航法》第126条就明确："旅客、行李或者货物在航空运输中因延误造成的损失，承运人应当承担责任；但是承运人证明本人或者其受雇人、代理人为了避免损失的发生，已经采取一切必要措施或者不可能采取此种措施的，不承担责任。

具体可解释为本条在适用于航空客货运输时：①承运人仅对在其责任期间造成的旅客、行李或货物的迟延运输负责；②承运人只在因延误造成损失时才承担责任，如果延误没有造成任何损失，承运人就不承担责任；③承运人如果能够履行其举证责任，证明其本人或者其受雇人、代理人已经采取一切必要措施以避免损失的发生，或者根本不可能采取此种措施，可以不承担责任。

在旅客运输中，承运人对因延误引起的下列损失承担责任：①旅客在等候另一航班过程中所支出的特殊费用；②旅客误乘下一经停地点航班的损失；③旅客购买另一航空公司机票而额外支出的票款。

在托运行李或货物运输中，托运行李或者货物如果被运往行李票或航空货运单所载的目的地点方向以外的地方，或者托运行李或者货物被超程运输，承运人应当承担责任。

本条规定的"延误"，是指承运人未能按照运输合同约定的时间将旅客、行李或者货物运抵目的地点。运输合同约定的时间，一般指承运人的班机时刻表或者机票上载明的旅客抵达目的地的时间和航空货运单上载明的货物运达目的地的时间表。

因延误造成的损失是指因延误而给旅客或者托运人、收货人造成实际经济损失，不包括因延误给旅客或托运人造成的精神损失，如给旅客造成身体上的不便、不适等。

至于因延误造成的损失是仅指直接的经济损失，还是既包括直接经济损失，也包括间接经济损失，本条并未作出界定。

（资料来源：民航资源网，http://www.carnoc.com）

2. 第二层次：行政法规

国务院通过由总理以国务院令发布或授权中国民航局发布的民用航空行政法规。行政法规在调整民用航空活动中的各种法律关系方面起着十分重要的作用。所颁布的有关民用航空的行政法规，包括具有行政法规效力的法规性文件，内容涉及机场、航空器、客货运输、损害赔偿、安全保卫等。例如，《中华人民共和国民用航空器适航管理条例》《民用机场管理条例》《中华人民共和国民用航空安全保卫条例》《中华人民共和国飞行基本规则》《中华人民共和国民用航空安全保卫条例》等。

3. 第三层次：规章

中国民航管理的航空公司和其他航空企业全部按照 CCAR（China civil aviation regulations，即中国民航规章的缩写，亦指中国民航规章体系）的要求来建立和健全各自的管理体系。中国民用航空局根据我国《民航法》的规定制定的规章在中国民用航空法律体系框架中所占比例最大，目前 130 部 CCAR 根据不同的工作性质，各公司选用不同的内容进行规范和管理。例如，CCAR-121 部、CCAR-145 部等。民航局局长以民航局令的形式发布各类民用航空规章（图 7-3-4），其内容主要包括以下 3 个方面。

图 7-3-4　按照 CCAR 要求发布的客、货运输规则

1）关于行政程序规则方面的规章。例如，《中国民用航空总局规章制定程序规定》（CCAR-11LR-R2）；《中国民用航空总局职能部门规范性文件制定程序规定》（CCAR-12LR-R1）；《民用航空行政处罚实施办法》（CCAR-14-R1）等。

2）关于经济管理方面的规章。例如，《定期国际航空运输管理规定》（CCAR-277TR）；《中国民用航空旅客、行李国内运输规则》（CCAR-271TR-R1）；《中国民用航空危险品运输管理规定》（CCAR-276）等。

3）关于安全管理方面的规章。例如，《运输类飞机适航标准》（CCAR-25-R4）；

《中国民用航空安全检查规则》（CCAR-339SB）；《民用航空器驾驶员和飞行教员合格审定规则》（CCAR-61-R1）等。

知识链接

现行规章及规章性文件分类目录

1．行政程序规则（1～20 部）
2．航空器（21～59 部）
3．航空人员（60～70 部）
4．空域、导航设施、空中交通规则和一般运行规则（71～120 部）
5．民用航空企业合格审定及运输（121～139 部）
6．学校、非航空人员及其他单位的合格审定及运行（140～149 部）
7．民用机场建设和管理（150～179 部）
8．委任代表规则（180～189 部）
9．航空保险（190～199 部）
10．综合调控规则（201～250 部）
11．航空基金（251～270 部）
12．航空运输规则（271～325 部）
13．航空保安（326～355 部）
14．科技和计量标准（356～390 部）
15．航空器搜寻援救和事故调查（391～400 部）

知识链接

CCAR-121 部

CCAR-121 部是中国民航法规体系中的一部规章，全称是《大型飞机公共航空运输承运人运行合格审定规则》。

CCAR-121 部适用范围为使用最大起飞全重超过 5700 千克的多发飞机实施的定期载客运输飞行、旅客座位数超过 30 座或者最大商载超过 3400 千克的多发飞机实施的不定期载客运输飞行、使用最大商载超过 3400 千克的多发飞机实施的全货物运输飞行的承运人。国内任何一家航空公司（如国航、东航、南航、吉祥、春秋等航空企业）需要使用大型飞机进行运输飞行的都需要通过 CCAR-121 部的审定。

原则上讲，如果要进行运营（取酬的载客飞行），必须要取得《营运许可证》(airlines operation certificate，AOC)。而要取得《营运许可证》则必须要向民航局申请，并由民航局依据 CCAR-121 部进行评估审定。事实上，CCAR-121 部从狭义上讲是民航局进行行业管理的若干规章中的一个，同其他大多数法规文件一样，在这部规章之下还包含了许多附件，如民航局用于审查工作的适航程序文件(airworthiness procedures)、用于指导申请人进行准备或称为符合性方法的咨询通告文件（airworthiness circulars）以及其他管理文件。对于航空公司来说，如果希望通过营运合格审定，则对这些附件也要非常熟悉。

作为符合 CCAR-121 部的一种手段，民航局要求航空公司建立自己的运营管理程序，一般称为《营运手册（Operation Manual)》，或者也可称为《标准运营程序（Standard Operating Procedure)》。从民航局的角度来说，一般认为如果航空公司编制了这样的手册，并经其总经理签字认可和民航局的正式批准，则意味着航空公司将依据这个程序进行其日常运营管理。因此，从航空公司内部的各运营部门来说，这个手册即是他们日常运营实践的基本依据文件。只要各部门按照这个手册进行日常运营管理，即视为航空公司对 CCAR-121 部的持续满足，从而可保证《营运许可证》的持续有效。

CCAR-121 部经过第四次修订（版本为：CCAR-121-R4）后于 2009 年 11 月 4 日在中国民用航空局局务会议上获得通过，并于 2010 年 3 月 10 日起施行。

CCAR-121 部共有 10 个章节，如：

A 章，总则；

B 章，运行合格审定的一般规定；

C 章，管理运行合格证持有人的一般规定；

E 章，国内、国际定期载客运行航路的批准；

F 章，补充运行的区域和航路批准；

G 章，手册的要求；

H 章，飞机的要求；

I 章，飞机性能使用限制；

J 章，特殊适航要求；

K 章，仪表和设备要求。

与 CCAR-121 部相对应的有 CCAR-91 部和 CCAR-135 部。

CCAR-91 部全称是《一般运行和飞行规则》，其适用于在中华人民共和国境内（不含香港、澳门特别行政区和台湾地区）使用所有民用航空器（包括飞机、超轻型飞行器、直升机、飞艇热气球等，但不包括系留气球、风筝、无人火箭和无人自由气球）从事飞行训练、娱乐飞行、农林作业等通用航空飞行。

CCAR-135 部全称是《小型航空器商业运输运营人运行合格审定规则》，其是在 CCAR-91 部的基础上，针对小型航空器的商业运营而制定的一系列更为严格的运营规范。

（资料来源：根据相关资料整理）

7.3.3 我国民航业规范性文件

这里的规范性文件是指根据《中国民用航空总局职能部门规范性文件制定程序规定》（CCAR-12LR-R1）制定的，由中国民用航空总局机关各职能厅、室、司、局，在其职责范围内制定，经民航总局局长授权由职能部门主任、司长、局长签署下发的有关民用航空管理方面的文件。规范性文件不是民航法律体系的组成部分，是对规章的解释、细化和操作方法，是对我国民航法律体系必要的补充。

规范性文件包括以下 5 类。

1. 管理程序

管理程序（aviation procedure，AP）是各职能部门下发的有关民用航空规章的实施办法或具体管理程序，是民航行政机关工作人员从事管理工作和法人、其他经济组织或者个人从事民用航空活动应当遵守的行为规则。例如，《ARJ21 飞机预投产管理程序》（AP-21-AA-2009-17）。

2. 咨询通告

咨询通告（advisory circular，AC）是各职能部门下发的对民用航空规章条文所做的具体阐述。例如，《客舱乘务员服务机型数量评审指南》（AC-121-FS-2010-38）。

3. 管理文件

管理文件（management document，MD）是各职能部门下发的就民用航空管理工作的重要事项作出的通知、决定或政策说明。例如，《飞行签派员执照理论考试点管理规定》（MD-FS-2009-09）。

4. 工作手册

工作手册（working manual，WM）是各职能部门下发的规范和指导民航行政机关工作人员具体行为的文件。例如，《民用航空电信人员岗位培训大纲》（WM-TM-2013-001）。

5. 信息通告

信息通告（information bulletin，IB）是各职能部门下发的反映民用航空活动中出现的新情况以及国内外有关民航技术上存在的问题进行通报的文件。例如，《民航空管防止跑道侵入指导材料》（IB-TM-2013-002）。

《国内航空运输承运人赔偿责任限额规定》

《国内航空运输承运人赔偿责任限额规定》自2006年3月28日起施行，国内航空运输承运人（以下简称“承运人”）应当在下列规定的赔偿责任限额内按照实际损害承担赔偿责任，但是我国《民航法》另有规定的除外：①对每名旅客的赔偿责任限额为人民币40万元；②对每名旅客随身携带物品的赔偿责任限额为人民币3000元；③对旅客托运的行李和对运输的货物的赔偿责任限额，为每千克人民币100元。

比如在2010年“8·24”黑龙江伊春坠机事故中，河南航空公司依据2006年中国民用航空总局令第164号《国内航空运输承运人赔偿责任限额规定》，国内民用航空运输旅客伤亡赔偿最高限额为人民币40万元，每名旅客随身携带物品的最高赔偿限额为人民币3000元，旅客托运的行李的最高赔偿限额为人民币2000元，共计人民币40.5万元。同时，考虑到2006年以来全国城镇居民人均可支配收入的累计增长幅度，赔偿限额调增至人民币59.23万元；再加上为遇难旅客亲属作出的生活费补贴和抚慰金等赔偿，航空公司对“8·24”飞机坠毁事故每位遇难旅客的赔偿标准总共为人民币96.2万元，不含保险赔偿。

（资源来源：民航资源网，http://www.carnoc.com）

第8章 中国民航业的现状及发展趋势

课前导读

伴随着经济全球化的进一步加深，“天空开放”进程将深入推进，航空自由化进入新的发展阶段，民航业的发展迎来了新的历史机遇。本章通过剖析我国民航业的现状，使用翔实的数据资料，分析了民航客货运市场的现状和发展趋势。

学习目标

知识目标

描述我国民航客货运市场的发展现状；描述我国民航客货运市场发展中遇到的主要矛盾；描述我国民航客货运市场的发展趋势。

技能目标

能够运用所学的知识分析相关的案例和数据。

8.1 中国民航客运市场的现状和发展趋势

“十二五”时期是我国全面建设小康社会的关键时期，是深化改革开放、加快转变经济发展方式的攻坚时期，国内外形势呈现新变化、新特点。我国民航业大众化、多样化趋势明显，快速增长仍是阶段性基本特征（图 8-1-1），民航业的发展迎来新的历史机遇期。

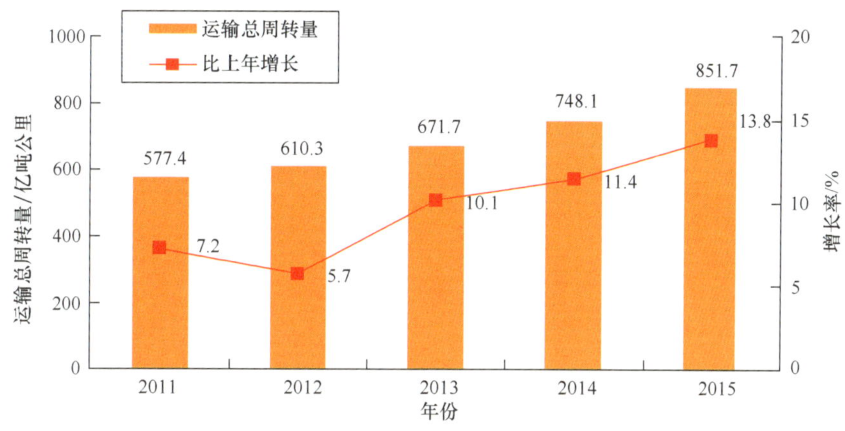

图 8-1-1 2011～2015 年我国民航业运输总周转量

8.1.1 民航客运市场发展现状

1. 基本成果

（1）航空业务规模快速增长

“十二五”期间，中国民航业安全水平大幅提升，实现运输飞行 3480 万小时，比“十一五”期间增加 70.9%，未发生运输航空事故。亿客公里死亡人数十年滚动值从“十一五”末的 0.009 降至目前的 0.001，降幅达 89%；运输航空百万架次重大事故率十年滚动值从“十一五”末的 0.19 降至目前的 0.04，降幅达 79%；运输航空百万小时重大事故率十年滚动值为 0.02，亿客公里死亡人数十年滚动值为 0.001，均远远低于同期世界平均水平。

五年来，在确保航空安全的同时，民航业围绕国家重大战略，努力推进京津冀民航业协同发展，积极推动“一带一路”沿线国家航空运输互联互通，探索促进长江经济带机场群建设。数据显示，“十二五”期间，中国民航业预计完成运输总周转量 3457.5 亿吨公里，年均增长 9.6%；旅客运输量 18 亿人，年均增长 10.4%；货邮运输量 2887.6 万吨，年均增长 2.3%，民航旅客周转量在综合交通运输体系中的比重，从“十一五”末的 14.5% 增加到 2015 年 11 月底的 22.8%，上升 8.3 个百分点。其中，国际航空运输总周转量、旅客运输量年均分别增长 8.7%、16.9%，与我国签署航空运输协定的国家增至118个，国际航线增至663条，通航56个国家和地区的138个城市。我国航空运输规模已稳居全球第二。

2015年，全行业完成运输总周转量850亿吨公里，首次突破800亿吨公里，同比增长13.6%、旅客运输量4.4亿人次，首次突破4亿人次，同比增长11.4%、货邮运输量630万吨，同比增长6%。这都表明，中国民航业整体规模已经上升到了一个新的台阶。其中，四大航空公司2015年运输生产数据可圈可点（表8-1-1）。

表8-1-1　2015年四大航空公司运输生产数据表

航空公司名称 分类	国航		东航		南航		海航	
数据描述	当年完成	同比增长/%	当年完成	同比增长/%	当年完成	同比增长/%	当年完成	同比增长/%
可用座公里/亿	2148	10.9	1817	13.2	2356	12.3	752.0	12.8
其中：国内航线/亿	1325	7.4	1210	9.4	1721.1	7.2	618.7	7.2
国际航线/亿	725.2	19.5	552.6	24.8	587.5	30.7	125.6	50.7
地区航线/亿	97.7	2.7	55.0	−4.1	47.6	8.8	7.8	22.2
旅客周转量/亿人	1716.9	11.0	1462	14.6	1895.5	13.8	663.5	14.5
其中：国内航线/亿人	1086.3	8.3	982.6	11.3	1387.3	8.7	555.2	9.9
国际航线/亿人	561.4	18.4	438.4	25.2	472.9	32.4	101.9	47.8
地区航线/亿人	69.2	−0.9	41.9	−3.9	35.3	9.7	6.4	25.8
旅客运输量/万人	8980.7	8.2	9380	11.9	10942	8.4	3867.7	9.3
其中：国内航线/万人	7436.6	7.0	7845	10.4	9512.1	6.4	3702.0	8.3
国际航线/万人	1102.8	20.8	1225	27.2	1172.9	27.9	137.9	40.4
地区航线/万人	441.3	0.4	308.9	−1.9	257.1	7.8	27.8	16.3
客座率/%	79.9	0.0	80.5	1.0	80.5%	1.0	88.2%	1.5
其中：国内航线/%	82.0	0.7	81.2	1.4	80.6%	1.1	89.7%	2.5
国际航线/%	77.4	−0.7	79.3	0.2	80.5%	1.0	81.1%	−1.9
地区航线/%	70.9	−2.6	76.1	0.2	74.1%	0.7	82.7%	2.9

数据来源：四大航空公司官方网站数据。

据国际航空运输协会（IATA）2016年11月中旬发布的报告称，2029年前后中国将取代美国成为全球最大航空市场。中国民航局预测，2030年前中国民航运输量若能保证每年10%的增速，届时旅客运输量将达15亿人次，成为全球航空第一大国。

（2）基础设施能力大幅提高

民航基础设施建设“十一五”期间共投资2500亿元，约为前25年民航建设资金之和。2010年运输机场达到175个，五年新增33个，覆盖全国91%的经济总量、76%的人口和70%的县级行政单元。旅客吞吐量超过1000万人次的机场数量翻番，达到16个，首都机场客运位列世界第二。空管设施建设加快，飞行高度层垂直间隔缩小，管制能力提高，2010 年保障起降 605 万架次，五年年均增长 15.2%。

“十二五”期间，中国民航更加注重加强基础建设。据统计，五年来全行业共完成固定资产投资约 7100 亿元；机队规模由 2607 架增至 4511 架，运输和通用飞机分别净增 1048 架和 856 架，达到 2645 架和 1866 架，同比分别增长 65.6% 和 84.8%；运输航空企业由 45 家增至 54 家，净增 9 家；通用航空企业由 111 家增至 278 家，净增 167 家；运输机场由 175 个增至 206 个，净增 31 个。截至 2015 年 11 月底，旅客吞吐量三千万级机场由 4 个增至 8 个，千万级机场由 16 个增至 25 个，新建支线机场 40 个。

（3）行业管理能力逐渐增强

坚持持续安全理念，安全工作注重常态化，安全管理取得长效益。全行业大力推进持续安全战略，持续安全理念成为行业共识，持续安全体系初步形成。实现 3 个“进一步健全”，即安全法规体系进一步健全、队伍管理体系进一步健全、安全责任体系进一步健全。五年来，我国民航业安全水平大幅提升，亿客公里死亡人数十年滚动值从“十一五”末的 0.009 降至目前的 0.001，降幅达 89%；运输航空百万架次重大事故率十年滚动值从“十一五”末的 0.19 降至目前的 0.04，降幅达 79%。

积极开展挖潜增效，狠抓航班正常工作，服务质量明显改善。成立民航局运行监控中心，运行管控能力得到提升。开展航班延误专项治理，航班正常率经过 46 个月后重回 80% 以上。围绕消费者权益保护，着力改善服务质量，服务标准、流程、设施、产品和消费者投诉机制进一步完善。航空服务更加便捷，80% 的县级行政区和 84% 的人口能够享受航空运输服务，低成本航空市场份额由 2.2% 上升到 9%。出色完成“9.3”阅兵、抢险救灾、海外撤侨、埃博拉防控等一系列重大紧急航空运输保障任务，充分彰显了行业社会责任担当。

（4）全球化战略加速

“十二五”是中国民航业提升国际竞争力、加速实现全球化战略的五年，共新开国际航线 146 条。仅 2014 年 1 月至 2015 年 6 月，我国航空公司新开国际航线就达 230 条，这样的速度前所未有。

远程国际航线填补多项空白，中国几大航企分别开通了单程航距 13500 千米、中国民航史上最长的直航航线广州至美国纽约航线；先后开通了 3 条直飞非洲航线、重返非洲和中东欧地区；两条直飞中东欧航线；北京直飞古巴哈瓦那航线也即将开通。国内航空公司到 2014 年年底，国航占据德国航线、美国航线最主要承运人地位；东航成为中日航线第一大承运人；南航成为中国与澳大利亚航线的第一大承运人；海航则先后收购了土耳其 ACT 货运航空、瑞士国际空港服务有限公司等国外实力航空业务相关公司，充分利用全球化资源实现跨越发展，在国外市场的竞争力显著提高。国际航线向二线城市快速扩展，中、小型航企也加入竞争行列，越来越多的小城市居民也可以来一场“说走就走”的国际旅行。

同时，随着国际运力的不断增加，国内枢纽机场的航线布局日益完善、中转服务不断优化，国际客货中转率均有提升，连续12年出入境旅客吞吐量居全国之首的浦东机场在2016年12月迎来了该年第3000万名入境旅客，同比增长近14.2%。

（5）新政促进低成本航空发展

2014年年初，《民航局关于促进低成本航空发展的指导意见》出台后，低成本航空在中国加速扩张，之前国内唯一的低成本航空——春秋航空不再孤单，西部航空、首都航空、华夏航空、成都航空、九元航空纷纷宣布转型低成本航空。市场浪潮的冲击也倒逼传统航空公司变革创新，东航旗下中国联合航空公司转型低成本航空，谋求新发展。

一些小机场联合低成本航空积极探索发展路径。例如，呼伦贝尔民航机场公司携手华夏航空推出航空月票。

2. 民航客运现状与发展前景

近年来，中国航空客运实现了快速发展，运输能力和国际地位显著提升。民航运输总周转量在国际民航组织缔约国中的排名由2000年第九位提高至目前的第二位。但与美国或欧洲相比，中国的民航运输市场仍存在很大的发展空间。目前，我国城市化率在45%左右，每千人乘机次数在400次左右，距离城市化率高的国家或地区还有相当差距，新加坡城市化率为100%，日本城市化率为75%。由此看出，我国航空客运行业发展空间较大，对飞机需求特别是新支线飞机需求尤为明显，市场潜力较大。

民航客运行业发展质量明显提升，国际快于国内，中西部快于东部，支线快于干线，市场结构不平衡状况进一步改善。中国民航局将进一步增强民航业和经济社会发展的融合度，推动京津冀机场一体化运行，打造“空中丝绸之路”的核心节点。我国民航业将重点推进围绕国家重大战略提出的193个、总投资约5000亿元人民币的民航大中型项目。

据中国产业调研网发布的《2016～2020年中国航空客运行业现状调研分析及发展趋势研究报告》显示，在各大利好政策的推动下，2015年的航空业发展空前高涨，各大航空公司都在抓紧时机引进飞机增加运力投入，以不断加码国内外市场。

据数据统计，截至2015年年底，作为亚洲最大航空公司，南航机队规模达到667架；国航拥有飞机590架，东航拥有551架飞机，排行第四的海航拥有202架飞机（图8-1-2）。四大航空公司通过不断引进新飞机，退役老飞机，保持机龄年轻化，同时不断扩大机队规模。2015年，南航新增飞机58架、退役飞机3架；国航引进新飞机66架，退役飞机16架；东航引进飞机80架，退役飞机42架；海航引进运力39架，退役6架（图8-1-3）。

中国航空运输市场正在发生巨大的变化。航空租赁公司、低成本航空公司等新兴商业模式、新一代高效飞机的涌现，以及不断演进的消费方式，都将驱动未来的航空发展趋势，即更多的点对点直飞航线。未来20年，中国将以6.6%的年增长率增长，北美增速约为 2.3%，预计到 2033 年，中国将超过北美，成为最大民用航空市场。未来 20 年，中国将需要 6020 架新飞机，总价值达 8700 亿美元，占全球机队总数的 16.4%，市场价值占全球的 16.7%。全球范围内，2014 年民航客运量约为 30 亿人次，预计到 2033 年，这一数字将接近 70 亿人次。未来 20 年，全球将需要近 36770 架新民用飞机，总价值达 5.2 万亿美元。

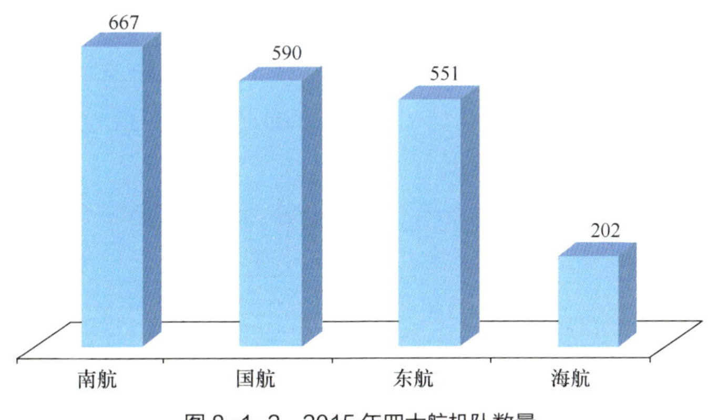

图 8-1-2　2015 年四大航机队数量

（图片来源：民航资源网）

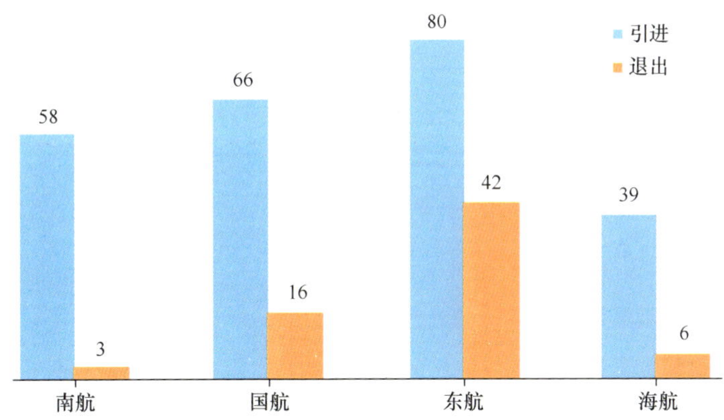

图 8-1-3　2015 年四大航空公司机队引进及退役情况

（图片来源：民航资源网）

拓展阅读

我国民航业“十三五”规划六大目标和五大任务

一、六大目标

1）安全水平保持领先，运输航空每百万小时重大及以上事故率低于 0.15。

2）战略作用持续增强，民航业对国民经济贡献不断提高，航空运输在综合交通中的比重进一步提升，旅客周转量比重达到 28%；运输总周转量达到 1420 亿吨公里，旅客运输量 7.2 亿人次，货邮运输量 850 万吨，年均分别增长 10.8%、

10.4% 和 6.2%。

3）保障能力全面提升，运输机场数量达到 260 个左右，基本建成布局合理、功能完善、安全高效的机场网络；空域不足的瓶颈制约得到改善，空管保障能力稳步提高，年起降架次保障能力达到 1300 万架次。

4）服务品质明显改善，全面提升运行质量，航班正常率力争达到 80%，全面提升服务水平，打造民航“真情服务”品牌，增进旅客对民航真情服务的获得感。

5）通用航空蓬勃发展，基础设施大幅增加，标准体系基本建立，运营环境持续改善，服务领域不断扩展。通用机场达到 500 个以上，通用航空器达到 5000 架以上，飞行总量达到 200 万小时。

6）绿色发展深入推进，建成绿色民航标准体系，资源节约、环境保护和应对气候变化取得明显成效，吨公里能耗和二氧化碳排放量五年平均比“十二五”下降 4% 以上。

二、五大任务

1）确保航空持续安全。

2）构建国家综合机场体系。

3）全面提升航空服务能力。

4）提升空管保障服务水平。

5）改革创新推动转型发展。

（资源来源：民航资源网，http://www.carnoc.com）

8.1.2 民航客运市场发展更依托于互联网

伴随着国民经济的高速发展，中国民航业的发展非常迅猛，基本保持了每年 10% 左右的旅客量增速，并且旅客量的增速高于国民经济生产总值（GDP）的增速，国际航班的旅客量增速高于国内航班。未来民航客运行业的发展仍将保持高速增长状态，并在以下几个方面快速发展。

1.“互联网＋”给行业发展带来新的契机

近年来，伴随全球移动通信网络加速部署，手机等移动终端智能化、移动应用软件多样化以及电子商务的发展，越来越多线下的商业模式“转嫁”到了线上，进而“转嫁”到移动终端上，从而真正体现互联网 4A（anyone、anytime、anything 和 anywhere）的特点。2015 年 3 月 5 日，李克强总理在第十二届全国人民代表大会第三次会议作政府工作报告时首次提出“互联网＋”行动计划，燃起了中国大地“互联网＋”的烈火。据 2016 年 11 月 1 日第 38 次《中国互联网发展状况统计报告》，中国网民规模达 7.10 亿，互联网普及率为 51.7%。其中，手机网民规模达 6.56 亿，网民中使用手机上网人群占比为 92.5%。为航空公司通过移动互联网来接触旅客、提高服务、开展营销提供了新的契机。

（1）民航业内“互联网＋”服务的发展态势

在民航业内，“互联网＋”服务正发展得如火如荼。传统服务的互联网化已十分显著，利用互联网开展附加服务也成为趋势，社交媒体和移动服务已成为新的主流服务平台。据国际航空电信集团（SITA）2015 年航空公司 IT 趋势调查，使用手机、计算机、机场自助值机等自助渠道办理值机业务的旅客比例已分别达 24%、20%、12%，有 17% 的公司提供自助行李托运服务，几乎所有的公司都可通过互联网渠道提供航班状态查询。服务模式也在产生变化，目前已有 22% 的航空公司部署了自动值机系统，10% 的航空公司实时通知旅客行李的具体位置，到 2018 年这一比例有望提升到 70%。国际航空电信集团发布的《2016 航空公司 IT 趋势调查》中显示，移动设备驱动自助服务发展。各大航空公司预测，到 2019 年，使用手机值机服务的旅客将达到近 1/3。通过创造收入来实现移动投资货币化的举措也在部署之中。约 2/3 的航空公司通过他们的 App 提供航班预订服务，越来越多的航空公司正推出通知服务，来巩固其移动 App 的价值，并通过智能手机和平板电脑为旅客提供客户服务支持。

利用附加服务创收受到航空公司青睐。付费选座、超额行李费以及代理租车、订酒店等附加服务也是航空公司互联网服务的重要内容。在国际民航界，附加收入一直是低成本航企的一项主要收入来源，而为应对激烈的市场竞争和经济的衰退，传统航企也纷纷涉足附加服务，并将其视为最重要的盈利增长点。据 IdeaWorks 数据，参与统计的 59 家航空公司 2014 年附加收入共计 499 亿美元，占客运收入的 6.7%，平均每位乘客带来 15 美元的附加收入。

在“互联网＋”的时代下，社交媒体成为新的服务平台。中国国内的微信正在以惊人的速度渗透到人们的日常生活中，移动服务正成为主流服务通道。据国际航空电信集团 2015 年航空公司 IT 趋势调查，在航班动态、值机、电子登机牌、航班不正常、行李丢失 5 个项目上提供移动自助服务的航空公司占比为 62%、66%、53%、11% 和 11%。2017 年，上述比例将提升至 96%、94%、91%、73% 和 66%。

（2）旅客对“互联网＋”的依赖度

国际航协在 2016 年对近 7000 名常客进行了“全球旅客调查”，在发布的调查报告显示：旅客们越来越希望运用技术，来自行处理许多传统的机场流程。其中，71% 的旅客至少一次在网上值机并使用电子登机牌，33% 的旅客希望自助打印行李牌，39% 的旅客希望有电子行李标签，61% 的旅客希望可以全程了解行李的运送状态。

2016 年国际航空电信集团在中国进行的旅客 IT 趋势调查中分析了 4 种类型的旅客，分别为：谨小慎微的策划师型旅客、骄奢型旅客、超连通型旅客和豁达冒险家型旅客，他们都在以自己的方式使用科技产品。中国拥有 24% 的超连通型旅客，为全球之冠，而全球平均水平仅为 14%。这一类型旅客比其他三大类旅客更倾向于使用科技产品，例如利用移动设备来完成预订和值机，并管理旅行（图 8-1-4）。

国际航空电信集团调查还显示，在中国有 40% 的航空公司都坚信，互联飞机能

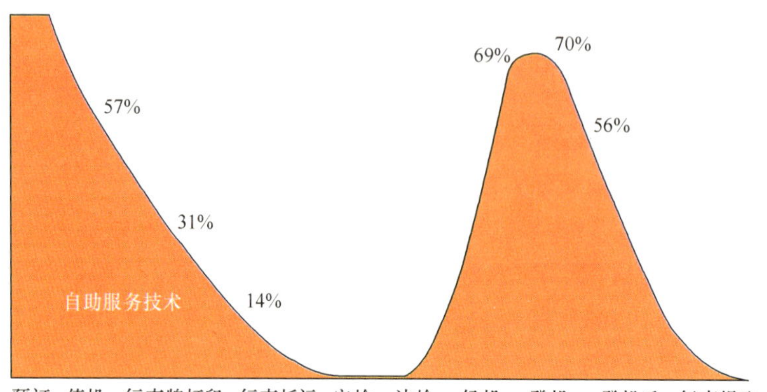

图 8-1-4　2016 年使用自助服务技术的旅客百分比

创造极大利益，可改善旅客体验，而所有航空公司都计划在未来 3 年投资无线机上服务。目前，已有 58% 的中国旅客在登机后使用他们的移动设备来享受丰富的机上娱乐项目。

（3）“互联网+”的 App 前景广阔

在这个移动互联网时代，智能手机几乎可以代替一切，有关衣食住用行的所有问题人们几乎都可以在手机上解决。也正因如此，创新移动终端应用近年来异军突起，各行业巨头都在加紧布局，欲在这场无硝烟的移动终端营销大战中占据有利位置，众多 App 应用随之呼啸而出。

国内各航空公司都纷纷推出了各自的移动 App（图 8-1-5），在机票预订、航班动态、行程管理、办理值机及特色服务等领域进行业务拓展，但功能略有区别。例如，国航的 App 更强调旅客的整个行程都可以通过移动客户端来完成，包括机票、中转酒店、接送机服务、休息室、天气等信息，还增加了增值服务和附加产品服务的功能；东航改版升级的新版 App 不仅在界面设计、用户交互体验、支付渠道、性能指标等方面进行了全方位的优化，还突出了不正常航班自助改期、万里行会员服务、机场攻略

图 8-1-5　航空公司现有移动 App

等功能。航空附加产品和非航空产品通过 App 也从线下搬到线上销售，航空公司扮演旅客出行综合服务专家的角色逐渐崭露头角。

另据《中国民航报》记者在首都机场随机采访了 10 位出行者，其中有 7 位是经常坐飞机的旅客，有 3 位是偶尔坐飞机的旅客。结果显示，6 人的手机上下载了携程、去哪儿等 App，9 人下载了航旅纵横（图 8-1-6）、非常准、航班管家（图 8-1-7）等 App。由此可见，航空服务类 App 已经成为经常“打飞的”出行人士的标配，并呈现出越来越普及的趋势。由此可见，旅客在选择某家航空公司将不仅仅比较其票价和航班时间，而是分别从航班票价、航空餐饮、机上服务、酒店旅游租车等全系列信息服务，以及航空公司和其他行业（如银行、餐饮、酒店、电信、互联网、汽车等）的跨界服务中选择自己的喜好，制定自己的专属行程和享受旅途的乐趣。

图 8-1-6　航旅纵横

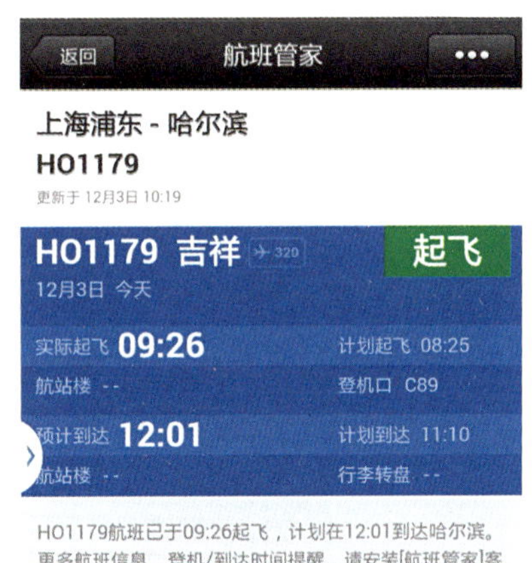

图 8-1-7　航班管家

（4）“互联网＋”整合大航空服务生态圈

移动互联网平台不仅仅将所有的潜在消费者互联到一起，而且使所有企业以及企业的服务实现无缝连接，航空、旅游、酒店、租车、货运，这一系列围绕航空业蓬勃发展的生态系统，可以通过移动互联网技术进行信息整合，进一步促进大航空服务生态圈的形成，从而为旅客提供高便捷性服务。未来，消费者可以实现出行之前即安排好完整的航班酒店旅游计划，并通过移动终端实时获取全部行程安排，实现完全的自助服务，而这些只需通过一款出色的手机移动 App 来实现。所以，当下航空公司一定要加速抢占生态圈的主导地位，通过移动技术整合整个产业链，作为旅客出行的第一环节将消费者牢牢地掌握在自己的手中。除此之外，移动互联网广阔的平台可以实现航空公司“同业”与“异业”跨界合作，市场前景广阔，空铁联运信息化整合也是未来的新方向。

（5）“互联网＋”建立航空专属社交网络

近年来，更多体现个性化、专业化的社交平台如雨后春笋般涌现。航空公司的移动产品想要在众多竞争者中稳固自己的领地和客户群，势必要在航空社交领域进行布局，凭借自身具备的特定社交场所和社交群体优势，建立一个庞大的、个性化的航空社交网络，面向航空旅客特别是常旅客提供个性化服务，并且应用LBS移动定位技术，为旅客提供随时随地的移动社交环境，进而建立旅客与旅客、旅客与服务人员、旅客与企业的沟通渠道。航空公司移动社交网络可以很好地提高旅客忠诚度，建立良好的企业品牌形象，并且附加价值高，有助于实现多种盈利模式。相关调查显示，在旅游业，超过30%的中国旅客选择社交媒体作为旅游参考；在文化产业中，超过五成的消费者坦言会通过社交渠道了解电影或书籍相关信息再考虑是否进行观看和购买。社交网络应用其“病毒式营销”左右消费者消费行为的趋势越来越明显，其重要性可见一斑。

（6）“互联网＋”是真正的大数据时代

《2015年政府工作报告》中提出了“互联网＋”的概念，将互联网提高到一个新高度。互联网只是技术工具和信息传输管道，“互联网＋”则是一种能力，大力发展这种能力已经成为趋势。互联网已经走到新的拐点，“互联网＋”时代也是真正的大数据时代的来临。

对于大数据中蕴含的商业价值，有人形象地将其称为“数据钻出石油”。航空大数据为行业提供第一手数据，充分利用大数据技术，从海量堆积的交互数据中发现带有趋势性、前瞻性的信息，能够孕育出惊人的社会商业价值。在一定程度上，掌握数据，就掌握着行业的命脉。民航业是个数据量极其复杂和庞大的产业，高效、准确而又完备地收集旅客和货物的相关信息，分析旅客消费行为和喜好，实时将消费者的各项数据反馈给航空公司，对于航空企业来说至关重要。移动互联网用户数以亿计的基数保证了数据的海量和多样性，网络的实时承载保证了数据的速度，更重要的是，航空公司还可以收集到用户位置、大体收入等有价值的数据，进而为实现航空公司产品和服务能够面向旅客及行业发展需求“随需而变”。

（7）“互联网＋”为市场营销提供新的方向

除了最基本的运行保障外，通过创新的市场营销在市场竞争中获得更多利润一直是现代航空公司的管理目标。随着互联网的飞速发展，传统的电视、纸质媒体广告营销已遇到瓶颈，互联网以及移动互联网的创新型营销方式慢慢占据了主流。民航业因其行业和消费者群体的特有属性，通过移动互联网可以准确地投放企业广告进行品牌营销，渠道更具针对性；同时作为一个自下而上的网络平台，移动消费者的广告认可度较高。目前，航空公司在品牌形象宣传上力度不足，缺乏创新，各品牌区分度不明显，同质化现象严重。未来，航空企业通过移动终端提供个性化服务，可以加深消费者对航企品牌形象的理解，用自身移动App进行推广，降低成本，起到事半功倍的效果。在推广自身品牌的同时，还可以通过移动终端产品形成一个强大的营销渠道，应用航空业商务、旅游、优质卓越的品牌形象打造一个高端的广告投放平台，从而获取新的利润增长点。

2. 国内航空市场联盟化

全球三大国际航空联盟是指天合联盟（表8-1-2）、星空联盟（表8-1-3）和寰宇一家（表 8-1-4）3 家航空联盟。航空联盟的概念，源自更早以前就存在于民用航空业界的航班号共用（Code-Sharing）与延远航线代理制度。航班号共用使航空公司间很大程度上实现了无缝连接。1997 年，美国联合航空公司（United Airlines）与德国汉莎航空公司（Lufthansa），再加上加拿大航空公司（Air Canada）、北欧航空公司（SAS）与泰国国际航空公司（Thai Airways International）宣布正式成立星空联盟（Star Alliance）。这导致了其竞争对手必须组合在一起，并成立其他联盟，以对抗星空联盟。1999 年，寰宇一家（Oneworld Alliance）成立；2000 年，天合联盟宣布成立，至此全球三大航空联盟的格局已经形成，我国的主要航空公司也已经加入到其中的联盟。世界三大航空联盟在市场上各有优势，星空联盟主要占据着亚欧和南美市场；寰宇一家则在大西洋地区拥有相当优势；天合联盟主要在北美地区“称霸”，随着东航和华航的加入，天合联盟在大中华地区的优势得以强化。这 3 家联盟所属的航空公司占据全球航空客运市场约 80% 的份额。

表 8-1-2　天合联盟成员航空公司

序号	成员航空公司	序号	成员航空公司	序号	成员航空公司
1	俄罗斯国际航空公司	8	中国东方航空公司	15	大韩航空公司
2	阿根廷航空公司	9	中国南方航空公司	16	中东航空公司
3	墨西哥航空公司	10	捷克航空公司	17	沙特阿拉伯航空公司
4	西班牙欧洲航空公司	11	达美航空公司	18	罗马尼亚航空公司
5	法国航空公司	12	印度尼西亚鹰航空公司	19	越南国家航空公司
6	意大利航空公司	13	肯尼亚航空公司	20	厦门航空公司
7	中华航空公司	14	荷兰皇家航空公司	—	—

表 8-1-3　星空联盟成员航空公司

序号	成员航空公司	序号	成员航空公司	序号	成员航空公司
1	亚德里亚航空公司	11	布鲁塞尔航空公司	21	新加坡航空公司
2	爱琴航空公司	12	巴拿马航空公司	22	南非航空公司
3	加拿大航空公司	13	克罗地亚航空公司	23	瑞士国际航空公司
4	中国国际航空公司	14	埃及航空公司	24	葡萄牙航空公司
5	印度航空公司	15	埃塞俄比亚航空公司	25	泰国国际航空公司
6	新西兰航空公司	16	长荣航空	26	土耳其航空公司
7	全日空航空公司	17	波兰航空公司	27	美国联合航空公司
8	韩亚航空公司	18	德国汉莎航空公司	28	吉祥航空公司
9	奥地利航空公司	19	北欧航空公司	—	—
10	阿维安卡航空公司	20	深圳航空公司	—	—

表 8-1-4 寰宇一家成员航空公司

序号	成员航空公司	序号	成员航空公司	序号	成员航空公司
1	柏林航空公司	6	西班牙国家航空公司	11	卡塔尔航空公司
2	美国航空公司	7	日本航空公司	12	皇家约旦航空公司
3	英国航空公司	8	LATAM 航空集团	13	S7 航空公司
4	国泰航空公司	9	马来西亚航空公司	14	斯里兰卡航空公司
5	芬兰航空公司	10	澳洲航空公司	—	—

入盟对于航空公司而言并非易事，要几经申请和审核，需要在服务、信息化等多项标准上达到航空联盟的标准。从航空公司的运营来考虑，加入航空联盟主要有以下几方面的考虑。

（1）品牌认知

通过联盟网络，航空公司将服务更多的旅客，品牌得到推广，同时提高联盟在全球的影响力，提高品牌认知。

（2）航线网络延伸

国内航空公司加入航空联盟最立竿见影的效果就是有利于实施其国际化战略。虽然随着我国经济的发展和人民生活水平的不断提高，国内旅客的出国需求日益增加，但对于部分国内航空公司而言，要形成规模化的国际航线网络并不容易，而加入航空联盟可以解决此问题。联盟每日经营上万个航班，旅客将能借助联盟的网络迅速无缝隙地中转到达世界多个国家和地区的目的地。

（3）旅客服务

各航空联盟都有有特色的旅客服务品牌，可以更好地提供对乘客的服务。由于航空公司在加入航空联盟时必须经过服务标准等方面的考核，因此，不论是服务水平还是服务标准，在入盟后通常都会“只升不降”，使旅客在里程累计、行李托运等方面享受更佳礼遇。航空公司在入盟后将与联盟内其他成员公司的航线网络实现无缝衔接，为旅客提供一票到底、行李直挂等畅通快捷的中转服务。旅客在飞往目的地时，如果需要搭乘不同航空公司的航班进行中转，只要是联盟内的航空公司，就只需要购买一张机票即可，不仅票价更加便宜，而且为旅客的出行也带来了更多方便。

（4）成本削减

成员将共用机场值机、售票点；共用机场人员及设备，降低地面运营成本；优化候机室，打造联盟专有休息室等。

（5）知识共享

成员间分享好的经验，信息共享，尤其是涉及安全、旅客服务、运营效率等。

3. 民营航空作为民航市场的新生力量将起到越来越重要的作用

中国民航业的稳步快速发展对全国各行业实现科学发展和历史性跨越，具有十分重要的意义。目前，国有或者国有控股的“国营航空”在我国的民航市场中仍占有重要地位。然而，“民营航空”作为基本航空服务的重要补充，是促进开放富有活力的民航市场不可忽视的新生力量。

（1）民营航空的含义

民营航空是指在中国境内除国有企业、国有资产控股企业和外商投资企业以外的所有民航企业，包括个人独资民航企业、合伙制民航企业、有限责任公司和股份有限公司。从民航企业的经营权和控制权的角度看，含小部分国有资产和（或）外商投资资产、但不具有民航企业经营权和控制权的有限责任公司和股份有限公司亦可称为“民营航空”。

（2）民营航空对民航业的影响

1）能促进民航运输业的竞争。2004 年，原民航总局宣布对民营资本开放航空业，于是 2005 年成为民营航空的起飞之年，中国民营航空公司开始先后成立。民营航空是一个高投入、高风险、低回报的行业，不可能一蹴而就。虽然几年来由于各种因素，民营航空的发展喜忧参半，然而针对我国民航运输业寡头垄断型的市场结构，开放私有投资进入航空运输，鼓励民营航空，能加剧行业竞争。同时，也能带来更多的机遇，发挥“鲶鱼效应”，激发创新活力。

2）能促进行业细分与差异化发展。春秋航空通过差异化服务，利用自身组织散客方面的优势，依托旅行社的资源，摸索出了一条低于常规航空公司 20% 的“廉价航空”道路。吉祥航空则走的是高端商务路线。他们企业内部机制灵活，对市场反应迅速，成功敲醒了整个民航运输业，促进了民航运输行业细分与差异化发展。

3）能加快航空运输的大众化与通达性。国内各中小城市都渴望通航，在政策的支持下，民营航空的发展能够对支线航空的发展产生积极的推动作用。当前，各大国营航空公司的战略是扩大自己在黄金航线市场的份额，无暇顾及支线航线，特别是偏远地区支线。对于无法获得优质航空资源的民营航空公司，支线航空无疑是其市场的切入点。特别是通勤航空，资本准入门槛低、运营维护标准不高、回收投资周期短。因而，民营航空的发展能够推动支线航空的发展，加快航空运输的大众化与通达性。

（3）民营航空面临的发展问题

国家宏观政策已解决了民营资本进入民用航空市场的问题，但是进入以后如何保障民营航空公司健康、快速地发展，相关政策还存在滞后性。具体表现在民航局市场监管政策，地方政府扶持政策，金融融资支持政策，国家财政补贴、税收优惠政策等诸多方面。飞行员匮乏，融资渠道单一，造血能力差，市场定位不明显等严重阻碍了民营航空的成长与发展。

4. 低成本航空市场前景广阔

近年来，迅速成长的低成本航空已经成为国际民航业的重要组成部分，在中国尚处于起步期的低成本航空即将迎来大发展。与大型航空公司相比，规模较小的低成本航空显示出了“船小好掉头”的优势，优化负债结构空间更大、利润来源更加多元。

（1）低成本航空公司的定义

低成本航空公司（low cost carrier，LCC），也称为低价航空公司，主要经营客流量大的短程航线，多在二级机场起降，不提供免费餐点等附加服务。由于经营成本大幅压缩，低成本航空公司的票价一般低于主流航空公司，对于旅客，又称为廉价航空公司。

（2）首家低成本航空公司

美国于 20 世纪 70 年代末放松了航空管制后，各大航空公司对形势过分乐观，盲目扩张，导致运力过度饱和、运营成本过高等严重问题。80 年代打响了激烈的价格战，价格战使各航空公司遭受了巨大损失，美国各大航空公司损失最严重。然而，在这一片萧条景象中，赫伯特凯勒尔创立并带领的以低成本策略著称的美国西南航空公司一枝独秀，不仅年年盈利，而且在美国航空业中始终保持飞行安全、航班正点和旅客满意率 3 项重要指标的领先地位。美国西南航空公司的成功经验，引发了航空运输行业的低成本革命。

（3）国内低成本航空发展还面临多重挑战

由于国内低成本航空起步较晚，同时又受到政策限制、航线资源限制，加上准入门槛比较高。整体而言，国内低成本航空发展得并不理想，目前按运力计算仅占国内民航市场 7% 左右的市场份额。而全球市场上按运力计算的低成本航空市场份额为 27.1%。我国低成本航空的发展，显而易见还面临多重挑战，主要体现在以下几个方面。

1）来自航空业内部的阻碍，即国内航空市场主要由几大国有大型航空公司占据；而且对航空服务至关重要的机场等设施也基本上由国家所有。这几大国有航空公司不会轻易容许廉价航空公司抢夺自己的市场。

2）来自国家大力推进的高铁建设。我国高速铁路以及动车组的快速发展确实是一大耀眼的成绩，也对整个航空业造成了巨大的压力。

3）受到多方面的制约，在政府监管、理念转变、流程转变等环节都存在巨大障碍，更何况是从全服务型的航空公司转型为低成本航空，其挑战更是巨大。

（4）我国低成本航空的市场空间大

虽然国内低成本航空发展还面临多重挑战，但市场发展空间仍很大。从全球来看，低成本航空的市场份额扩张速度较快，亚太地区增速尤为惊人。近 10 年来，低成本航空在全球市场份额从 2003 年的 12.2% 快速升至 2015 年的 25.5%；亚太地区低成本航空的市场份额从 2003 年的 3.4% 攀升至 2015 年的 25.1%。

从 2003 年亚航开通吉隆坡—澳门航线，率先进入中国市场开始，先后有捷星亚洲、新加坡虎航、宿雾太平洋等多家低成本航空公司陆续登场，希望在增长迅速的中国民航市场分得一杯羹。目前，除春秋航空和吉祥航空两家公司外，还有红土航空、中联航等多家平价航空公司进入市场竞争。从整体来看，中国市场目前低成本航空占比仅为 6%，市场空间巨大，尤其是在航空出行日益大众化的背景下。

民营航空进军台湾市场

自海峡两岸实现航班定期化以来，由于两岸经贸往来日趋紧密，大陆至台湾航线的客座率通常要大大高于其他航线，大陆民营航空公司因此不约而同地加速在台湾布局。继高雄之后，吉祥航空、春秋航空同时开通上海至台北直飞航线，最低票价仅为 199 元（人民币，下同）。据称两家航空公司赴台中、花莲等地的航线也已经在紧锣密鼓地筹备中。业内人士预计，民营航空公司加入竞争，将使得高昂的两岸航线票价渐趋合理。

上海浦东机场往返台北桃园机场航线，是吉祥、春秋开通的第二条赴台航线，首航客座率已超过了 95%。两家航空公司均计划每周一、二、四、五、日共 5 班往返，机型为空客 A320。其中，廉价航空公司春秋的手机客户端最低票价仅为 199 元。早前，两家航空公司已分别于 2013 年 10 月和 11 月开通上海浦东往返高雄的航线。

春秋航空董事长王正华透露，春秋开通台湾航线月余，惠及的台湾旅客比例大幅度提高，10 月高雄航线首发当日，台湾旅客约占二成，1 日上海浦东—台北桃园的首发航班，180 个座位中近八成是散客、商务客和自由行旅客，其中，持台胞证和护照的旅客比例已经接近五成，而在台北桃园—上海浦东的首发航班上，散客中，持台胞证和护照的旅客比例已经达到七成。

据悉，为了招揽台客，两家航空公司都在台湾特色上做足文章。在飞台航班中，吉祥航空增加了闽南语广播，并提供了具有台湾当地美食特色的卤肉饭、炒米粉、凤梨酥等空中餐食。而春秋航空则努力提高台湾地区空乘的比例，目前已经拥有逾 10 名台湾机长。

布局台北当然是重要一步，但是大陆民营航空公司的雄心还不止于此。吉祥航空董事长王均金就坦言，吉祥航空对开通台湾各地的航班均有兴趣，明年希望可以飞到花莲、嘉义和更多台湾航点。王正华也透露，春秋航空赴台中、花莲等地的航线也已经在筹备中。

2003 年两岸开通春节包机，2008 年两岸实现常态化直飞，如今每周约有 700 个航班。此前，两岸航线平均单程票价为 2000～3000 元，节假日等出行旺季，非但票价更贵，且是一票难求，因为供需不平衡，票价无法趋近合理。台商对此多有抱怨，两岸相关部门也屡屡放话要让票价合理化，但效果始终不彰，在供求关系“无形之手”的作用下，行政干预难以奏效。

业内分析人士指出，民营航空企业加入后，不仅增加了航线的总体运力，还起到了鲶鱼效应。据了解，现时一些大型航空公司已经开始纷纷降低两岸航线票价。随着民营航空公司加入竞争，更开放的市场将使消费者得益。台湾航线顺利开通，受益于改革开放的不断深入，党的十八届三中全会给民营企业带来了新一轮发展机遇。

（资料来源：民航资源网，http://www.carnoc.com）

5. 发展空铁联运使民航和高铁双赢

近年来，随着国家拉动内需政策的出台，中国加快了高铁建设的步伐。按照我国《中长期铁路网规划（2008 年调整）》的构想，我国将于 2020 年建设完成客运专线 16000 千米以上，届时将建成“四纵四横”的高铁网，连接各省会城市及大中城市。在投资与技术的双轮驱动下，我国已经开始进入到高速铁路的新时代。

众所周知，在客运运输领域，民航无疑是综合交通体系中的高端。但随着高速铁路的兴起，必然会对民航市场产生巨大的冲击，而且两者之间无序的竞争必将会造成很多社会问题。面对高铁强有力的冲击，民航只有寻求与铁路协作整合，在保障航空业健康发展的前提下，实现双赢的目的。航空运输依赖铁路拓展其辐射范围，高速化铁路和航空运输在中长距离运输中竞争与合作并存，在短程运输上，城际化、高速化铁路与航空运输无缝化衔接，实现不同运输方式间的双赢。

（1）空铁联运的含义

空铁联运是指航空运输与铁路运输之间协作的一种联合运输方式，参与者包括民航机场、航空公司、铁路系统等（图 8-1-8）。

图 8-1-8 东航空铁联运

（2）空铁联运的形式

大型机场与高铁无缝中转，高速铁路网可主要服务于国内或国内短途旅客运输，而枢纽机场的航空运输则侧重于国际运输国内长途运输，从而发挥“双高”的速度优势，拓展航空运输和铁路运输各自的辐射圈。

（3）我国空铁联运的发展前景

目前，空铁联运在我国仍是一个新兴的事物。空铁联运的实现并不是仅仅将民航和铁路简单的相加。要真正做到联运，就必须将两者系统合理地衔接起来。因此，构建一个完整的空铁联运系统并付诸实施绝非易事。我国幅员辽阔，便于统筹建设与管理辐射型交通网络，这是我国空铁联运相对于欧洲与日本在地域上的优势。另外，我国人口众多，经济发展迅速，尤其是航空运输业近几年更是获得了飞速发展。相关研究表明，我国经济的崛起足以支撑民航业与高速铁路的共同发展。

案例分析

飞机携手高铁　河南机场打造空铁联运品牌

一个是渐成气候的国际航空货运枢纽和国内大型航空枢纽，一个是地处全国铁路心脏地带的枢纽，两大枢纽强强合作共赢发展模式即将进一步深化和提升。2016 年 10 月 13 日，河南机场集团与郑州铁路局在郑州机场签订战略合作协议，双方确定：将在产品开发、信息共享、服务一体化等多个方面进行深化合作，共同打造“空铁联运”高端服务品牌。

自 2016 年以来，郑州新郑国际机场的客货运发展进入快车道，前 9 个月，郑州机场的旅客吞吐量就已经突破 1500 万人次，客运增速在全国千万级机场中名列第二位。截至 2016 年 9 月，在郑州机场运营的客运航空公司达 40 家，开通客运航线 162 条，通航城市 86 个，在郑州机场运营的货运航空公司 21 家，开通全货机航线 34 条。2016 年 6 月，郑州机场在郑州高铁东站设立 8 台自助值机设备，异地值机人数达到 500 人 / 天，有效增加高铁与航空的中转客源数量，客运航班的平均上座率突破 85%。国际和地区航线也热度不减，郑州机场开通了郑州至新加坡、阿联酋、罗马、文莱、沙巴等定期及包机国际和地区航线，2016 年 11 月，开通郑州至温哥华航线，一周两班，此航线将成为郑州出港的第一条洲际直飞航线。郑州铁路局地处全国铁路心脏地带，2016 年 9 月，郑州至徐州高速铁路开通运行，作为国家中长期铁路网规划的高速铁路陆桥通道的重要组成部分，该铁路与已运营的郑西高铁、西宝高铁、兰新高铁和在建的宝兰高铁，共同构成新的高标准、大能力欧亚大陆桥运输通道，并连通已运营的京沪高铁和京广高铁，这样河南的“米”字形快速铁路网已经基本建成。

根据郑州铁路局在郑州机场签订战略合作协议，双方将在产品开发、信息共享、服务一体化等多方面进行深化合作，共同打造“空铁联运”高端服务品牌；整合民航和铁路信息资源，建设综合交通信息化服务平台，实现两种运输方式的信息采集、交换、共享和互联互通，为旅客提供实时、便捷的综合交通运输信息服务，研究推进航空餐食进入高铁市场，满足高铁旅客多样化配餐需求。积极推进机场与高铁的物流合作，在货源信息共享、货物分拨转运、快速集疏等方面深化合作，建立快速直达的高铁联运快件货物通道；建立应急救援联动机制，协同处理紧急突发事件，共同做好旅客转运保障工作。

（资料来源：民航资源网）

8.2 中国民航货运市场的现状和发展趋势

中国经济和贸易的快速增长带动了航空货运的快速发展，经过政策的扶持和建设发展，中国航空货运业已初具规模，国内三大航空公司的货运网络、机队规模和货邮运输步入快速增长轨道。然而，伴随近几年经济危机的出现，我国航空货运业的盈利能力和核心竞争力等问题却一直困扰着我们。

随着不断增强的我国航空运输企业竞争力，我国的航空货运运作水平较显著地提高了货运能力、建设基础设施、形成枢纽机场、国际货运运作环境等方面。目前，我国机场已初具规模的布局和建设，同时加大的机场密度、机场等级提高、现代化程度增强，初步形成以北京、上海、广州、深圳、成都、西安等为中心的城市机场，其余省会和重点城市为骨干，中小城市支线机场相配合的基本格局。

8.2.1 民航货运市场发展现状

1. 基本情况

（1）民航货物运输增长平稳

在世界经济增速放缓，国内经济下行压力较大的情况下，国内民航货邮运输量在经历 2011 年、2012 年持续下滑后，需求逐步回升，航空货运市场主要运输指标继续保持平稳增长，继 2013 年和 2014 年货邮运输量同比分别增长 3%、5.9% 后，2015 年全行业完成货邮运输量 629.3 万吨，比上年增长 5.9%（图 8-2-1）。其中，国内航线完成货邮运输量 442.4 万吨，比上年增长 3.9%，其中港澳台航线完成 22.1 万吨，比上年减少 1.0%；国际航线完成货邮运输量 186.8 万吨，比上年增长 10.9%。

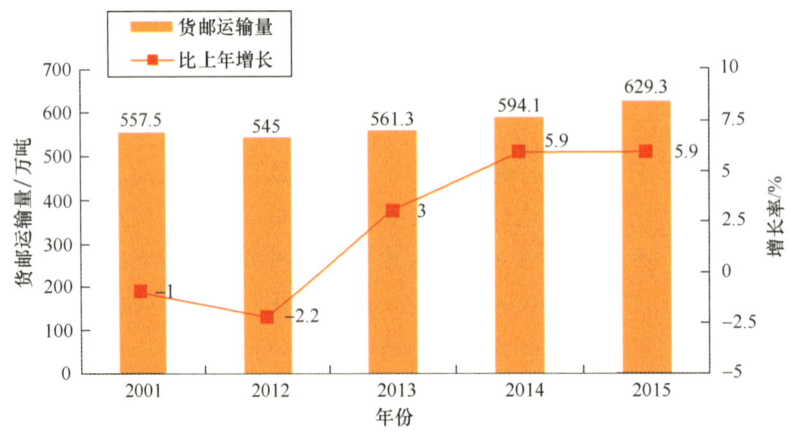

图 8-2-1　2011～2015 年中国民航货邮运输量

（图片来源：民航资源网）

（2）受益于网购的发展，快递业继续呈现高速增长态势

受网购业务发展的影响，近几年国内快递市场持续高速增长。据邮政局邮政行业经济运行情况通报，2015 年快递业务量完成 206 亿件，同比增长 48%，最高日处理量超过 1.6 亿件，快递业务收入完成 2760 亿元（图 8-2-2）。截至 2016 年 12 月 20 日，2016 年快递业务量已突破 300 亿件，继续稳居世界第一。这也标志着“十三五”时期快递业发展取得“开门红”。快递业务量完成 275 亿件，同比增长 34%；快递业务收入完成 3530 亿元。

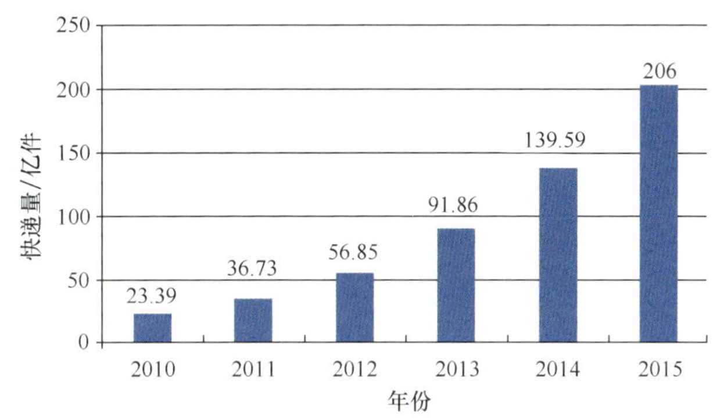

图 8-2-2　2010～2015 年我国快递量

（图片来源：民航资源网）

面对快递市场高速增长的态势，国内货航纷纷尝试从中分一杯羹，南航货运采用与快递企业进行总部合作模式，先后与圆通和顺丰签订总部合作协议；东航走得更远，直接推出 24 小时快件，并在“光棍节”当天与电商天猫展开包机业务合作等。对于传统货航而言，未来快递市场值得关注，但想从中分杯羹却并非易事。

2. 突出矛盾

（1）国内货航与国际竞争对手相比规模仍然弱小

目前我国运作模式仍属初级阶段，虽然当前国内有飞机的航空公司都会或多或少的涉及航空货运业务，其中以东航、国航、南航和海航为代表，他们旗下都有独立运作的航空货运公司或部门，但尚未形成一个覆盖全国的航空货运网络，规模与国际竞争对手相比普遍较小。由于我国航空货运企业的资源整合能力不足，服务产品相对单一（依然以普货运输为主，高附加值产品占比不高），业务形态简单（主要业务依然是机场到机场的承运人角色，虽然会有产业链的适当延伸，但均未形成规模，且整合过程中遇到很大问题）。目前，我国航空公司都不具备自行开发或委托开发的适合其企业内部货运业务模式的计算机处理系统，航空货运信息资源分散，与国际上的竞争企业还存在差距。

（2）面临的外部挑战

目前，国内的航空公司虽然受益于网购和快递业的发展态势，但快递业的快速发

展及快递公司纷纷成立自己的货运航空公司，极大地冲击了航空货运业。截至2014年，中国快递业4年同比增速超过50%。民营快递公司从地面向空中发展，纷纷组建全货机机队。中国产业调研网发布的2015年中国航空货运市场调查研究与发展前景预测报告认为，目前，顺丰已经成立了自己的航空公司并运营31架自营全货机和15架外包全货机，并确定了2021年运营196架全货机的宏伟目标，并确定在湖北鄂州自建枢纽机场的计划，此计划已经获得民航局批准。另一家快递巨头圆通速递于2015年下半年订购了15架飞机，其自有货机总数达23架，到2020年，圆通要拥有30架飞机，其谋划2017年在浙江嘉兴建成圆通全球航空智慧城，并结合北京、成都与广州组成"一主三动"的圆通航空基地。同时，国际大型航空公司和国际三大快递巨头对中国市场的持续侵蚀，也让国内航空公司的国际货运业务陷入困境。

（3）质量提升上屡屡受阻

在中国经济持续快速增长、产业结构不断优化的推动下，我国航空货运业保持了较快增长趋势。国内各大航空公司加快了飞机引进、航线网络布局、市场开拓，但在短时间内，机场货站的基础设施、配套服务体系、信息技术、专业人才储备以及经营管理能力并不能及时跟进。所以，业务量的剧增、业务流程不断复杂、客户服务要求不断提高，使得货物丢失、破损、错运等不正常运输屡有发生，航空货运公司与客户的矛盾不断加深，负面效应更加严重。尽管很多国内航空货运公司采取很多举措，但成效并不大，可以说国内航空公司在质量提升上较为缓慢。

（4）难以培育世界一流的品牌

航空货运业务相比铁路、公路业务，其最大特点在于区域跨度大、业务流程环环相扣、时效性高。国内航空货运公司在航线开通上受到国家政策对航权的影响和短期利益的驱使，并不能形成一张有战略意义的航线网络；在信息系统发展上停留于各大航空货运公司自行研发，水平参差不齐，与航空货运产业链上下游的企业或客户并不能很好地衔接；在服务标准上，全国各大机场基础设施配套和服务标准不统一，很难提供标准化的服务；在经营管理上，市场的快速扩张造成经营管理水平跟不上，很多工作很难有效地执行，优质的资源不能有效地叠加。因此，尽管我国三大航空货运公司的业务取得较快的发展，但并没有形成一个优秀的品牌。

（5）盈利水平低下

纵观国内航空货运公司的年报，各大公司以亏损为主，经营能力和盈利能力已经成为急需解决的问题。当前，我国航空货运公司自销能力低下，过度依赖于货运代理人，代理人的服务水平难以保证，代理人分享了航空货运公司一大部分的收益。国内航空货运业主要以普通货物为主，如纺织制品、玩具、工业制成品等传统工业制品，而高附加值的高端产品比重偏小，如运输价格承受力强的快件、生物医药、精密仪器等。由于服务水平跟不上，在抢夺高端市场上，很难与国外航空货运公司竞争。可以说，我国航空货运业的盈利只能靠"天"，在经济环境不乐观、国内外竞争激烈和航油成本居高不下的情况下，肯定面临着亏损的困境。

8.2.2 民航货运市场的发展趋势

1. 沿产业链进行价值链延伸

航空货运的价值链延伸在国内似乎已经成为一个不可回避的趋势，原因有很多，其中起到关键推动作用的因素有两个：一方面，消费者消费习惯的改变，随着网购消费趋势和比例的不断提升，对“门到门”服务的需求增加；另一方面，来自其他运输方式的竞争压力（铁路的四横四纵，尤其是高铁货运的上线；以及以德邦和安能为代表的零担物流的大力发展等），航空货运的产品分工将逐渐走向高端。在这样的背景下，“一站式”服务能够更好地满足客户的需求，在未来市场竞争中更容易胜出。当前全球范围内竞争力比较强的产业链上的角色无不在合同物流和“门到门”的服务中扮演重要角色。

国内货航也开始试水价值链延伸，走在前面的东航，在经过前面几轮的整合运作后，其围绕“天地合一”的硬件结构似乎已经丰满：拥有了自己的卡车、地面代理公司，以参股形式涉足货代领域，并且24小时快运产品已开始试运行，淘宝旗舰店以及与天猫的直接战略合作已不再仅停留在“规划”层面。

2. “互联网+”对航空货运的影响

如今，在“互联网+”时代，要求我们要围绕客户的需求以最快捷的方式来为客户服务。当互联网“颠覆”无处不在时，“互联网+”对于航空货运的影响也早已开始。东航的“东航产地直达”、南航的“Cargo2000”等均取得新进展、乌鲁木齐机场的货站区里，一台PDA、一个条形码、一个微信群无不展示着互联网的力量。“互联网+”在“去中间化”方面也有了一些尝试，各类App如雨后春笋般涌现。“互联网+”不仅仅是在改善分销方面，国内航空公司货运面临的很多问题未来都可以借助“互联网+”寻求突破，如货物查询、货物配送、舱单无纸化运作、电子报关（大通关）等相关服务，甚至于作业流程、客户及员工的管理。面对这样的挑战，“以互联网思维改变航空货运”成为一种值得尝试的可能。对于客户，航空货运最大的优势就是快，而“互联网+”能更大地发挥这种优势。

3. 追随产业转移布局中西部市场也是大势所趋

按照民航局区域划分的方式，对2015年各区域航空货邮吞吐量情况显示，国内货邮主要还是集中在我国东部地区，其次为西部地区、中部地区和东北地区（图8-2-3）。民航局《2015年

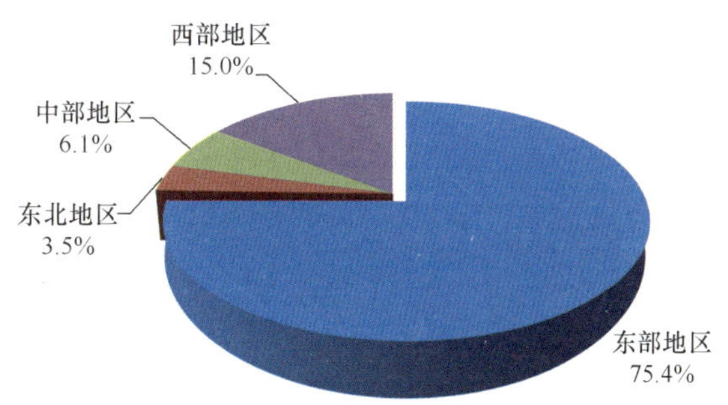

图8-2-3 2015年民航运输机场货邮吞吐量按地区分布

民航行业发展统计公报》显示，2015 年东部地区完成货邮吞吐量为 1062.88 万吨，东北地区完成货邮吞吐量为 48.87 万吨，中部地区完成货邮吞吐量为 85.89 万吨，西部地区完成货邮吞吐量为 211.76 万吨。

然而随着产业转移的推进及中西部机场的崛起，北京、上海、广州的货邮吞吐量总和呈现逐年递减的趋势。

国际民航界专业咨询公司盖安德咨询曾依据 2011 年中国民航机场货邮吞吐量的情况绘制了一个分布图（2012 年趋势变化不大），该图很形象地展示了当前国内潜力货运机场的分布，其中北京、上海、广州的机场是相对成熟的市场，而如重庆、成都、郑州、厦门、天津、大连等为正在崛起、值得关注的市场。

除了中国中西部市场，东南亚发展中国家以及巴西等也是此轮产业转移的目标市场，与历次产业转移不同的是，本轮转移美国等发达国家也参与其中，“制造业回流”这一趋势势必会对未来的全球航空货运市场格局产生深远的影响。

4. 中国企业国际化需要有国际化物流公司的支撑

从 2005 年开始，中国企业国际化进程加快，中国企业入围世界 500 强的企业数量稳步提升，全球化的公司不断涌现，这势必对作为制造业大国的中国全球化供应链管理能力提出更高的要求，对国际化的综合物流商的依赖会逐渐加强。

附　　录

附录 1　国内、国际部分航空公司代码

附表 1-1　国内部分航空公司代码

航空公司标志	航空公司名称	IATA 两字代码	票证结算代码
	澳门航空股份有限公司	NX	675
	成都航空有限公司	EU	811
	重庆航空有限责任公司	OQ	878
	春秋航空股份有限公司	9C	089
	国泰港龙航空公司	KA	043
	国泰航空有限公司	CX	160
	海南航空股份有限公司	HU	880
	河北航空有限公司	NS	836
	华夏航空有限公司	G5	987
	上海吉祥航空股份有限公司	HO	018
	昆明航空有限公司	KY	833

续表

航空公司标志	航空公司名称	IATA 两字代码	票证结算代码
山东航空公司 SHANDONG AIRLINES	山东航空股份有限公司	SC	324
上海航空公司 SHANGHAI AIRLINES	上海航空有限公司	FM	774
深圳航空 Shenzhen Airlines	深圳航空有限责任公司	ZH	479
四川航空 SICHUAN AIRLINES	四川航空股份有限公司	3U	876
EVA AIR 長榮航空	台湾长荣航空公司	BR	695
UNI AIR 立榮航空	立荣航空公司	B7	525
天津航空 Tianjin Airlines	天津航空有限责任公司	GS	826
TIBET AIRLINES 西藏航空	西藏航空有限公司	TV	088
厦门航空 XIAMENAIR	厦门航空有限公司	MF	731
HONGKONG AIRLINES 香港航空	香港航空公司	HX	851
祥鹏 LuckyAir 祥鹏航空	祥鹏航空有限责任公司	8L	859
幸福航空 Joyair	幸福航空有限责任公司	JR	929
Yangtze River Airlines 扬子江航空	扬子江快运航空有限公司	Y8	871
中國東方航空 CHINA EASTERN	中国东方航空股份有限公司	MU	781

续表

航空公司标志	航空公司名称	IATA 两字代码	票证结算代码
AIR CHINA 中国国际航空公司	中国国际航空股份有限公司	CA	999
中國联航 CHINA UNITED AIRLINES CUA	中国联合航空股份有限公司	KN	822
中国南方航空 CHINA SOUTHERN SKYTEAM	中国南方航空股份有限公司	CZ	784
中華航空 CHINA AIRLINES	中华航空股份有限公司	CI	297

附表 1-2　国际部分航空公司代码

航空公司标志	航空公司名称	IATA 两字代码	票证结算代码
الاتحاد ETIHAD	阿提哈德航空公司	EY	607
Emirates	阿联酋航空公司	EK	176
QANTAS	澳洲航空公司	QF	081
SAS Scandinavian Airlines	北欧航空公司	SK	117
KOREAN AIR SKYTEAM	韩国大韩航空公司	KE	180
Lufthansa	德国汉莎航空股份公司	LH	020
AEROFLOT Russian Airlines SKYTEAM	俄罗斯航空公司	SU	555
AIRFRANCE SKYTEAM	法国航空公司	AF	057
Philippine Airlines	菲律宾国家航空公司	PR	079

续表

航空公司标志	航空公司名称	IATA 两字代码	票证结算代码
SEAIR	东南亚航空公司	DG	931
PAL express	菲律宾速运航空	2P	211
FINNAIR	芬兰航空公司	AY	105
t'way	韩国德威航空公司	TW	839
EASTAR JET	易斯达航空公司	ZE	839
JINAIR	韩国真航空公司	LJ	718
ASIANA AIRLINES	韩亚航空公司	OZ	988
KLM Royal Dutch Airlines	荷兰皇家航空公司	KL	074
AIR CANADA	加拿大航空公司	AC	014
cambodiaangkor AIR	吴哥航空公司	K6	738
QATAR AIRWAYS القطرية	卡塔尔航空公司	QR	157
malaysia AIRLINES	马来西亚航空公司	MH	232
air mauritius	毛里求斯航空公司	MK	239

续表

航空公司标志	航空公司名称	IATA 两字代码	票证结算代码
American Airlines	美国航空公司	AA	001
DELTA	美国达美航空公司	DL	006
UNITED	美国联合航空公司	UA	016
flyMEGA Paradise in reach	美佳航空公司	LV	400
AEROMEXICO	墨西哥航空公司	AM	139
ANA 全日空航空公司	全日空航空公司	NH	205
JAPAN AIRLINES	日本航空公司	JL	131
SWISS	瑞士国际航空公司	LX	724
SriLankan Airlines	斯里兰卡航空公司	UL	603
cebu pacific	宿务太平洋航空公司	5J	203
THAI	泰国国际航空公司	TG	217
TURKISH AIRLINES 土耳其航空公司	土耳其航空公司	TK	235
Virgin atlantic	维珍航空公司	VS	932
ROYAL BRUNEI AIRLINES	文莱皇家航空公司	BI	672

续表

航空公司标志	航空公司名称	IATA 两字代码	票证结算代码
新加坡航空公司 SINGAPORE AIRLINES	新加坡航空有限公司	SQ	618
AIR NEW ZEALAND	新西兰航空公司	NZ	086
AirAsia 亚洲航空	亚洲航空公司	D7	843
Mahan Air	伊朗马汉航空公司	W5	537
AIR INDIA	印度航空公司	AI	098
Garuda Indonesia The Airline of Indonesia	印度尼西亚鹰航空公司	GA	126
BRITISH AIRWAYS	英国航空公司	BA	125

附录 2　国内主要城市 / 机场代码

城市名	三字代码	机场名称	城市名	三字代码	机场名称
丽江	LJG	三义国际机场	青岛	TAO	流亭国际机场
包头	BAV	二里半机场	呼和浩特	HET	白塔国际机场
北海	BHY	福城机场	无锡	WUX	苏南硕放国际机场
北京	PEK/NAY	首都 / 南苑国际机场	上海	SHA/PVG	虹桥 / 浦东国际机场
长春	CGQ	龙嘉国际机场	三亚	SYX	凤凰国际机场
长沙	CSX	黄花国际机场	揭阳	SWA	潮汕国际机场
成都	CTU	双流国际机场	西宁	XNN	曹家堡机场
重庆	CKG	江北国际机场	沈阳	SHE	桃仙国际机场
大连	DLC	周水子国际机场	深圳	SZX	宝安国际机场
南宁	NNG	吴圩国际机场	石家庄	SJW	正定国际机场
福州	FOC	长乐国际机场	太原	TYN	武宿国际机场
广州	CAN	白云国际机场	天津	TSN	滨海国际机场

续表

城市名	三字代码	机场名称	城市名	三字代码	机场名称
桂林	KWL	两江国际机场	乌鲁木齐	URC	地窝堡国际机场
贵阳	KWE	龙洞堡国际机场	温州	WNZ	龙湾国际机场
海口	HAK	美兰国际机场	武汉	WUH	天河国际机场
杭州	HGH	萧山国际机场	武夷山	WUS	武夷山机场
哈尔滨	HRB	太平国际机场	西安	XIY	咸阳国际机场
合肥	HFE	新桥国际机场	厦门	XMN	高崎国际机场
黄山	TXN	屯溪国际机场	徐州	XUZ	观音国际机场
西双版纳	JHG	嘎洒国际机场	延吉	YNJ	朝阳川机场
泉州	JJN	晋江国际机场	烟台	YNT	蓬莱国际机场
香港	HKG	香港国际机场	宜昌	YIH	三峡机场
昆明	KMG	长水国际机场	银川	INC	河东国际机场
兰州	LHW	中川国际机场	义乌	YIW	义乌机场
连云港	LYG	白塔埠机场	张家界	DYG	荷花国际机场
牡丹江	MDG	海浪国际机场	鄂尔多斯	DSN	伊金霍洛国际机场
南昌	KHN	昌北国际机场	郑州	CGO	新郑国际机场
南京	NKG	禄口国际机场	舟山	HSN	普陀山机场
宁波	NGB	栎社国际机场	珠海	ZUH	金湾机场
拉萨	LXA	贡嘎国际机场	澳门	MFM	澳门国际机场
九寨沟	JZH	黄龙机场	喀什	KHG	喀什机场
常州	CZX	奔牛国际机场	榆林	UYN	榆阳机场
呼伦贝尔	HLD	东山国际机场	柳州	LZH	白莲机场
运城	YCU	关公机场	临沂	LYI	沭埠岭机场
威海	WEH	大水泊国际机场	洛阳	LYA	北郊机场
德宏	LUM	芒市机场	腾冲	TCZ	驼峰机场
绵阳	MIG	南郊机场	赣州	KOW	黄金机场
库尔勒	KRL	库尔勒机场	长治	CIH	王村机场
伊宁	YIN	伊宁机场	阿克苏	AKU	阿克苏机场
大庆	DQA	萨尔图机场	景德镇	JDZ	罗家机场
和田	HTN	和田机场	台州	HYN	路桥机场
迪庆	DIG	香格里拉机场	襄阳	XFN	刘集机场
井冈山	JGS	井冈山机场	赤峰	CIF	玉龙机场
南通	NTG	兴东国际机场	大理	DLU	大理机场
台北	TPE/TSA	台湾桃园 / 松山国际机场	高雄	KHH	小港国际机场

参考文献

刘得一，2011. 民航概论. 北京：中国民航出版社.

孙继湖，2009. 航空运输概论. 北京：中国民航出版社.

中国航空运输协会，2016. 中国航空运输发展. 北京：中国民航出版社.

中国民用航空局，2017. 2016年民航行业发展统计公报. http://www.caac.gov.cn/XXGK/XXGK/TZTG/201705/t20170508_44010.html.

中国民用航空局，国家发展和改革委，交通运输部，2016. 中国民用航空发展第十三个五年规划. http://www.caac.gov.cn/XXGK/XXGK/ZCFBJD/201702/t20170215_42525.html.